UNIVERSITÉ DE PARIS. — FACULTÉ DE DROIT

LA QUESTION D'ORIENT

LE TRAITÉ DE PARIS & SES SUITES (1856-1871)

THÈSE POUR LE DOCTORAT

PAR

Gaston de MONICAULT

PARIS

LIBRAIRIE NOUVELLE DE DROIT ET DE JURISPRUDENCE

ARTHUR ROUSSEAU, ÉDITEUR

14, RUE SOUFFLOT ET RUE TOULLIER, 13

1898

THÈSE

POUR LE DOCTORAT

UNIVERSITÉ DE PARIS. — FACULTÉ DE DROIT

LA QUESTION D'ORIENT

LE TRAITÉ DE PARIS & SES SUITES (1856-1871)

THÈSE POUR LE DOCTORAT

L'ACTE PUBLIC SUR LES MATIÈRES CI-APRÈS

Sera soutenu le jeudi 9 juin 1898, à 2 heures 1/2

PAR

Gaston de MONICAULT

Président : M. RENAULT,
Suffragants : { MM. LAINÉ,
LESEUR, } *professeurs.*

PARIS
LIBRAIRIE NOUVELLE DE DROIT ET DE JURISPRUDENCE
ARTHUR ROUSSEAU, ÉDITEUR
14, RUE SOUFFLOT ET RUE TOULLIER, 13

1898

INTRODUCTION

THÉORIE JURIDIQUE DE L'INTERVENTION

La souveraineté est un attribut essentiel des États. L'intervention est une atteinte portée à leur souveraineté. Le seul rapprochement de ces deux principes, en apparence absolument contradictoires, fait pressentir toutes les difficultés de la théorie de l'intervention. (1)

La question est, en effet, une des plus ardues et des plus discutées du droit international; et l'on comprendra aisément qu'elle ne saurait être traitée dans une introduction de quelques pages.

Nous tenons cependant, avant d'en suivre l'application dans l'histoire de l'Empire Ottoman, à en résumer les caractères généraux, et à donner un aperçu des différentes formes qu'elle peut revêtir, et qui toutes, ont trouvé place dans les rapports de l'Europe avec la Turquie.

L'intervention c'est l'ingérence d'un État dans les affaires intérieures ou extérieures d'un autre État. Elle ne

---

(1) *Sur la théorie générale de l'intervention,* cf. — Tanoviceano. *De l'intervention au point de vue du droit international.* — Rolin-Jacquemin. *Note sur la théorie du droit d'intervention* (Revue de droit international, année 1876, p. 673). — Carnazza-Amari. *Nouvel exposé du principe de non-intervention.* (Revue de droit international, 1873). — De Floeckher. *De l'intervention en droit international.* — Kebedgy. *De l'intervention.* Cf. aussi les *Traités généraux de droit international.*

saurait donc apparaître qu'à titre d'exceptions qui doivent toujours recevoir une interprétation étroite.

Quelles sont ces exceptions? La plus importante découle du droit de conservation de chaque État, qui sert de limite au droit de souveraineté des autres États. En effet, pour les personnes du droit des gens, comme pour les individus, la liberté de chacun n'est entière que dans les limites où elle ne porte pas atteinte à celle d'autrui. Et, dans le cas de légitime défense, l'État a le droit, comme l'individu, de prendre les mesures nécessaires à sa sécurité.

C'est ainsi qu'un gouvernement pourrait être mis en demeure de modifier une législation trop libérale sur la liberté d'association, par exemple, si parmi les sociétés tolérées il s'en trouvait qui missent en danger la sécurité de l'intervenant. Mais ce principe doit être appliqué avec mesure, et nous condamnerons sans hésiter l'intervention des puissances après 1815, où, sous le prétexte d'arrêter le flot menaçant de la révolution, les gouvernements monarchiques s'étaient coalisés pour maintenir et rétablir sur leur trône les souverains dépossédés ou en danger de l'être.

L'intervention de la France en Espagne, de l'Angleterre en Portugal, de l'Autriche en Italie, doit être regardée comme injuste, d'autant plus que les souverains, par cela même qu'ils se trouvaient dans la nécessité de faire appel à l'étranger, ne pouvaient plus se considérer comme représentant la totalité ni même peut-être la majorité de leurs sujets.

Si nous n'admettons pas l'intervention de la Sainte-Alliance, nous n'admettons pas davantage, et pour les mêmes raisons, l'intervention des peuples en vue de substituer le régime constitutionnel à une monarchie absolue, fût-elle despotique.

Qu'une nation, en effet, renverse un gouvernement, c'est son droit; mais qu'un parti politique veuille, avec l'appui de l'étranger, imposer à l'ensemble du pays, un nouveau gouvernement, c'est un acte blâmable au plus haut degré et que le droit doit formellement réprouver.

L'Angleterre restait donc dans les limites d'une saine politique, lorsqu'elle déclarait par la bouche de lord Castelreagh, dans la fameuse note du 19 janvier 1821 : que « si les évolutions politiques qui se produisent dans un pays peuvent créer un droit d'intervention en faveur des autres États, ce n'est qu'à la double condition que la sécurité et les intérêts essentiels de ces États soient réellement menacés d'une manière sérieuse et qu'il existe une nécessité impérieuse et urgente. »

Nous devons encore approuver ces autres paroles de lord Castelreagh : « aussi longtemps, disait-il, que la lutte et l'agitation espagnole ne dépasseraient pas les Pyrénées, il n'y aurait aucun motif qui pût justifier une intervention destinée à replacer la Péninsule sous une forme de gouvernement que la nation repoussait. »

Telle est en effet, nous ne saurions trop le répéter, la seule doctrine juste et équitable, et il eût été à souhaiter que les gouvernements, à commencer par le gouvernement anglais, y fussent restés fidèles. Mais, en dépit de ces déclarations de principe, dès 1826, l'Angleterre intervint en Portugal et, en 1834, elle fit partie avec la France, l'Espagne et le Portugal, d'une quadruple alliance, dont le but était l'expulsion de don Carlos et de don Miguel, sous le prétexte de maintenir la paix générale.

Il résulte de ce que nous venons de dire que certains

des principes contenus dans la fameuse déclaration du
Président des États-Unis d'Amérique, connue sous le nom
de doctrine de Monroë, sont absolument arbitraires et in-
justifiés. « En ce qui concerne, disait le Président Monroë,
les affaires des colonies que les puissances européennes
possèdent encore en Amérique, nous ne sommes pas inter-
tervenus et nous n'interviendrons pas. Mais quant aux gouvernements qui ont proclamé leur indépendance et la maintiennent, et dont nous avons reconnu l'émancipation après
de mûres réflexions, et d'après les principes de la justice,
nous ne pourrions envisager l'intervention d'un pouvoir
européen quelconque, dans le but de les opprimer ou de
contrôler en aucune manière leur destinée, que comme
la manifestation d'intentions hostiles envers les États-
Unis. »

Nous pensons, quoique ce point soit très controversé,
que s'opposer par la force à l'intervention d'autrui, c'est,
dans bien des cas, intervenir soi-même.

Le droit de conservation justifie-t-il les interventions
motivées sur l'intérêt de l'équilibre si souvent invoqué dans
la politique européenne des siècles passés ?

D'après les principes mêmes que nous venons d'indiquer, nous pouvons répondre à cette question : Si l'agrandissement d'un État porte positivement et directement
atteinte aux droits d'un autre État ; s'il constitue pour
celui-ci un danger *réel* et *certain*, l'intervention est juste;
mais, par contre, nous ne saurions admettre une intervention motivée sur le danger *éventuel* qui pourrait naître
d'armements excessifs, par exemple. On pourrait seulement, dans ce cas, demander des explications. Si la réponse
n'était pas satisfaisante, l'État lésé pourrait, il est vrai, être

amené à exiger des modifications dans la législation intérieure de son voisin.

Le droit de conservation autoriserait encore, dans les mêmes conditions, l'intervention pour la défense de sujets lésés dans leurs droits.

Donc l'intervention est un droit lorsqu'il s'agit de mettre fin à un état de choses dangereux pour l'intervenant lui-même. L'intervention est encore un droit lorsqu'elle est établie par des traités. Les cas n'en sont pas rares, et il existe actuellement de ce chef tout un ensemble de règles juridiques spéciales aux affaires ottomanes.

C'est ainsi que les trois puissances protectrices du nouveau royaume de Grèce, et les grandes puissances garantes de l'indépendance et de l'intégrité de l'Empire Ottoman, ont acquis des droits importants dans les affaires intérieures comme dans les relations intérieures de ces deux pays. Ce sont là des traités de garantie ; nous y reviendrons en détail.

Aux deux causes d'intervention que nous venons d'indiquer, nous en ajouterons une troisième : la raison d'humanité.

Même lorsque les intérêts d'un État ne sont pas directement atteints par les cruautés ou la barbarie d'un gouvernement despotique, nous ne saurions refuser aux autres États le droit d'intervenir pour mettre fin à des actes inhumains, et cela quel que soit le gouvernement qui les ait commis, qu'il soit ou non rangé dans la catégorie des nations dites « civilisées » ; car, si nous ne pouvons pas admettre l'intervention dans les affaires d'une nation sous le seul prétexte qu'elle n'est pas civilisée, nous ne pouvons pas non plus refuser le droit d'intervenir dans les affaires d'une nation civilisée qui se rendrait coupable d'actes de sauvagerie.

Et nous ne croyons pas que personne aujourd'hui ose soutenir, en présence des affreux massacres, sans cesse renouvelés dans l'Empire Turc, que l'on doive y assister en spectateurs impassibles sous prétexte que la Turquie a été « admise à participer aux avantages du Concert Européen. »

Nous trouverons dans le courant de cette étude l'application de ce principe, et si nous nous empressons de justifier par avance les interventions qui eurent lieu en Crète ou en Syrie, au nom des droits de l'humanité, nous croyons aussi que l'on ne peut que blâmer les puissances d'être intervenues d'une manière si hésitante et si faible au moment des récents massacres d'Arménie.

« Quand l'oppression est manifeste, disait déjà Grotius, lorsqu'un Busiris, un Phalaris, un Diomède de Thrace maltraitent leurs sujets de manière à être condamnés par toute personne équitable, ces sujets opprimés ne sont pas exclus de la protection des lois de la société humaine.»

Presque tous les auteurs modernes se sont d'ailleurs rangés à cette opinion.

En résumé, pour nous, l'intervention est un droit s'il y a danger positif et immédiat; s'il y a un traité, et enfin s'il y a eu violation des lois élémentaires de l'humanité.

En dehors de ces circonstances, qui doivent être étroitement interprétées, le principe de non-intervention reste entier et ne doit jamais être enfreint; la guerre civile, pas plus que les questions de religion, n'excuseraient l'ingérence des puissances.

Hâtons-nous d'ajouter que cette opinion n'est pas unanimement admise. Il s'en faut de beaucoup; et l'on peut dire qu'il y a sur cette épineuse matière autant d'opinions différentes que d'auteurs. Les uns, très larges dans leur appréciation, admettent une foule de circonstances justificatives de ce droit ; les autres, à vrai dire le plus grand nombre, très stricts, en principe, sont obligés d'admettre des circonstances exceptionnelles, si nombreuses chez quelques-uns qu'elles annihilent le principe.

Tels sont, d'après nous, les motifs qui peuvent justifier l'intervention et ce sont les seuls.

Mais souvent lorsqu'un État aura le droit d'intervenir, il en aura aussi le devoir. Et c'est pourquoi nous pourrons nous permettre, dans la suite, de juger avec sévérité les Puissances qui, après être intervenues en faveur d'opprimés, et après avoir provoqué et encouragé les velléités d'indépendance des nations de l'Empire Ottoman, ont abandonné les uns et les autres, lorsque leurs intérêts politiques se sont trouvés en contradiction avec leurs devoirs juridiques.

Il nous reste à signaler les différentes formes que l'intervention est susceptible de revêtir.

L'intervention peut être diplomatique ou armée : l'une ne sera le plus souvent que le prélude de l'autre.

A un autre point de vue, l'intervention peut être individuelle ou collective. Cette seconde manière offre de plus grandes garanties. En effet, l'État qui intervient isolément, le fait souvent avec un but intéressé, et se trouve naturellement porté à abuser de sa situation ; au contraire, les rivalités et les jalousies, fatales entre co-intervenants, sont une garantie de la modération et du désintéressement de ceux-ci, qui le plus souvent, exigeront les uns des autres un protocole de désintéressement.

Nous verrons que l'intervention a presque toujours été collective depuis le milieu de ce siècle. Quelques auteurs même ne la légitiment que sous cette forme quand il s'agit de la défense des droits de l'humanité. L'accord des Puissances est, pensent-ils, la meilleure preuve de la nécessité et de la légitimité de leur ingérence.

Nous allons suivre les différentes phases de l'intervention des Puissances européennes dans les affaires d'Orient.

Nous commencerons cette étude à l'époque des préliminaires de la guerre de Crimée et des négociations de la paix de Paris ; nous la terminerons au moment où commencent, dans une période nettement séparée de la précédente, les troubles précurseurs de la guerre turco-russe de 1877.

Nous diviserons ce travail en quatre parties :

1º L'intervention de l'Europe en Orient avant 1853 ;

2º Le traité de Paris et ses préliminaires ;

3º L'exécution du traité de Paris ;

4º La réaction contre le traité de Paris.

PREMIÈRE PARTIE

RÉSUMÉ DE L'HISTOIRE DE L'INTERVENTION DE L'EUROPE EN ORIENT AVANT 1853

I. — Origines.

Lutte de l'Islam et de la chrétienté. — Déclin de la puissance ottomane. — La question d'Orient. — Carlowitz, 1699. — Belgrade,
1739. — Kutchuk-Kaïnardji, 1774. — Jassy, 1792. — Napoléon Ier
et ses projets sur l'Orient. — Tilsitt et Erfurth. — Bucarest, 1812.
— Politique de la Sainte-Alliance.

Au moyen-âge s'engageait une lutte dont les conséquences pouvaient être fatales à la chrétienté : un instant,
les Arabes mettaient l'Europe en danger. Après avoir conquis
l'Espagne où ils apportèrent une civilisation supérieure,
ils furent heureusement arrêtés à Poitiers par Charles
Martel ; ils eurent bientôt à se défendre eux-mêmes,
lors des croisades, contre les nations chrétiennes assez
fortes, dans l'élan religieux qui les unissait, pour se faire
agressives et fonder à Constantinople et à Jérusalem, des
empires et des royaumes latins.

L'abandon de l'esprit de croisade, les luttes entre
latins et orthodoxes, l'hégémonie des Turcs se substi-
tuant dans l'Islam à l'hégémonie arabe, aboutirent à la
prise de Constantinople par Mahomet II.

Au xvie siècle, les Turcs envahissent la Hongrie et attei-
gnent l'apogée de leur puissance sous le glorieux règne
de Soliman II. Mais alors commença, pour aller toujours
en s'accentuant depuis, le déclin de la puissance ottomane,
et le traité de Carlowitz (1699) ouvrit, à proprement parler,
la question d'Orient telle qu'elle se présente encore à nous,
en sanctionnant un premier démembrement de l'Empire
Turc (perte de la Hongrie et de la Transylvanie) et en consacrant le droit d'intervention d'un État chrétien, l'Autriche, en faveur des sujets non musulmans du Sultan ;
enfin, en donnant à ce même État le droit et les moyens
d'assurer la libre visitation des Lieux-Saints.

Depuis lors, la Turquie ne cesse de s'affaiblir : à Passarowitz, en 1718, l'Autriche acquiert une partie de la
Serbie et de la Valachie ; elle rend, il est vrai, ces provinces en 1739, au traité de Belgrade, mais c'est un dernier et passager triomphe de l'empire de Mahomet (1).

Le traité de Kutchuk-Kaïnardji marque la première
immixtion importante de la Russie dans les affaires
d'Orient. La Porte y reconnaissait l'indépendance de la
Crimée et ouvrait aux Russes la libre navigation de la mer
Noire. La Moldavie et la Valachie étaient évacuées par les
troupes moscovites ; mais il était consenti « que, suivant les
circonstances où se trouveront les Principautés et leurs
souverains, les ministres et la cour de Russie puissent
parler en leur faveur, et la Turquie leur promet d'avoir

---

(1) Le double traité de Belgrade, d'une part entre la Turquie et
l'Autriche-Hongrie, et entre la Turquie et la Russie, d'autre part, a été
signé sous la médiation et avec la garantie du « Roi très chrétien ».
Parmi les raisons qui ont décidé la France à accepter le rôle de médiatrice, nous trouvons invoquée la raison de l'équilibre.

égard à leurs représentations. » C'est pour les Principautés une véritable tutelle russe.

L'article 7 du traité, plus important encore, et invoqué
lors de la question des Lieux-Saints qui suscita la guerre
de Crimée accordait à la Russie le droit de remontrance en
faveur de la religion chrétienne et de ses églises. « La
Sublime Porte promet de protéger constamment la religion
chrétienne et ses églises, et aussi elle permet aux ministres
de la Cour impériale de Russie de faire dans toutes les
occasions des représentations tant en faveur de la nouvelle église à Constantinople que pour ceux qui la desser-
vent, promettant de les prendre en considération, comme
faites par une personne de confiance d'une puissance voisine et sincèrement amie. » (1).

« Depuis la paix de Kaïnardji (2), la Russie a été l'oracle
des négociations diplomatiques suivies près de la Porte,
l'arbitre de la paix ou de la guerre, l'âme des affaires les
plus importantes de l'Empire. »

Le traité de Jassy (1792) assura à la Russie la Crimée,
une partie de la Bessarabie, le pays enclavé entre le Bug
et le Dniester qui devint la frontière des deux empires.

Dès lors la question d'Orient a pris son aspect définitif :

---

(1) Déjà, à la nouvelle de la paix de Passarowitz, Pierre Ier avait
obtenu un traité dont l'article 2 est ainsi conçu : « Il est libre aux
marchands des deux nations de voyager et de trafiquer, en toute sécurité, d'un État à l'autre. Il sera permis aux Russes de faire des péléri-
nages à Jérusalem et en d'autres lieux saints, sans qu'ils soient assujettis, ni à Jérusalem, ni ailleurs, à aucun tribut (kharadj) ni à des
exactions pécuniaires pour leurs passeports. Les ecclésiastiques russes
qui s'arrêteront sur le territoire de la Porte ne seront point molestés.»
C'est le modeste point de départ de prétentions exorbitantes. Cf. T. Lavallée, *Histoire de l'Empire ottoman*, p. 364.

(2) Hammer. *Histoire de la Turquie.*

le Turc, élément hétérogène et inassimilable à la civilisation européenne, a cessé d'être redoutable. Mais qui recueillera sa succession, comment se fera le partage, qui possédera Constantinople, « la clé du monde » ? Le démembrement possible de l'empire préoccupe la plupart des puissances occidentales, et c'est pour prévenir une telle éventualité ou pour en profiter que celles-ci interviendront sans cesse en Orient.

Par leur situation géographique, la Russie et l'Autriche étaient le plus directement intéressées dans cette grave question. Aussi, dès 1787, Catherine avait soumis à l'Empereur Joseph II un projet de partage amiable de la Turquie. Le fond de ce projet, désigné dans l'histoire sous le nom de *projet grec*, était la restauration de l'ancien Empire Grec sous le sceptre du petit-fils de Catherine auquel on avait donné avec préméditation le nom de Constantin (1).

Napoléon Ier devait reprendre avec la Russie le projet de démembrement, quitte à faire entre temps de la Turquie une alliée.

Pour ruiner plus sûrement la puissance britannique, il chercha à rompre la coalition européenne qui enserrait la France et à en détacher la Russie, en faisant luire aux yeux du Tsar la perspective d'un démembrement de l'Empire Ottoman dans lequel la Russie pourrait se tailler une large part. La combinaison ayant échoué, l'Empereur reprit contre la Russie la politique de François Ier et de Henri II contre la Maison d'Autriche. Il s'allia avec le Sultan, chercha à le pousser contre la Russie qui ainsi

(1) Il était formellement déclaré que les couronnes de la Russie et de l'Empire byzantin ne devaient jamais être réunies. La Moldavie, la Valachie et la Bessarabie devaient, dans ce projet, former un Etat autonome.

devait se trouver occupée en Orient et immobilisée par conséquent en Europe.

Sur les conseils de la France, Sélim ferme les détroits contrairement au traité de 1803, et destitue les princes de Moldavie et de Valachie sans la permission du Tsar.

Celui-ci envahit les Principautés. Napoléon, dans de beaux manifestes, se pose alors en champion de l'intégrité de l'empire Ottoman dans l'intérêt, dit-il, de la paix en Europe.

Mais un revirement dans la politique amène momentanément l'alliance russe conclue à Tilsitt. La Russie s'engage à évacuer les Principautés, sans que les troupes turques puissent y rentrer (articles 22 et 23 du traité de paix du 7 juillet 1807). Les négociations pour la paix devront ensuite se poursuivre avec la médiation de la France qui se réserve cependant de faire cause commune avec la Russie en vue de soustraire aux Turcs toutes les provinces européennes de l'Empire Ottoman (sauf Constantinople et la Roumélie) si le travail diplomatique ne donne pas un résultat satisfaisant.

Napoléon réservait ainsi l'avenir. Mais le Tsar ne fit pas évacuer les Principautés et Napoléon, absorbé par la guerre d'Espagne, se vit obligé de les lui laisser prendre à Erfurth. A Erfurth, Napoléon et Alexandre se partagent le monde ; l'un se réserve l'Occident, l'autre prend l'Orient ; et, sans tarder, le Tsar marche à la conquête du lot que lui abandonne son allié, on pourrait dire son complice. — L'alliance russe fut éphémère, et, pour faire face à la Grande Armée, la Russie eut besoin de toutes ses forces ; elle signa avec la Turquie le traité de Bucarest, 1812 : le Tsar abandonne la Moldavie, la Valachie et la Serbie. Il ne garde que les bouches du Danube et une portion de la Bessarabie (1).

Mais l'Autriche ne peut tolérer précisément que les bouches du Danube appartiennent à une puissance rivale, et au congrès de Vienne, Metternich qui voyait avec ombrage les conquêtes et l'influence russes s'étendre sur l'Empire Ottoman, proposa de placer l'intégrité de la Turquie sous la protection de toutes les Puissances. Cette idée ne prévalut pas ; l'heure n'était pas venue d'aborder le problème oriental. — L'idée du célèbre diplomate sera reprise et triomphera en 1841 et en 1856.

Cependant, les puissances prenaient position dans la question d'Orient. L'Angleterre et la France, attirées par leurs intérêts commerciaux, apparaissent à côté des deux puissances voisines de la Turquie. La Prusse, et plus tard l'Italie, compléteront le concert européen.

La période des origines est terminée. Aux influences du dehors s'ajoute pour la Turquie le besoin de réformes qui régénèrent, s'il est possible, l'Empire Ottoman ; et de ces causes multiples vont surgir les différentes phases de la question d'Orient au XIXᵉ siècle.

(1) Pour toute la période du premier Empire et spécialement pour les négociations de Tilsitt et Erfurth, cf. le livre de M. Vandal : *Alexandre et Napoléon Iᵉʳ*.

II. — Période de 1821 à 1829.

Indépendance de la Grèce. — Les nationalités. — Insurrection grecque. — Attitude des gouvernements. — L'opinion publique. — Aker-man, 1826. — Londres, 1827. — Les trois Puissances. — Navarin. — Andrinople, 1829. — L'intervention tend à devenir collective.

La Turquie avait besoin de réformes, disons-nous. La nécessité s'en faisait sentir surtout dans les provinces chrétiennes. Les Turcs avaient en effet conquis de vastes territoires, mais ne s'étaient pas assimilé les populations. Considérant les chrétiens, qu'ils flétrissent du nom de raïas, comme une race inférieure, ils n'ont jamais cherché qu'à tirer d'eux le plus grand profit possible et les ont pressurés d'impôts vexatoires.

Comme la loi civile est confondue pour eux avec la loi religieuse, ils ne pouvaient songer à l'appliquer aux chrétiens qui gardent ainsi leur organisation propre et leurs chefs religieux munis de pouvoirs très larges, restreints seulement par les caprices sanglants des sultans.

Les provinces chrétiennes, soumises à ce régime, n'attendaient que le moment de se soulever. La révolution française avait surexcité les esprits et malgré, ou peut-être même à cause de la politique odieusement réactionnaire de la Sainte-Alliance, les peuples rêvaient de liberté. Quand une nation opprimée et fermement unie veut la liberté, il n'est pas d'obstacles qu'elle ne puisse renverser ; la Turquie va l'apprendre dans le cours du XIXᵉ siècle ; et, si l'œuvre d'affranchissement n'est pas aujourd'hui plus avancée dans les provinces chrétiennes de l'Empire Ottoman, ce sont peut-être les puissances qui en doivent porter le blâme.

Déjà la Serbie avec Karageorges et Milosch Obrenowitch avait conquis quelque indépendance, lorsque le mouvement révolutionnaire gagna la Grèce (1), qui s'y préparait depuis longtemps.

Si la plupart des Grecs avaient subi avec résignation une autorité qui se contentait d'un tribut et respectait leur religion et leurs institutions municipales, du moins jamais les montagnards (Klephtes et Palikares) ni les populations maritimes et insulaires n'avaient accepté le joug ottoman.

Dès la fin du xviiie siècle, les îles Ioniennes avaient été constituées en république libre sous la protection de la Porte et de la Russie. Des sociétés secrètes s'étaient formées, qui réunissaient un nombre d'adhérents de jour en jour plus considérable, surtout l' « hétairie » ou société d'amis dont « la caisse était à Munich ; mais la tête à Saint-Pétersbourg et le centre à Constantinople » (2).

Enfin, en 1821 (3), les troupes ottomanes chargées de réprimer l'insurrection d'Ali, Pacha de Janina ayant outragé les habitants de Patras, la Grèce entière se soulève. Pendant cinq ans, jusqu'en 1826, les Grecs soutiennent devant les gouvernements européens impassibles (4), une guerre acharnée, illustrée par l'héroïsme des Ypsilanti, des Botzaris, des Miaoulis. Le Sultan avait dû appeler à son aide

---

(1) Des mouvements révolutionnaires s'étaient déjà manifestés à plusieurs reprises en Grèce en 1787 notamment et en 1797.

(2) Lavallée. *Histoire de l'Empire Ottoman*, p. 468.

(3) Proclamation Ypsilanti, 5 mars 1821. La Jonquière. *Histoire de l'Empire Ottoman*, p. 435.

(4) La Russie avait bien, dès 1821, demandé aux puissances l'autorisation et la charge de marcher contre la Turquie. Par des négociations habiles Metternich fit reculer la Russie.

le Pacha d'Egypte Méhémet-Ali et son fils Ibrahim; écrasés sous le nombre, les Grecs s'adressent une dernière fois à l'Europe. Des négociations sont engagées, mais elles avortent toujours devant la mauvaise volonté, pleine de dédain du Sultan.

Après la mort du Tsar Alexandre Ier (décembre 1825), Nicolas Ier se déclara « prêt à renoncer à la direction exclusive des affaires de la Grèce et à la perspective du protectorat qui en résulterait pour lui; » mais il déclarait en même temps qu'il n'en pouvait être ainsi de ses différends personnels avec la Porte. « L'empereur Nicolas n'entendra jamais traiter comme une question européenne une affaire entre lui et cette puissance et touchant à la foi des traités et à l'honneur de sa couronne (1). Ce programme fut réalisé. Nous allons pouvoir suivre cette double action de la Russie d'une part, des puissances comme collectivité (2) de l'autre.

Pour régler ses propres affaires avec la Turquie, le Tsar, après une lutte victorieuse, imposa au Sultan le traité d'Akerman : la navigation de la mer Noire était ouverte à la Russie ; les hospodars de Moldavie et de Valachie librement élus ne devaient être destitués que du consentement du Tsar : d'importants privilèges étaient stipulés pour la Serbie.

Quant aux affaires grecques (3), les gouvernements, entraînés par l'opinion publique, se décident enfin à intervenir. Le 4 avril, sur les instances de l'Angleterre, qui

(1) Lavallée, p. 477.

(2) Il est à remarquer que la Russie est aussi membre de cette collectivité et agit comme telle.

(3) Cf. de Viel-Castel. *Histoire de la Restauration.*

avait peur de voir la Russie régler seule la question hellénique, un protocole est signé à Saint-Pétersbourg, entre
l'Angleterre et la Russie, en vertu duquel les deux puissances s'engagent à obtenir une amélioration dans la situation de la Grèce (1). Le cabinet de Paris demanda que le
protocole de Saint-Pétersbourg fût converti en un traité
d'alliance, et, le 6 juillet 1827, un traité est signé à
Londres (2) par la France, l'Angleterre et la Russie qui
s'allient « pour mettre un terme à un état de choses préjudiciable à leur commerce. » Elles invoquent en outre la
raison d'humanité et ce fait que la Grèce a adressé un
appel formel à deux d'entre elles. « L'intervention en fa-

---

(1) Art. 1 du prot. du 4 avril 1826 : « *La Grèce serait une dépendance de cet empire* (turc) et les Grecs payeraient à la Porte un tribut
annuel dont le montant serait de commun accord fixé une fois pour
toutes. Les Grecs seraient exclusivement gouvernés par des autorités
choisies et nommées par eux-mêmes, mais dans la nomination des-
quelles la Porte aurait une certaine influence.

Dans cet état de choses, les Grecs jouiraient d'une liberté publique
complète de conscience et de commerce et dirigeraient exclusivement
leur gouvernement intérieur. Cf. de Clercq. t. III.

(2) Un acte additionnel du traité du 6 juillet 1827 entre l'Angleterre, la France et la Russie pour mettre fin à la guerre turco-grecque
et faire de la Bulgarie un gouvernement mi-souverain tributaire disait :

« I. — Qu'il serait déclaré à la Porte que les inconvénients et les maux
signalés dans le traité patent comme inséparables de l'état de choses
qui subsistait en Orient depuis six ans, imposaient aux puissances, par
la faute de la Porte, la nécessité de prendre des mesures immédiates
pour se rapprocher des Grecs, pour nouer avec eux des relations en
leur envoyant et recevant d'eux des consuls.

II. — Que si dans le terme d'un mois là Porte n'acceptait pas l'armistice proposé par l'art. 1er du traité patent, ou si les Grecs se refu-
saient à son exécution, les Puissances signataires du traité signifieraient
à la partie récalcitrante qu'elles s'efforceraient par tous les moyens
que les circonstances leur suggéreraient de prévenir toute collision,

veur de la Grèce (1) était dictée par des considérations morales et politiques de l'ordre le plus élevé et le plus respectable, conformes en tous points aux saines notions du droit des gens. »

Les trois puissances déclarent aussi qu'en cas de résistance de la Turquie, elles reconnaîtraient le gouvernement de fait établi en Grèce et au besoin useraient de la force. Le traité de Londres était le dernier coup porté à l'œuvre de la Sainte-Alliance, qui avait tout d'abord considéré les Grecs comme des sujets rebelles, en révolte contre leur légitime souverain.

L'Autriche avait joué un rôle effacé dans toutes ces négociations. Hésitant entre l'opinion publique qui aurait voulu soutenir les Grecs et la crainte de la Russie qui le portait à les combattre de peur de les voir devenir des clients dévoués de l'empire moscovite, Metternich déclarait que l'insurrection grecque a été « l'incident le plus désagréable de tout son ministère » (2). Pendant tout cet épisode de la question d'Orient la politique autrichienne est flottante et indécise.

L'entente des trois puissances amena un blocus paci-

---

sans toutefois prendre part aux hostilités entre les deux parties contendantes.

A cet effet, elles transmettraient immédiatement des instructions éventuelles, conformes aux dispositions du traité, aux amiraux commandant leurs escadres respectives dans les mers du Levant.

III. — Enfin si l'un des contendants ou même tous les deux ne voulaient pas adhérer aux propositions de ce traité, les trois cours contractantes ne poursuivraient pas moins leur œuvre de pacification. »

Saripolos, *La question gréco-turque* (Revue de droit international, 1879).

(1) Calvo. *Traité de droit international.*

(2) Léger. *Histoire d'Autriche-Hongrie.*

fique (1) des côtes de la Morée et, par un concours de cir
constances imprévues, la bataille involontaire de Navarin.

Après le « *déplorable malentendu* » de Navarin, le
Sultan appela les Musulmans à la guerre sainte. « Le but
des infidèles, disait la proclamation turque, est d'anéantir
l'Islamisme et de fouler aux pieds la nation musulmane.
Que tous les fidèles sachent que le combat est un devoir
pour nous (2). » La Russie répondit en déclarant la
guerre, qu'elle entreprit pour son compte, non pour les
Grecs.

A côté de la guerre russo-turque, les trois puissances,
en tant que collectivité, continuent à s'occuper des Hellènes. Le général Maison débarque en Morée et le protocole de Londres du 16 novembre 1828 met la Morée et les
Cyclades « sous la garantie provisoire des trois puissances,
qui regarderaient comme une agression contre elles-mêmes,
l'entrée d'une force militaire quelconque dans ces pays » (3).

Pendant ce temps les armées russes poursuivaient leurs
victoires et bientôt la paix était signée à Andrinople (1829).
La paix d'Andrinople attribue les bouches du Danube à la
Russie, ouvre les détroits aux navires des escadres russes,
et confirme le traité d'Akerman en ce qui concerne les
Principautés. La Serbie est indépendante avec un prince
héréditaire ; la Grèce est affranchie. Les troupes russes,
ne doivent se retirer qu'au fur et à mesure des paiements
d'une indemnité de guerre de 125.000.000.

Malheureusement l'Épire, la Thessalie, la Macédoine et

(1) L'Autriche, la France et la Russie n'avaient pas déclaré la guerre
au sultan. Le blocus avait pour but d'empêcher les communications
par mer entre les Turcs et l'armée d'Ibrahim-Pacha, alors en Morée.

(2) La Jonquière, p. 462.

(3) Cf. de Clercq, t. III, p. 508.

les îles (1) étaient laissées à la Turquie. C'était une lourde faute qui, à bien des reprises, et de nos jours encore, a amené dans les provinces des Balkans et à Candie des soulèvements et par suite de grandes difficultés européennes. « Cette pacification, dit Debidour, était le triom-
« phe le plus éclatant que la Russie pût à cette époque
« obtenir en Orient.

« La politique (2) hautaine et résolue de Nicolas avait
« porté ses fruits.

« Par la perte de la Moldavie, de la Valachie et de la
« Grèce dont le régime nouveau était, sans nul doute, un
« acheminement vers l'indépendance absolue, l'Empire
« Ottoman, démantelé, était de toutes parts ouvert à l'in-
« gérence russe.

« Le Tsar tenait en outre la Turquie en son pouvoir,
« grâce aux indemnités qu'elle était manifestement hors
« d'état de payer. Il venait d'acquérir contre elle des posi-
« tions offensives en Asie. Par la liberté de la mer Noire
« et des détroits, par les avantages considérables qu'il ve-

---

(1) Après la guerre de 7 ans (Indépendance de la Grèce), les puissances se déclarent décidées à obtenir pour la Crète et Samos une bonne administration. En 1832, Samos reçoit une bonne administration ; elle prospère depuis lors : la Crète attend toujours.

(2) Voici comment M. F. de Martens apprécie la politique russe en Orient (Revue de droit international, 1877) : « La Russie, dit-il, est, à l'égard de la Turquie, le représentant du Concert européen, le champion de la justice et du droit international. En 1821-29 comme en 1833-40, ajoute M. F. de Martens, sa politique fut toujours la même : elle n'a jamais cherché à s'agrandir. »

Dans le memorandum remis en mai 1855 par Ali-Pacha aux représentants des puissances à Chypre, la même politique russe est ainsi jugée :

« Désorganiser l'Empire Ottoman, l'amoindrir par tous les moyens possibles, démembrer son autorité politique aussi bien que ses provinces, et ensuite, s'établir dans les contrées où la confusion aurait

« nait de s'assurer, par son influence sur les États vas-
« saux et par ses prétentions au protectorat de tous les
« sujets chrétiens de l'Empire, il l'exploitait, la paraly-
« sait, et pouvait à volonté lui chercher querelle; il la do-
« minait ainsi à moins de frais que s'il se fût ostensible-
« ment emparé de Constantinople. »

Au mois de mai 1830, le Sultan reconnut l'indépendance
de la Grèce. La conférence de Londres reprit ses travaux
et étudia l'organisation à donner au nouvel État.

Léopold de Saxe-Cobourg, à qui l'on proposa la couronne, demanda que l'indépendance de la Grèce fût garantie par les puissance et qu'il fût donné au nouveau
royaume des limites plus rationnelles. Sur ce dernier
point les puissances eurent la malheureuse inspiration de
ne pas céder. Léopold refusa le trône qui lui était offert
dans de telles conditions.

Après trois années de dissensions intestines, marquées
par la dictature et l'assassinat du comte Capo d'Istria, les
trois puissances protectrices interviennent encore, et par
traité avec le roi de Bavière, élèvent sur le trône de Grèce
Othon Ier : Mai 1832.

---

remplacé tout ordre régulier. Tel a été et est encore le plan de la
Russie. Heureusement elle n'a plus de complices.....

« Les évènements qui ont entouré la révolution de laquelle est sorti
le régime actuel de Grèce sont le dernier exemple de cette habileté
perfide dont la dernière heure a enfin sonné. »

Sauf sur ce dernier point où Ali-Pacha se trompait ou voulait
paraître se tromper, nous croirions assez volontiers que c'est lui qui
donne la plus juste appréciation de la politique russe qui n'était évidemment pas uniquement désintéressée.

III. — Lutte Turco-Egyptienne.

Les réformes en Égypte. — Mahmoud et Méhémet-Ali. — 1re période de la lutte : Unkiar-Skélessi, 1833. — 2e période : Convention
de Londres, 1840. — Convention des Détroits, 1841. — Politique des
Puissances. — Attitude de la France.

Dans la guerre de l'indépendance de la Grèce, les puissances sont intervenues contre la Turquie. Ces mêmes
puissances vont, dans la guerre turco-égyptienne, intervenir en faveur de la Turquie.

Le motif de ce revirement se trouve dans la nécessité
de sauvegarder l'indépendance de l'Empire Ottoman et de
maintenir l'équilibre européen.

Cette ingérence est parfaitement justifiée (1).

L'Égypte, province turque, était alors gouvernée par
Méhémet-Ali que nous avons vu, pendant la guerre de l'indépendance grecque, prêter au Sultan le puissant appui de
ses armes. Il avait reçu en récompense de ses services
l'île de Candie. Mais il avait espéré mieux et se montra
peu satisfait; il n'aura plus qu'une idée : prendre de force
ce que le Sultan n'a pas voulu lui donner de plein gré.

L'Égypte était à cette époque une force redoutable.
Comme Mahmoud, le vice-roi avait pris à tâche de réformer les provinces confiées à son administration. Plus
heureux que le Sultan, Méhémet-Ali avait réussi dans son
œuvre et mené de front les progrès de l'agriculture, de

(1) Calvo.

l'industrie et du commerce (1). En même temps et surtout il attachait tous ses soins à réorganiser l'armée.

Avec l'aide d'européens et principalement de Français comme le colonel Selve, Méhémet-Ali parvint à transformer les bandes indisciplinées de Mamelucks en une armée instruite à l'européenne. Au contraire Mahmoud, nous le verrons (2), avait dû canonner les janissaires, mutinés dès les premiers essais d'une réforme analogue.

Plus fort, plus civilisé que le Sultan, le vice-roi d'Egypte supportait avec peine la domination turque ; et l'idée de conquérir l'indépendance s'imposa naturellement à son esprit : il voulait un pachalik plus étendu et il visait à l'autonomie moyennant un tribut. On lui a même attribué l'arrière-pensée de renverser le Grand Seigneur et de le remplacer à Constantinople ; mais le reproche semble peu fondé : il est douteux que les Musulmans eussent jamais consenti à reconnaître comme chef un autre que le Kalife légitime, et Méhémet ne l'ignorait pas.

Quoi qu'il en soit, il cherchait l'occasion de prendre la Syrie, dont les riches forêts lui eussent fourni en abondance les bois nécessaires à la construction d'une flotte. Il était facile de trouver prétexte à querelle avec Abdullah, pacha d'Acre, et, le 20 octobre 1831, 50.000 hommes, commandés par Ibrahim, envahirent la Syrie.

Mahmoud somme Méhémet d'arrêter ses troupes et de lui soumettre le différend dont il avait droit de connaître

---

(1) Méhémet-Ali n'a fait souvent que continuer ou exécuter les projets commencés ou conçus par Bonaparte lors de l'occupation de 1800. — Cf. Renault, *Cours.* — Cela n'ôte rien de son mérite à Méhémet, qui sut discerner la grandeur et l'utilité des projets du général français.

(2) Chapitre des Réformes.

en sa qualité de souverain. Le Pacha se garda bien d'obéir ;
il eut risqué de voir régler toutes les difficultés à l'amiable.
Le Sultan confie alors à son grand vizir Reschid le soin
de repousser l'armée envahissante : Reschid vaincu est
fait prisonnier à Koniêh (déc. 1832). Ibrahim poursuit sa
marche sur Scutari : le Sultan se sentant perdu fait appel
à l'Angleterre et à la France. Celles-ci commettent la faute
de n'y pas répondre et Mahmoud se tourne implorant
vers la Russie.

La Russie qui avait toujours combattu le Sultan, qui,
depuis près d'un siècle s'appliquait à miner son Empire en
réveillant chez les populations chrétiennes le désir de l'indépendance, qui, récemment encore, avait suscité et soutenu la révolte des Grecs, n'hésita pas.

Comprenant tout l'avantage qu'il pourrait retirer d'une
protection accordée en temps opportun à la Turquie, le
Tsar mit son épée au service de l'infidèle : une flotte russe
mouilla dans le Bosphore et des troupes russes campè-
rent autour de Constantinople.

En soutenant les Turcs, le Tsar mettait le Sultan à sa
merci ; il espérait en faire un vassal. La politique russe
est logique dans ses variations : qu'elle soit « le plus grand
ami ou le plus grand ennemi » de la Turquie le résultat
est le même, conforme au but poursuivi : prépondérance
à Constantinople et par suite liberté des détroits et accès
possible dans la Méditerranée.

Cependant, les ambassadeurs de France et d'Angleterre,
effrayés de la présence des troupes russes au cœur même
de la Turquie, et comprenant, eux aussi, le danger de
cette situation, cherchaient à ménager la paix avec le rebelle.

Le 5 mai 1833 cette paix est signée ; le vice-roi évacue

l'Asie Mineure sauf Acre, Tripoli, Damas, Alep, qui lui sont cédées.

Comment les puissances n'ont-elles pas, par une politique énergique, empêché, dès ce moment, la Russie de prendre une telle situation à Constantinople ? Ce fut une faute lourde. Mais les puissances n'étaient pas toutes libres dans leur action (1).

L'Autriche avait besoin du Tsar pour combattre la Révolution ; elle ne voulait pas le contrecarrer ouvertement : elle n'osait pas non plus soutenir un rebelle contre le souverain légitime et héréditaire. Quant à l'Angleterre, n'avait-elle pas reçu de Nicolas l'assurance qu'il agissait dans un but absolument désintéressé ? Mais peut-être cette raison ne lui aurait-elle pas paru suffisante, et, si les gouvernements, comme les particuliers, sont portés à juger des sentiments des autres d'après les leurs, il faut en trouver une autre : l'Angleterre était fortement gênée dans ses mouvements par l'agitation de l'Irlande.

La France ne voulait pas entrer en guerre avec la Russie en soutenant Méhémet vers lequel la poussaient ses sympathies, ni se brouiller avec l'Angleterre en soutenant la politique russe.

Cette politique embarrassée et hésitante, pour ménager tout le monde la conduira quelques années plus tard à se brouiller avec tout le monde et à être mise hors du concert européen.

Mais le mal était fait, et le Tsar signait le 8 juin avec la Turquie à Unkiar-Skelessi un traité d'alliance, par lequel il obtenait en une clause secrète la fermeture du Bosphore et des Dardanelles à toutes les puissances, sauf la Russie, et

---

(1) Cf. Thureau-Dangin, *Monarchie de juillet*.

le droit d'intervenir non seulement contre les ennemis extérieurs de la Porte, mais même contre ses ennemis intérieurs. « Ce traité mettait Constantinople et l'Empire Ottoman à la merci du Tsar. » (1).

A part la Russie, personne n'était satisfait; le Sultan regrettait les provinces cédées à son sujet, et celui-ci les trouvait un butin insuffisant. Pour maintenir la paix dans des conditions aussi précaires, il aurait au moins fallu entre la France et l'Angleterre un accord parfait.

Cet accord qui semblait exister entre les deux gouvernements, n'existait pas entre leurs représentants à Constantinople et Mahmoud, sur la promesse de l'ambassadeur d'Angleterre de provoquer une diversion en Arabie sur le golfe Persique, et malgré les objurgations de l'ambassadeur de France (2), se lança dans une nouvelle campagne.

De ce moment, le cours des événements se précipite. Toujours favorisé de la fortune, Ibrahim Pacha remporte la

---

(1) Lavallée, *Histoire de l'empire Ottoman*.

(2) La dépêche suivante adressée à l'amiral Roussin, montre clairement cette situation :

« Le Ministre des affaires étrangères à l'Ambassadeur de France à Constantinople, le 7 juillet 1839.

Monsieur le Baron,

Le gouvernement du Roi approuve tout ce que vous avez tenté auprès de la Porte pour lui faire abandonner le funeste système qu'elle a embrassé (faire la guerre à Méhémet-Ali).

Quelque juste méfiance que nous inspirassent depuis longtemps les dispositions personnelles de lord Ponsonby, nous étions pourtant loin de croire qu'il les portât au point de poursuivre un but diamétralement opposé à celui que sa cour se propose en commun avec nous. Je m'en suis franchement expliqué hier avec lord Granville, et je ne saurais douter que mes observations transmises à Londres ne portent leur fruit.

Maréchal Duc de Dalmatie. »

Vie de l'amiral Roussin (inédite).

victoire de Nézib (juin 1839) pendant que Mahmoud mourait à Constantinople et qu'Achmet Pacha livrait la flotte ottomane à l'ennemi.

Le Sultan de seize ans qui venait de monter sur le trône était prêt à traiter avec Méhémet, lorsque le 28 juillet 1839, les ambassadeurs des cinq puissances remirent à la Sublime-Porte une note constatant leur accord et demandant au Sultan « d'attendre les fruits de leurs dispositions bienveillantes pour Elle, de ne rien décider sur ladite question sans leur concours. »

Le vice-amiral Roussin, qui en signant cette note s'était conformé aux instructions formelles du cabinet de Paris (1) fut désavoué cependant. C'est qu'en France l'opinion publique, toujours portée aux enthousiasmes rapides, était très surexcitée à la suite d'une ardente campagne de presse dont le but était de créer en faveur de Méhémet-Ali un mouvement analogue à celui qui avait provoqué l'intervention en Grèce quelques années auparavant.

Le résultat de la politique française fut le traité de Londres de 1840, signé par l'Angleterre, l'Autriche, la Prusse et la Russie. La France était mise de côté.

A la suite du traité de Londres, un ultimatum est envoyé au vice-roi. Le Sultan exige la restitution de la flotte et le retrait immédiat des troupes égyptiennes, moyennant quoi il accorderait à Méhémet l'administration héréditaire de l'Égypte et l'administration viagère du pachalik de Saint-Jean-d'Acre.

Méhémet croit pouvoir compter sur l'appui de la France ;

_____

(1) *Vie de l'amiral Roussin.* — Plus tard, après la défaite du Pacha, le Roi dit un jour à l'amiral Roussin : « Amiral, vous avez eu seul raison contre nous tous ».

il accepte la lutte. Les Anglais s'empressent de bombarder
Beyrouth. A Paris, l'opinion toujours exaltée pousse le
Roi à la guerre. Thiers fait voter au milieu des applaudis-
sements les crédits nécessaires pour fortifier Paris. Les
mesures sont prises en vue d'une guerre qui semble inévitable. Mais le roi Louis-Philippe, plus raisonnable peut-
être que son peuple et que son ministre, recule devant une
lutte où l'Europe entière serait coalisée contre la France.
Thiers est remplacé par M. Guizot, représentant d'un parti
plus pacifique. La France se calma; mais le vice-roi
d'Égypte dut faire d'amères réflexions sur le danger de
trop se fier à l'amitié des grandes puissances.

Isolé, il ne pouvait plus rien, et il dut accepter les conditions du sultan, qui lui laissa l'Égypte à titre héréditaire
et lui ôta l'espoir de posséder jamais la Syrie. (Alexandrie, 1840). De leur côté, les puissances signèrent la convention des Détroits, et la France eut la satisfaction de
voir la signature de son plénipotentiaire apposée à côté
de celle des représentants des quatre autres puissances.

Cette convention donne aux puissances le droit d'inter
dire l'entrée du Bosphore, aux navires de guerre de
toutes les puissances.

L'Angleterre avait été l'âme des affaires de 1839-41.
C'est la conduite de l'ambassadeur anglais, nous l'avons
vu, qui avait amené la seconde guerre entre le sultan et
le pacha d'Égypte. C'est aussi l'Angleterre qui devait profiter de la crise; et elle avait su en profiter habilement.

Le traité d'Unkiar-Skelessi était détruit. Au protectorat
unique de la Russie était substitué le protectorat collectif
de l'Europe. Bien plus, les détroits étaient fermés à la
Russie et sa flotte de guerre ne pouvait plus sortir de la
mer Noire sans l'assentiment du Sultan.

L'Angleterre avait joué le principal rôle dans les négociations. Son crédit l'emportait désormais sur le crédit de la Russie à Constantinople (1). La France sortait de cette affaire dans une posture fâcheuse. Après s'être mise en avant, elle avait dû faire une retraite assez peu brillante et abandonner le vice-roi. Le bombardement de Beyrouth portait gravement atteinte à sa considération, tandis que le prestige de l'Angleterre s'accroissait en Orient.

(1) V. Choublier. *La Question d'Orient depuis le Traité de Berlin*, introduction.

DEUXIÈME PARTIE

LE TRAITÉ DE PARIS

Le traité des Détroits contenait en germe la guerre de Crimée.

La Russie, cela était évident, ne devait pas se contenter longtemps du rôle auquel elle était rabaissée. En partageant avec elle la tutelle collective de l'Empire Ottoman, les Puissances préparaient de nouveaux bouleversements en Orient, et l'on pouvait prévoir le jour où les Tsars essayeraient de reprendre de gré ou de force, auprès du « Sublime Portier » des Dardanelles, le rôle privilégié qu'ils avaient en 1833.

Comment l'antique question des Lieux-Saints a été ravivée et comment elle fut un simple prétexte cachant des desseins plus vastes ; comment les prétentions de la Russie, ont provoqué l'intervention diplomatique ou armée des Puissances Occidentales et quels furent les résultats de de cette intervention, tels sont les faits dont nous essaieront de retracer l'histoire dans ce chapitre.

La Russie réclamait avec arrogance le droit de protection sur les sujets orthodoxes du Sultan. L'Empereur des Français, protecteur officiel et légitime des Latins et la reine de la Grande-Bretagne, à cause de ses possessions de l'Inde ennemie naturelle des Russes, prirent les armes pour sauvegarder l'intégrité et l'indépendance de l'Empire Ottoman. Et ce n'est pas un des épisodes les moins curieux de la question d'Orient que l'alliance de ces deux souverains et du Piémont avec le Sultan descendant du Prophète.

L'Autriche eut une politique moins hardie. Elle voyait avec méfiance et jalousie l'occupation des Principautés ; mais, si en prenant une attitude hostile à la Russie, elle a « étonné le monde par son ingratitude, » elle n'est pas allée au delà de l'intervention diplomatique.

La Prusse s'est montrée plus hésitante encore.

Bien qu'intéressée, elle aussi, au maintien de l'équilibre européen, elle avait peur de se compromettre : le roi Frédéric-Guillaume intervenait comme à regret et paraissait sans cesse prêt à reculer pour ne pas mécontenter le Tsar son beau-frère, et pour bien affirmer son indépendance vis-à-vis de l'Autriche. Après le traité du 20 avril, les plénipotentiaires prussiens n'ont plus pris part aux négociations jusqu'au congrès de Paris, et ce n'est que sur la demande formelle des représentants de la France qu'ils ont été admis à signer le traité du 30 mars.

Nous allons essayer de suivre rapidement les efforts de la diplomatie pendant les années 1853 à 1856. Nous constaterons une certaine mauvaise volonté de la part de la Russie dans toutes ces négociations prodigieusement longues et embrouillées. Il ne faudra rien moins que la prise de Sébastopol pour l'amener à composition et pour permettre enfin de poser les bases d'une entente.

La Russie avait provoqué la guerre. Elle n'y a pas gagné : le tribunal européen qui a siégé à Paris en 1856 a pris de sérieuses mesures contre l'ambition moscovite.

I. — Négociations antérieures au traité.

La question des Lieux-Saints. — Les Orthodoxes et les Latins. — Droits de la France. — Prétentions de la Russie. — Commission d'enquête mixte. — Commission musulmane. — Bonnes dispositions de la France. — Mauvaise volonté de la Russie. — La mission Menchikof. — Malgré les assurances formelles de la Russie, la question des Lieux-Saints est secondaire. — Question d'influence. — Attitude hautaine de Menchikof qui exige un traité. — Il réduit ses prétentions à un sened, puis à une note. — Refus de la Sublime Porte. — Invasion des Principautés. — Ultimatum russe. — Réponse turque. — Le tsar et sir Hamilton Seymour. — Tentative de conciliation des ambassadeurs à Vienne. — Leur échec. — Guerre russo-turque, 20 septembre 1853. — Entrée des flottes anglo-françaises dans le Bosphore. — Protocole du 5 décembre 1853. — Sinope. — Entrée de la flotte dans la mer Noire. — Protocole du 13 janvier 1854. — L'Angleterre et la France prennent part à la guerre. — Traité de Constantinople, 12 mars. — Convention de Londres, 10 avril. — De Berlin, 20 avril. — Traité du 2 décembre 1854. — La Sardaigne adhère à la convention de Londres, janvier 1855. — La guerre. — Conférence de Vienne. — Les quatre points. — Après la prise de Sébastopol, la Russie change de ton. — Attitude de la Serbie, de la Grèce et du Montenegro pendant la guerre. — Congrès de Paris.

Jérusalem avait toujours été le théâtre de nombreuses et ardentes compétitions. En Terre-Sainte, les plus petites choses grandissent en proportion des souvenirs qui s'y rattachent. La possession d'une église ou même d'une clé peut devenir une affaire de la plus haute importance pour les religieux chrétiens ; et d'une façon générale, dans l'Empire Ottoman où la religion crée la nationalité, toute question religieuse se complique en fait d'une question politique.

Protégés par les « puissants empereurs de France » les Latins ont longtemps profité seuls de la tolérance ou de la bienveillance des sultans. Mais avec le schisme grec (1) était née une rivalité qui n'a fait qu'augmenter de jour en jour et s'est trouvée aggravée par la faiblesse insigne du gouvernement turc, toujours disposé à céder aux influences du moment et à se laisser convaincre par les derniers arguments quels qu'ils soient.

Aussi trouvons-nous, tantôt en faveur des Latins, tantôt en faveur des Grecs, un nombre incalculable de firmans, donnant un jour ce qu'ils avaient retiré la veille pour le reprendre le lendemain. Sans remonter au-delà du XVIIe siècle, et pour ne citer que les principaux, nous allons trouver un nombre très respectable de documents contradictoires (2).

---

(1) Avant le IXe siècle, nous trouvons déjà plusieurs églises dissidentes : les Églises nestorienne, arménienne, jacobite, copte.

Au IXe siècle, Photius, patriarche de Constantinople, refuse de se soumettre à l'autorité du pape de Rome. De là date le grand schisme. La différence entre grecs, orthodoxes et catholiques est : 1o une question théologique (procession du Saint-Esprit ; dogme de la trans-substantiation et communion sous les deux espèces) ; 2o une question de discipline (refus de reconnaître l'autorité du pape) ; 3o une question de rite (emploi de la langue grecque) ; différence dans les cérémonies concernant le culte et l'administration des sacrements.

(2) Les droits des Français datent de la première capitulation qui a été conclue entre Soliman II et François Ier, en 1535. Les capitulations suivantes, et entre autres la dernière, celle de 1740, encore en vigueur, ne sont pour une partie que la reproduction et la confirmation de celle de 1535. Ce sont également ces capitulations de 1535 qui donnent aux consuls français des droits de juridiction sur leurs nationaux établis dans les échelles du Levant. Les capitulations ont servi de type à tous les arrangements conclus entre la Sublime-Porte et les États européens pour la protection de leurs nationaux dans l'empire Turc.

En 1604, les Sultans reconnaissaient aux Latins la possession du Saint-Sépulcre (1).

En 1620, Osman II leur attribue la possession exclusive de la grande église de Bethléem et du tombeau de la Vierge à Gethsemani. Une disposition importante de cet acte reconnaissait que les Latins ont *accordé* de leur plein gré certains emplacements dans l'église de Bethléem aux autres communions chrétiennes, ce qui prouve bien que ces emplacements étaient à eux et vient à l'appui de ce fait que les empiètements des Grecs ont été favorisés par la tolérance des Latins.

Ceux-ci laissaient l'usage de certains sanctuaires aux orthodoxes, qui s'empressaient de faire transformer cette tolérance en un droit dont ils arguaient ensuite contre les religieux latins (2).

En 1623, nouveaux firmans en faveur des Grecs, révoqués par un firman contraire de 1635.

En 1637 et 1639, firmans en faveur des Grecs.

En 1666, 1673 et 1675, firmans en faveur des Latins, leur accordant « la libre possession des lieux qui sont entre leurs mains en dedans et en dehors de Jérusalem. »

En 1676 les Grecs obtiennent de nouvelles concessions; mais en 1690, par jugement du Divan, tout ce qui a été pris aux Latins depuis 1635 leur est rendu.

En 1740, la France obtient des capitulations, suivies

(1) Remarquons que la possession des Lieux-Saints n'impliquait que le droit d'usufruit; à cette époque, en effet, les giaours n'avaient pas le droit de propriété.

(2) Thouvenel. *Nicolas Ier et Napoléon III*, p. 21. Notice.

en 1757 d'un firman énumératif des sanctuaires exclusivement réservés aux Latins (1).

L'article 82 des capitulations prévoit le cas de réparations dans les endroits dont les religieux dépendant de la
France ont la possession et la jouissance à Jérusalem,
ainsi qu'il en est fait mention dans les articles précédemment accordés et actuellement renouvelés, et l'art. 84
ajoute : « Si l'on venait à produire même quelque commandement d'une date antérieure ou postérieure, contraire à la teneur de ces articles, il restera sans exécution
et biffé conformément aux capitulations impériales (2). »

En 1808, un incendie détruisit la coupole du Saint-Sépulcre. Les Grecs, qui peut-être avaient allumé l'incendie,
en profitèrent habilement pour se faire accorder le droit
de reconstruire les bâtiments brûlés. Mais les Latins protestèrent et la reconstruction de la coupole du Saint-Sépulcre fut une des principales causes des discussions de
1851.

En 1811, toutefois, il est déclaré que les droits de l'église
grecque n'infirment en rien les droits antérieurs de l'église
latine. Mais aussitôt, un firman — 1812 — vient consoler
les orthodoxes.

En 1835, l'amiral Roussin obtient pour les Latins le
droit de célébrer leurs offices dans l'ancienne église de
l'Ascension. En 1839, il obtint davantage : « des cons-

---

(1) La liste en est donnée dans l'ouvrage de M. Thouvenel (Nicolas I⁰ʳ et Napoléon III).

(2) Art. 1er de la capitulation de 1740 : « L'on n'inquiètera point
les Français qui vont et viendront pour visiter Jérusalem, de même
que les religieux qui sont dans l'église du Saint-Sépulcre dit Kamama.

tructions illicites qui avaient dans Jérusalem même déna-
turé les bâtiments auxquels on les avait ajoutées ont été
démolies, supprimées, et les lieux rétablis aux dépens de
leurs auteurs, sur l'ordre obtenu par l'ambassadeur et aux
cris de : Vive la France, dont le patronage reçut en cette
occasion, un éclat inusité (1). »

Tels sont quelques-uns des firmans qui se rapportent aux
Lieux-Saints (2).

On peut juger par ce court exposé de ce qu'il pouvait y
avoir d'incertitude et de confusion dans la question et l'on
peut imaginer combien il était difficile d'invoquer des
textes officiels sans se voir opposer aussitôt un firman plus
récent.

D'ailleurs, l'ère des firmans contradictoires, nous le
verrons, n'était pas terminée. Mais nous pouvons, dès
maintenant, affirmer que les titres des Latins sont antérieurs à ceux des Grecs et plus formels que ceux-ci. La
plupart des réclamations de nos rivaux n'étaient guère
mieux fondées que les prétendues concessions du kalife
Omar, mort deux cents ans avant le schisme grec (3).

La lutte entre Latins et Grecs prit de grandes proportions, quand derrière les religieux apparurent les puissances protectrices. La France était, depuis François Ier,
et reste en vertu des capitulations souvent renouvelées,
protectrice des Latins, encore désignés en Turquie, sous
le nom de Frengh, quelle que soit d'ailleurs leur nationa-

---

(1) *Vie de l'amiral Roussin*, p. 61.

(2) En 1856, M. Thouvenel fera donner à nos religieux la basilique
de Sainte-Anne de Jérusalem.

(3) Au reste, le jugement du Divan de 1690, dont nous avons parlé,
condamnait formellement les prétentions tirées de ce chef.

lité. La dernière intervention de ce chef a eu lieu tout récemment lors de l'assassinat à Yenidjé-Kalé, du père Salvatore, religieux italien. La Russie, de son côté, invoquait les traités (1) de Kutchuk-Kaïnardji et d'Andrinople, pour prétendre à la défense des orthodoxes, et, dès 1850, lorsque les querelles se ravivèrent ou furent ravivées entre les religieux de Jérusalem, elle s'empressa d'élever la voix.

Les hommes faits aux questions de l'Orient comprirent dès le début la gravité de la situation : les questions de religion en Turquie, sont aussi, nous l'avons dit, des questions politiques.

Et cela tient à l'organisation même de l'Empire Ottoman où on a laissé les Raïas s'administrer eux-mêmes et plus tard invoquer la protection des États européens. « Il est difficile de séparer une pareille question de considérations politiques, écrivait dès le 21 mai 1850, lord Stratford de Redcliffe et une lutte d'influence générale, surtout si la Russie, comme ou peut s'y attendre, intervient en faveur de l'église grecque, sortira probablement de la discussion imminente » (2).

Mais la question n'en resta pas moins en suspens.

De Munich, où il était alors ministre de France, M. Thouvenel prévoyait aussi les complications prochaines : « Que signifie donc cette querelle que nous avons élevée à Constantinople au sujet des Lieux-Saints ? J'espère qu'elle est moins grave que les journaux allemands ne la repré

---

(1) Nous avons cité les articles invoqués par la Russie. Voir première partie.

(2) Cité par Eugène Forcade. *La question d'Orient* (Revue des Deux-Mondes, mars 1854).

sentent! Je connais l'Orient, et je puis vous affirmer que la
Russie ne cédera pas. C'est pour elle une question de vie
ou de mort, et il est à désirer qu'on le sache bien à Paris
si l'on veut pousser l'affaire jusqu'au bout » (1).

Or, la question n'était pas moins grave qu'on pouvait
le penser à Munich et M. Thouvenel se montrait malheureusement trop bon prophète. Mais justement, on ne
savait pas à Paris ; les diplomates n'étaient pas tous aussi
clairvoyants, et l'on espérait désarmer la Russie par des
concessions. Le cabinet de Paris ne voulait à aucun prix
de complications en Orient. On préparait l'Empire, ce
n'était pas le moment de courir les aventures sur les bords
de la mer Noire. Aussi M. de la Valette faisait-il tous les
efforts possibles pour ramener le calme. Il facilita la
formation de commissions turques (2) chargées d'étudier
sur place la question et de régler le différend. Ce fut
d'abord une commission mixte composée de Musulmans
et de Chrétiens, puis une commission musulmane. Dans
ces dispositions conciliantes, notre ambassadeur se trouva
pleinement satisfait par le firman du 8 février 1852, qu'il
parvint, après des luttes violentes, à arracher au sultan,
à la suite de l'enquête des commissions.

Ce firman était un succès sans doute, mais bien mince,
si l'on s'en reporte au jugement de M. Sabatier laissé par
M. de la Valette, comme chargé d'affaires, à Constantinople,
la même année. « Nous avons obtenu, disait le chargé

(1) Thouvenel. *Nicolas Ier et Napoléon III.*
(2) La Turquie était désintéressée dans le débat qui s'agitait sur
son propre territoire. Peu lui importait que les lieux contestés
fussent latins ou orthodoxes. Elle était donc un arbitre tout indiqué ;
malheureusement l'intégrité de l'arbitre était sujette à caution.

d'affaires, uniquement la participation au tombeau de la
Vierge et la clé de Bethléem. La première concession
est illusoire ; la seconde est ridicule ! » (1) Ce qui motivait
l'expression vive et peut-être un peu sévère de M. Sabatier,
c'est qu'en secret, il avait été convenu qu'on ne se servirait
pas de la clé. Quel significatif exemple de discussion
byzantine ! Cependant avoir une clé, même sans pouvoir
s'en servir, c'était déjà énorme dans un pays où le droit de
balayer une église est considéré comme une prise de
possession et recherché à l'égal du plus grand privilège.

Mais, pendant que notre ambassadeur obtenait un firman,
les Russes s'en faisaient donner un autre. Tout ce qu'avait
pu M. de la Valette avait été d'obtenir du sultan la promesse formelle de ne pas le faire lire solennellement,
comme cela est l'usage. Ajoutons que malgré la promesse,
le firman fut lu en grande pompe à Jérusalem.

Après ce succès, le Tsar ne cacha plus son but ; il voulait le *statu quo* dans les affaires des Lieux-Saints. Cette
prétention tendait à consacrer un état de choses doublement
injuste. Car, s'il était injuste de confirmer les usurpations
des Grecs, il était aussi contraire au droit et attentatoire
à la souveraineté de la Turquie, de vouloir rendre à jamais
définitive par un traité, la situation anormale des religieux
qui forment dans l'Empire Ottoman une sorte d'État dans
l'État, bien que nous considérions cette situation comme
légitime dans l'ordre actuel des choses.

Les prétentions des Russes à l'égard des Lieux-Saints
paraissaient excessives déjà. Mais le Tsar allait bientôt
étonner l'Europe par de nouvelles exigences.

---

(1) Cf. Thouvenel. *Nicolas Ier et Napoléon III.*

Bien que rien ne s'opposât à laisser régler les affaires en suspens par l'ambassadeur ordinaire, le 28 février 1853, l'on vit arriver en grand apparat à Constantinople le prince Menchikof, commandant en chef de la flotte russe, avec une suite nombreuse et brillante d'officiers de haut rang. Cet appareil présageait une mission peu pacifique.

A peine débarqué, le prince Menchikof se montra d'une arrogance à rendre jaloux lord Stratford de Redcliffe. Il affecta dès son arrivée un mépris choquant pour les règles les plus élémentaires de l'étiquette et de la bienséance et parla en maître ; il demanda l'indépendance du Montenegro (1), réclama la destitution du patriarche grec de Constantinople et celle de Garachanine, ministre de Serbie et exigea la révocation du firman accordé aux Latins en 1852. Il voulait enfin, bien qu'il s'en défendît, obtenir sur les Grecs orthodoxes des droits équivalents à ceux de la France sur ses protégés.

Là était le but réel de sa mission ; et, malgré les précautions pour le tenir caché aux autres ambassadeurs, on devait bientôt pénétrer le dessein de l'envoyé russe.

Menchikof désespérait les ministres turcs par ses demandes présentées coup sur coup, obtenait le renvoi d'un « ministre fallacieux » et voulait la consécration officielle du protectorat russe dans un traité ou dans un « acte équivalent à un traité et à l'abri des interprétations d'un mandataire malavisé et peu consciencieux. » (2)

(1) Menchikof était peut-être jaloux du succès de l'ambassadeur autrichien, M. de Leiningen, dont l'intervention venait d'amener la pacification du Montenegro.

(2) Note de Menchikof à Rifaat-pacha du 19 avril 1853 :
« Tout en voulant être oublieux du passé et n'exigeant pour répa-

« Ce n'est pas l'amputation, mais l'infusion du poison dans tout son corps que l'on demande à la Turquie » écrivait lord Stratford de Redcliffe.

Cependant la question des Lieux-Saints était réglée le 4 mai par deux firmans. Il était décidé que la coupole du Saint-Sépulcre serait restaurée dans sa forme actuelle, telle quelle, avec faculté pour le patriarche grec de Jérusalem de présenter des observations, si cette forme était altérée.

Les Latins garderaient une clé de la grande église de Jérusalem et, pour donner une preuve de sa bienveillance, le Sultan ferait remplacer lui-même et à ses frais l'étoile d'argent du sanctuaire ; l'exercice du culte dans l'église du tombeau de la Vierge devait être commun avec priorité pour les Orthodoxes.

Enfin le Sultan confirmait à tout jamais aux différents rites la possession des sanctuaires dont ils avaient à cette époque la jouissance soit en commun, soit d'une manière exclusive.

La décision de la Sublime-Porte, signée par les représentants de la France et de la Russie, semblait devoir mettre fin à toute contestation. Elle était sans doute assez peu

---

ration que le renvoi d'un ministre fallacieux et l'exécution de promesses solennelles, l'empereur se trouvait obligé de demander des garanties solides pour l'avenir. Il les veut formelles, positives et assurant l'inviolabilité du culte professé par la majorité des sujets chrétiens tant de la Sublime-Porte que de la Russie, et enfin par l'empereur lui-même. Il ne peut en vouloir d'autres que celles qu'il trouvera désormais dans un acte équivalent à un traité, et à l'abri des interprétations d'un mandataire mal avisé et peu consciencieux ». Cité par de la Gorce : *Histoire du Second Empire*, t. I, p. 169.

avantageuse pour les intérêts français ; mais la France était bien décidée à aller jusqu'au bout des concessions possibles. Ce n'est pas de ce côté que devaient venir les difficultés. Dès le lendemain, le 5 mai, Menchikoff envoyait au Divan une nouvelle note suivie d'une autre le 11.

Le 13 mai, il se rendit au palais de Dolma Bagtche, sans se faire annoncer. Pour affirmer, une dernière fois, l'arrogance préméditée de sa conduite et donner, avant son départ, toute la mesure de son manque de tact, l'envoyé extraordinaire se présenta devant le Sultan lui-même au moment de la mort de la Sultane Validé.

Sous le coup de cette démarche, Rifaat-pacha se retira et céda la place à Reschid-pacha.

Le 18, un grand conseil turc solennellement réuni pour étudier les notes russes, les repoussa formellement, « ne voulant pas faire un acte entièrement contraire au droit international et effacer totalement le principe de l'indépendance de la Sublime-Porte. »

En vain Menchikof baissa le ton, déclara abandonner l'idée d'un traité formel et proposa au Divan de signer un sened moins solennel, ou même simplement une note, il était trop tard ; la Russie avait démasqué son jeu. Il n'était plus question des Lieux-Saints : ce point était réglé ; il s'agissait du protectorat, soi-disant reconnu par les traités de Kutchuk-Kaïnardji (1774) et d'Andrinople (1829).

Céder eut été une véritable abdication de la part la Turquie. Après la réponse négative, l'ambassadeur d'Autriche fit en personne et dans un but de conciliation, une démarche auprès de Menchikof le 20 mai ; démarche vaine. La mission russe avait échoué; dans la nuit du 21 au 22, le prince Menchikof reprenait la mer; ce départ clandestin contrastait singulièrement avec l'arrivée fastueuse du Grand Amiral.

Le 31 mai, M. de Nesselrode écrivit lui-même à Reschid pour lui demander encore une fois la signature de la note dans les huit jours: à cet ultimatum, la Turquie ne pouvait répondre que négativement, et le 3 juillet 1853, les troupes russes franchissaient le Pruth sans déclaration de guerre « pour avoir un gage »; mais cette action souleva peu d'indignation tant l'occupation des Principautés était devenue pour la Russie une opération ordinaire.

Avant de continuer ce récit, il nous faut parler des démarches par lesquelles, dès 1850, la Russie avait essayé de diviser les puissances; et nous allons voir que les Russes, malgré leur double échec, se sont montrés particulièrement habiles dans les travaux de mines et de contre-approches, qu'il s'agît d'opérations militaires ou de manœuvres diplomatiques.

Bien avant la mission Menchikof, et c'est une preuve de sa préméditation, le tsar Nicolas avait essayé de se ménager l'appui de l'Angleterre dans les affaires d'Orient. Il prenait un jour à part sir Hamilton Seymour, et sous forme de causerie amicale, « de gentleman à gentleman, » comme il se plaisait à le lui répéter; il demanda à l'ambassadeur un peu étonné « ce que l'Angleterre ferait en cas de démembrement de la Turquie ». Sir Hamilton Seymour avait beau protester que la Turquie ne lui paraissait pas malade à mourir, que, en tous cas, devant cette éventualité un accord européen serait nécessaire, le tsar insistait: « si désireux que nous soyons, disait-il, de prolonger l'existence du malade, et je vous prie de croire que je désire autant que vous qu'il continue à vivre, il peut subitement mourir. » (1) Et quelques jours plus tard l'empereur faisait venir chez lui sir Hamilton pour continuer cet entretien.

Cette fois, il alla plus loin, et, tout en affirmant avec énergie qu'il voulait s'occuper, non pas de ce qui se ferait, mais de ce qui ne devrait pas se faire, il se laissa aller à développer à l'ambassadeur un projet complet de partage : « les Principautés, dit-il, sont de fait un État indépendant sous ma protection ; c'est une situation qui peut continuer. La Serbie pourrait recevoir une forme de gouvernement analogue ; la Bulgarie de même ; il n'y a pas de raison que je sache pour empêcher de faire de ce pays un État indépendant. » (2).

En échange, le tsar laissait entendre qu'il serait disposé à abandonner à l'Angleterre l'Egypte et Candie.

L'ambassadeur d'Angleterre ne répondait ni oui ni non, remarquant seulement que la Turquie pouvait vivre encore longtemps, qu'il ne voyait pas son état si noir que le faisait son auguste interlocuteur ; mais le tsar ne se rendait pas à ces raisons et sir Hamilton Seymour s'aperçut très vite que pour parler sans cesse de la mort prochaine de *l'homme malade* le tsar devait la désirer ardemment et qu'il était peut-être disposé à en avancer l'époque.

Heureusement, pas plus que sir Hamilton Seymour le cabinet anglais, tenu journellement au courant de ces curieux entretiens, n'était disposé à prêter une oreille bienveillante aux insinuations transparentes du tsar. Autrement,

(1) C. Rousset. *Guerre de Crimée*, p. 6.
(2) Ce qui fut fait en 1878.

c'en eût été fait de la Turquie ; et la question d'Orient était résolue, sans la France.

Enfin, le 18 avril 1853, malgré l'assurance partout donnée que le but de la mission Menchikof était uniquement le règlement de la question des Lieux-Saints, le Tsar, incapable de se contenir davantage, démasqua son jeu ; il déclara à l'ambassadeur anglais que le Sultan l'avait offensé par sa mauvaise foi, et qu'il saurait bien faire céder les Turcs, sinon par le raisonnement, au moins par l'imminence du danger prochain.

Le Tsar avait donc échoué auprès de l'Angleterre ; il faisait bien quelques démarches auprès des autres puissances, tentait pendant le mois de novembre 1853 de faire entamer des négociations avec le représentant de la France, dans une petite cour allemande ; se donnait la peine de gagner la confiance du général de Castelbajac, ambassadeur de France à Saint-Pétersbourg, enfin essayait de son influence sur les cours de Vienne et de Berlin.

Malgré tout, il restait isolé ; mais il était décidé à agir quand même et il avait, nous l'avons vu, donné à ses troupes l'ordre d'envahir les Principautés « pour avoir un gage qui repondît de la stricte exécution des traités par le Divan. » (3 juillet 1853).

Cet acte d'hostilité fit tomber les dernières illusions, pour ceux qui voulaient bien s'en faire encore. La France en avait peu ; le 21 février, M. Drouyn de Lhuys appelait l'attention de ses agents sur les complications qui pouvaient surgir en Orient par suite de la mission de M. le prince Menchikof, et depuis le mois de mars l'escadre de Toulon croisait dans les eaux de Salamine. Mais l'Angleterre, encore convaincue de la bonne foi des Russes, ne l'avait pas suivie dans cette mesure, et, le 7 avril, dans une dépêche au Baron de Brunnow, Nesselrode pouvait féliciter le gouvernement britannique de ne pas avoir imité cet exemple.

Mais en affirmant que les vues de l'Angleterre différaient *toto cœlo* de celles de la France, M. de Nesselrode forçait un peu la note ; il cherchait peut-être à convaincre les autres pour se persuader lui-même.

En tous cas, si à ce moment les vues de l'Angleterre différaient essentiellement de celles de la France ce qui n'est pas prouvé, cette dissemblance devait être de courte durée ; et l'Angleterre se montra d'autant plus froissée qu'elle était plus surprise (1). Au reste, l'aimable lord Stratford de Redcliffe, cet homme « rectiligne » n'était pas d'humeur à arranger les choses, trop heureux peut-être de pouvoir être désagréable au Tsar Nicolas (2).

A la tribune du parlement, lord Russel et lord Palmerston, tombés du haut de leurs illusions dans une pénible

---

(1) Le 22 mars 1853, lord Clarendon écrit qu'il ne croit pas que la mission Menchikof ait un caractère menaçant pour l'indépendance et l'intégrité de la Turquie. Cité par Forcade, *loc. cit.*.

(2) Lord Stratford de Redcliffe, diplomate habile, connaissait à fond les choses d'Orient et jouissait à Constantinople d'une grande influence. Il avait, dit-on, une forte rancune contre le tsar qui aurait refusé de le laisser accréditer auprès de sa cour. M. de la Gorce peint d'un mot le diplomate anglais : « les Asiatiques, dit-il, n'estiment guère les hommes que dans la mesure où ils s'estiment eux-mêmes. A ce compte, nul ne devait être plus honoré que Stratford. » *Histoire du Second Empire,* t. I, p. 165. Pour être juste cependant, il faut ajouter que le 8 mai 1853, lord Stratford écrivit à Menchikof pour le supplier de ne pas rompre et de se montrer moins exigeant. V. Forcade. Revue des Deux-Mondes, mars 1854, p. 1006 et 1007, en note.

réalité, ne craignirent pas de qualifier la conduite du gouvernement russe de mensongère et frauduleuse (1).

Le 16 juin 1853, c'est-à-dire huit jours après l'ultimatum
de Nesselrode, les flottes anglaise et française mouil-
laient dans la baie de Besika.

Les choses ne dépendaient déjà plus de la Russie et de
la Turquie seules. Les puissances signataires du traité de
1841, avaient cru qu'il était de leur droit et de leur devoir
d'intervenir (2), et dès le mois de juin, M. de Buol avait
pris l'habitude de réunir à Vienne les ambassadeurs des
quatre puissances pour échanger leurs vues sur la question.

Vienne s'était trouvée tout indiquée pour être le siège
de ces réunions pacifiques. Plus que tout autre, le gouvernement Autrichien, désirait la paix. Si, d'une part,
l'empereur ne voulait pas rompre avec le chef de la
Sainte-Alliance son beau-frère, d'un autre côté, l'Autriche avait des intérêts primordiaux à défendre contre la
Russie.

La liberté de navigation du Danube est pour elle une condition d'existence, et il lui faut à tout prix éviter le contact
des Russes avec les populations Slaves de son empire ; enfin
si la Russie étend sa protection et son influence sur tous
les Orthodoxes, l'Autriche ne verra-t-elle pas ses propres

---

(1) Forcade, *La Question d'Orient* (Revue des Deux-Mondes,
mars 1854, p. 1010).

(2) M. Drouyn de Lhuys pensait que tout devrait être traité à cinq
et « qu'il n'appartiendrait ni à un ni à deux cabinets de régler isolément ou à part des intérêts susceptibles d'affecter l'Europe entière. »
cité par E. Forcade. (Revue des Deux-Mondes, mars 1854, p. 1017).

sujets grecs lui échapper? Pour ces différentes raisons, l'Autriche voulait la paix.

Vienne devint donc le centre des négociations dont nous allons suivre maintenant les péripéties et dans lesquelles les Puissances devaient prendre une attitude nettement distincte, se groupant deux à deux, avec de grandes différences cependant dans chaque groupe : France et Angleterre d'un côté, Autriche et Prusse de l'autre.

Les ambassadeurs se réunissaient officieusement d'abord ; bientôt les séances devinrent officielles et furent résumées dans des protocoles ; mais dans cette longue période de négociations sans cesse interrompues et reprises, il est impossible de fixer par des dates précises le commencement et la fin de cette conférence de Vienne qui « dura si longtemps, fit, somme toute, si peu de chose et répandit autant d'encre sur les bords du Danube qu'on devait plus tard verser de sang sur le plateau de Chersonèse (1). »

A la dernière note de Menchikof, Reschid avait opposé une note responsive. Les diplomates pensèrent que les deux notes différaient peu et espérèrent qu'il serait possible de les combiner et de trouver une rédaction, acceptable à la fois pour le Sultan et pour le Tsar.

Ce travail méticuleux fut commencé par le cabinet français. Le 27 juin, M. Drouyn de Lhuys soumit un projet aux Puissances. Le 30, les ambassadeurs réunis à Vienne adoptèrent, avec quelques modifications, le projet français, et firent tous leurs efforts pour le faire accepter par la Porte et par la Russie. Celle-ci n'opposa pas de difficulté : la Sublime Porte, au contraire, protestait vive-

(1) De la Gorce, *Histoire du Second Empire*, tome Ier.

M. — 4.

ment. Mais convaincues que le projet de « fusion » devait satisfaire tout le monde, la France, l'Autriche et l'Angleterre crurent hâter la fin des discussions en refusant même d'étudier une nouvelle note que Reschid-pacha, selon une tactique devenue traditionnelle à Constantinople, avait rédigée le 23 juillet, quelque temps après l'invasion des Principautés et dans laquelle le ministre turc disait « que se réservant les droits sacrés de souveraineté envers ses propres sujets, il est dans l'intention sincère de S. M. I. d'assurer à l'Eglise grecque à perpétuité la jouissance des privilèges spirituels qui y sont confirmés et de lui accorder aussi tels autres privilèges et immunités qu'il plairait à Sa Majesté d'accorder à tout autre culte quelconque de ses sujets chrétiens (1). »

(1) Menchikof avait demandé un engagement et « la participation des Grecs, sujets du Sultan, aux avantages accordés aux autres rites chrétiens ainsi qu'aux légations étrangères accréditées près de la Sublime-Porte, par convention ou disposition particulière. »

Reschid, dans sa réponse, refusait de prendre un engagement ; il voulait constater que le Sultan prenait lui-même l'initiative de certaines réformes et daignait en faire part à la Russie : « Dans le cas où, à l'avenir, des privilèges spirituels, de quelque nature qu'ils soient, seraient accordés à ses autres sujets chrétiens, il résulte nécessairement des sentiments de sollicitude que la Porte professe pour ses sujets, qu'elle n'en privera pas non plus les moines grecs. »

A la note de Vienne, la Porte demandait trois modifications principales : 1o La note de Vienne semblait mettre la Russie sur le même pied que la Turquie dans l'initiative des privilèges à octroyer aux Grecs. La Sublime-Porte s'y opposait ; 2o Au lieu de « le sultan restera fidèle à la lettre et à l'esprit du traité de Koutchouk-Kaïnardji, » la Sublime-Porte substituait ces termes : « le Sultan restera fidèle aux stipulations du traité de Koutchouk-Kaïnardji confirmé par celui d'Andrinople, relatives à la protection par la Sublime-Porte de la religion chrétienne » ; 3o Au lieu des mots : « conventions ou dispositions particulières » il était question : « d'avantages octroyés ou qui seront octroyés. »

Cependant, les prétentions turques étaient modérées. Ce que la Porte ne voulait à aucun prix, c'était le partage de la souveraineté sur ses propres sujets et dans l'ordre temporel.

Les Puissances auraient pu se contenter de privilèges et immunités suffisants accordés aux chrétiens, quitte à exiger des garanties sérieuses. Mais les ambassadeurs déclarèrent les différences insignifiantes et se montrèrent très mécontents du refus de la Sublime Porte. Ils le furent encore plus quand Nesselrode, après avoir accepté sans modification la note des ambassadeurs, en fit un commentaire qu'il livra à la publicité.

C'est qu'aussi la manière dont M. de Nesselrode voulait comprendre la note était singulière ! Il démontrait qu'au fond elle ne différait pas de la note Menchikof. Ainsi le travail de la diplomatie aurait abouti à ramener les choses au point où elles étaient un an avant ! C'était un peu dur pour les diplomates, mais il faut bien reconnaître que Nesselrode n'avait pas tout à fait tort. A force d'éplucher les mots dans des discussions qui font penser au plaidoyer de Figaro, les diplomates étaient arrivés, sans s'en douter à changer le sens général de la note.

La diplomatie était jouée (1).

Après avoir mis leur dernier et vain espoir dans les

(1) Le 18 septembre 1853, M. Thouvenel, alors directeur des Affaires politiques au ministère des Affaires étrangères, écrivait au Général de Castelbajac, notre ambassadeur à Saint-Pétersbourg : « Je regarde, quoiqu'on fasse et à quelque transaction boiteuse que l'on s'arrête, la grosse question d'Orient comme entamée, entamée avec préméditation par le parti moscovite. » Cf. Thouvenel. *Nicolas Ier et Napoléon III*, p. 223.

entrevues du Tsar et de l'empereur d'Autriche à Olmütz,
du Tsar et de Frédéric-Guillaume à Cracovie, les ambassadeurs durent avouer que les hostilités entre la Russie et
la Turquie étaient désormais inévitables. Le 26 septembre 1853, la guerre fut déclarée (1).

Le tsar Nicolas, il faut bien le reconnaître, avait tout
fait pour en arriver là, malgré les assurances réitérées
qu'il donnait de ses sentiments pacifiques, et quoi qu'il
affirmât sur sa parole d'honneur à l'ambassadeur de
France qu'il ne voulait pas de conquêtes et que la chute de
l'empire turc serait un embarras plus grand pour lui que
pour le reste de l'Europe ! » (2)

On a dit que la guerre était l'œuvre personnelle du Tsar
et que ses ministres eux-mêmes ignoraient les desseins de
l'empereur Nicolas et cela est fort possible.

En tous cas, Nicolas donna à cette guerre un caractère
plus redoutable en en faisant une guerre de religion.

Il réveilla le fanatisme de son peuple, et il faut s'imagi-

---

(1) Le premier Moharem, 1270, la Porte fait précéder la déclaration de guerre de ce manifeste :

« Puisque le cabinet de St-Péterbourg ne s'est pas contenté des
assurances qui lui ont été offertes ; puisque les efforts bienveillants
des Hautes Puissances sont demeurés infructueux, puisque enfin la
Sublime-Porte ne peut tolérer ni souffrir plus longtemps l'état des
choses actuel, ainsi que la prolongation de l'occupation des Principautés moldo-valaques, parties intégrantes de son empire, le cabinet
Ottoman, dans l'intention ferme et louable de défendre les droits
sacrés de souveraineté et d'indépendance de son gouvernement, usera
de justes représailles contre une violation des traités qu'il considère
comme un *casus belli* ». Cf. *Annuaire des Deux-Mondes,* année
53-54, appendice, p. 943.

(2) Cf. lettre du général de Castelbajac, 17 août 1853. Thouvenel,
Nicolas Ier et Napoléon, p. 199.

ner l'effet que pouvaient produire les mots : Guerre sainte,
chez une nation enthousiaste et croyante en même temps
que crédule et ignorante, (1) pour comprendre qu'une fois
dans cette voie, et l'eût-il voulu lui-même, le Tsar ne pouvait plus reculer, il eut été emporté à son tour par le
mouvement national qu'il avait lui-même déchaîné.

A la nouvelle de la déclaration de la guerre, la flotte
anglo-française entra dans le Bosphore.

Quant à la diplomatie, elle reprenait ses travaux. Depuis
la rupture, on ne pouvait plus espérer terminer les affaires
d'Orient autrement que par un traité ; le but des ambassadeurs était désormais de faciliter la conclusion de
ce traité, d'offrir leur médiation aux belligérants pour
mettre un terme aux hostilités « qui ne pouvaient se prolonger sans affecter les intérêts de leurs propres États, »
et maintenir l'Empire Ottoman dans son intégrité « devenue une des conditions nécessaires de l'équilibre européen. » C'est ce que constata le protocole de Vienne du
5 décembre 1853 (2).

Mais la Russie allait rendre impossible la tâche de conciliation que s'étaient imposée les Puissances.

---

(1) Pour avoir une idée de la crédulité, même de la classe éclairée
en Russie, voir une lettre du général de Castelbajac du 11 février 1834
où celui-ci en donne un exemple : « le bruit s'est répandu ici, dans
le peuple et dans la société qu'un être surnaturel, habillé en moine
est apparu tout à coup à l'empereur Nicolas !... » L. Thouvenel, *Nicolas I*er *et Napoléon III*, p. 334. « Une guerre de religion, écrivait encore
le général, le 7 octobre 1853, une croisade aussi ardente que celle de
Philippe-Auguste est possible de la part de la Russie. Cette guerre
deviendrait nationale et l'empereur lui-même pourrait-être entraîné
au-delà de ses intentions. »

(2) De Clercq. *Recueil des Traités.*

Nous attendrons l'attaque des Turcs sans prendre l'initiative des hostilités, avait dit Nesselrode. Cependant le
30 novembre 1854, la flotte turque réfugiée dans la rade
de Sinope, fut entièrement détruite. Cet « attentat » (1)
eut un grand retentissement en Europe. « Le coup frappé à
Sinope n'a pas atteint la Turquie seule, » disait M. Drouyn
de Lhuys et les flottes anglo-françaises furent envoyées
dans la mer Noire, avec mission d'empêcher les navires
russes de sortir des ports et notamment de Sébastopol,
ce qui était un singulier abus, puisque l'état de paix subsistait. Cette paix devenait dès lors bien problématique.
On pouvait de ce moment craindre une rupture entre les
Puissances occidentales et la Russie: la diplomatie se con-
sumait en de vains efforts pour arrêter la crise.

A Vienne, se continuait le petit jeu de notes refusées
tantôt par l'un, tantôt par l'autre des belligérants.

Après le protocole du 5 décembre, les turcs avaient fait
de nouvelles propositions; ils s'engageaient à exécuter
l'accord relatif aux Lieux-Saints et à faire des réformes à
condition que les Principautés fussent évacuées.

Nesselrode ne voulut pas opposer un refus catégorique
à cette demande modérée, mais il cherchait visiblement à
gagner du temps. Il envoyait en grand mystère à Vienne
le comte Orloff avec mission de détacher l'Autriche des
deux puissances maritimes : en cas d'échec, le comte
Orloff devait proposer une dernière combinaison dont le
but était de permettre au Tsar de traiter sans intermédiaire

---

(1) Malgré l'état de guerre où l'on se trouvait, ce fut considéré, par
l'opinion publique, comme un attentat à cause de l'infériorité trop
marquée des Turcs et du nombre des victimes. Cf. C. Rousset, p. 69
et ss. — Nous devons reconnaître cependant que les Russes
n'ont fait qu'exercer leur droit de belligérants.

avec le sultan. Les Puissances refusèrent de souscrire à de telles conditions. 2 février 1854.

Le 29, Napoléon III, dans une lettre au tsar, après avoir résumé l'histoire de la question disait : « voilà la suite réelle et l'enchaînement des faits. Il est clair que arrivés à ce point, ils doivent amener promptement, ou une entente définitive ou une rupture décidée. » (1)

C'est la rupture qui était imminente. Le tsar repoussa en effet les propositions modérées de Napoléon, comme il avait refusé celles de la Conférence de Vienne, et le 4 février 1854, les ambassadeurs de Russie quittaient les cours de Londres et de Paris. Des préliminaires, proposés cette fois par le Cabinet de Saint-Pétersbourg, furent encore repoussés le 5 mars. Le 12, une alliance était conclue entre la Turquie, l'Angleterre et la France. Le 14 mars, l'Angleterre et la France firent remettre à la Russie un ultimatum la sommant d'évacuer les Principautés avant le 30 mars 1854 : la Russie jugea bon de ne pas donner de réponse, et le 27 mars la guerre était déclarée par les trois alliées.

La France et l'Angleterre avaient fait preuve jusque là d'une grande modération ; elles n'avaient fait avancer leurs flottes que peu à peu et pour répondre aux empiètements successifs de la Russie.

Mais du jour où l'intégrité de la Turquie se trouva sérieusement compromise et l'équilibre européen menacé, elles n'hésitèrent pas à envoyer des troupes sur les bords de la mer Noire. « L'Angleterre est de glace et sera de glace sur la question des Lieux-Saints : elle est de feu et

(1) De la Gorce, tome I, p. 211.

sera de feu si l'empire ottoman est menacé », avait dit
Walewski (1).

Quant à la France, elle commença les hostilités avec
entrain : la guerre de Crimée allait lui permettre de reprendre son rôle sur une question d'ordre et d'intérêts
européens, sur une question de conservation et d'équilibre ; elle regagnait toute l'autorité morale qui échappait
à la Russie (2).

La conduite de ces deux puissances a été ferme et nette.
En a-t-il été de même de celle des puissances allemandes ?
« Nous ne pouvons compter sur l'Autriche et la Prusse
que pour la paix et nullement pour la guerre, écrivait le
7 octobre 1853, le général Castelbajac (3) ». L'événement
donna raison à notre ambassadeur. L'Autriche et la Prusse
ne suivirent pas les alliés sur le terrain militaire. Mais
c'était déjà beaucoup si l'on pouvait compter sur elles pour
le maintien de la paix. Le pouvait-on vraiment ?

L'Autriche, tout en restant dans l'ordre diplomatique,
est intervenue activement auprès du Tsar et ne s'est jamais
séparée des deux puissances maritimes avec qui elle a continué à signer tous les protocoles ; elle a même occupé les
Principautés, et c'est elle qui a fait accepter par la Russie
les bases préliminaires de la paix.

---

(1) Lettre de Walewski, alors ambassadeur à Londres, 24 mars 1853,
citée par L. Thouvenel, *Nicolas Ier et Napoléon III*, p. 102. Lord
Palmerston qui dirigeait de fait le gouvernement anglais depuis quelques mois, voulait la guerre. Il avait peu confiance dans la conférence
de Vienne ; « la conférence de Vienne, disait-il, cela veut dire Buol ;
Buol veut dire son beau-frère Meyendorf et Meyendorf veut dire Nicolas. » Cf. de la Gorce.

(2) Vandal ; cours.

(3) Thouvenel. *Nicolas Ier et Napoléon III*.

La Prusse, au contraire, n'a pas été jusqu'au bout même de l'intervention diplomatique ; le mysticisme de Frédéric Guillaume lui a inspiré une politique d'hésitations et de revirements continuels (1).

Le protocole du 9 avril 1854 est le dernier acte signé par les quatre puissances.

Elles s'y déclarent unies dans le double but « de maintenir l'intégrité territoriale de l'empire ottoman et de consolider, dans un intérêt conforme aux sentiments du Sultan, et par tous les moyens compatibles avec son indépendance et sa souveraineté, les droits civils et religieux des chrétiens sujets de la Porte » ; l'évacuation des Principautés est déclarée « une condition essentielle » de l'exécution de la première partie de cet engagement.

Les signataires s'engageaient en outre « à n'entrer dans aucun arrangement définitif avec la cour impériale de la Russie ou avec toute autre puissance qui serait contraire aux principes énoncés ci-dessus, sans avoir préalablement délibéré en commun ».

C'est en conséquence de ce protocole et à la suite d'une

---

(1) Le 5 janvier 1854, le Marquis de Moustier écrivait de Berlin : « tant que le roi Frédéric-Guillaume IV croira que les coups de fusil entre la Russie et l'Autriche pourront être évités à quelque prix que ce soit, on ne fera rien de lui ! Il veut que l'alliance du Nord, aujourd'hui à demi déchirée par la plume, ne soit pas définitivement tranchée par l'épée. Il saisit avec bonheur toute apparence d'hésitation de la part de l'Autriche et croit l'intimider en lui faisant craindre l'absence de tout concours de sa part ». Rien de plus terre à terre qu'un idéologue quand une fois il se résigne à retenir le vol de ses pensées. Bientôt il (le roi de Prusse) s'était persuadé que dans le présent conflit il n'y avait aucun fruit que sa main pût cueillir. Dès ce moment il s'ingénia à demeurer non seulement neutre mais immobile. » Cf. de la Gorce, *Histoire du Second Empire*, tome I, p. 345.

conférence du 14 juin avec la Turquie, que l'Autriche occupa les Principautés (20 septembre 1854).

Le 10 avril, la France et l'Angleterre, pour « déterminer l'objet de leur alliance ainsi que les moyens à employer en commun pour le remplir,» signent un traité à Londres.

Elles donnent pour motif de leur intervention active que l'existence de l'équilibre européen et les intérêts de leurs propres États se trouvaient menacés.

Le 20 avril, les deux puissances germaniques, de leur côté, signent une convention à Berlin « dans le désir d'éviter autant que possible toute participation à la guerre, et en même temps d'aider au rétablissement de la paix générale. » La distinction est nette entre les deux groupes de puissances : les signataires du traité du 10 avril s'unissent pour la guerre ; les signataires de la convention du 20 s'allient en vue de la paix. Toutefois l'Autriche et la Prusse se déclarent prêtes à exercer une action offensive dans le cas d'une incorporation des Principautés et dans le cas d'une attaque ou du passage de la ligne des Balkans par la Russie, et ce *casus belli* constitue pour la France et l'Angleterre un appui moral considérable.

Le 8 août, la France, l'Angleterre et l'Autriche, sans la Prusse, posent les bases du rétablissement de la paix, dans les quatre articles fameux qui, développés et modifiés, serviront de point de départ aux négociations de Paris. La paix ne peut être durable, dit le Protocole, 1° si le protectorat russe sur les Principautés n'est supprimé et remplacé par un protectorat collectif des Puissances ; 2° si la navigation du Danube n'est déclarée libre ; 3° si le traité du 13 juillet 1841 n'est pas révisé dans un intérêt d'équilibre européen ; 4° Si la Russie n'abandonne ses prétentions sur les Grecs, sujets ottomans et si les trois puissances n'obtiennent de la Sublime Porte la consécration et l'observation des privilèges religieux des diverses communions chrétiennes (1).

Le 2 décembre, les trois puissances signent un traité à la suite duquel elles envoient au Tsar une invitation comminatoire d'adhérer aux quatre points avant le 31 décembre.

Le 7 janvier, les plénipotentiaires se réunissent pour recevoir l'adhésion du prince Gorchakoff. On pouvait se croire encore une fois près du but, mais, selon l'expresion du général de Castelbajac (2), « le Tsar et la question d'Orient sont de vrais Protée. Ils se transforment sans cesse ; quand on croit les saisir ils nous échappent ; c'est souvent quand on est le plus éloigné d'une solution qu'on s'en croit le plus près. » Les diplomates allaient l'apprendre une fois encore.

La discussion des quatre points commença bien, et les deux premiers points étaient déjà réglés à l'amiable, lorsqu'à propos de la troisième condition surgirent des difficultés qui devaient réduire à néant tous les efforts. Le troisième point était relatif à la neutralisation de la Mer Noire. Le représentant russe, prévoyant les difficultés qui pourraient surgir à propos de cette situation, que lui-même était décidé à repousser, avait astucieusement demandé la discussion du quatrième point relatif aux immunités des populations chrétiennes, avant le troisième ; il pensait que, si toutes les autres difficultés étaient résolues, les Puissances ne se laisseraient pas arrêter par la question de la mer Noire qui, ainsi, pourrait peut-être recevoir

(1) *Recueil des traités*, Martens.
(2) Cité par Thouvenel, *Nicolas I*er *et Napoléon III*.

une solution heureuse pour la Russie. Les ambassadeurs de France et d'Angleterre ne virent pas d'inconvénient à commencer de suite la discussion du quatrième point ; ils en référèrent cependant à leurs cabinets qui s'y opposèrent formellement, et les conférences furent rompues : toute l'attention se portait dès lors sur les opérations militaires.

Une grande victoire pouvait seule arracher aux Russes l'assentiment que deux années de diplomatie n'avaient pu leur faire donner. La Russie, heureusement pour nous, perdait de jour en jour de son autorité morale et de ses forces matérielles.

Le 21 novembre 1855, la Suède signait un traité d'alliance avec les puissances occidentales (1), et, bien que le roi de Suède s'engageât fort peu encore, la Russie put craindre la défection des Etats secondaires (2).

___

(1) L.L. M.M. (Cf. de Clercq, t. VI, p. 585) « Désirant prévenir toute complication de nature à troubler l'équilibre européen, ont résolu de s'entendre dans le but d'assurer l'intégrité des Royaumes-Unis de Suède et de Norwège... » le roi de Suède et de Norwège s'engage à « ne céder à la Russie ni à échanger avec elle, ni à lui permettre d'occuper aucune partie des territoires appartenant aux couronnes de Suède et de Norwège. S. M. le Roi de Suède et de Norwège s'engage, en outre, à ne céder à la Russie aucun droit de pâturage, de pêche, ou de quelque autre nature que ce soit, tant sur lesdits territoires que sur les côtes de Suède et de Norwège, et à repousser toute prétention que pourrait élever la Russie à établir l'existence d'aucun des droits précités. » (Art. 1). Dans le cas de propositions de la Russie, le Roi de Suède s'engage à les communiquer à la France et à l'Angleterre qui lui fourniront des secours militaires afin de résister, s'il en est besoin aux prétentions ou aux agressions de la Russie (Art. 2).

(2) La Suède voulait s'affranchir de l'influence excessive de la Russie; elle espérait reprendre la Finlande. Cf. Geffroy, *La Suède avant et après le Traité de Paris* (Revue des Deux-Mondes, 1er juin 1856).

Au mois de janvier 1855, le Piémont avait adhéré au traité du 10 avril et envoyé des troupes en Crimée (1).

Le Tsar Nicolas, l'auteur de la guerre, devant les souffrances de ses soldats « avait voulu mourir » ; peut-être son successeur dont l'amour-propre n'était pas en jeu se montrerait-il disposé à écouter les avances des Puissances.

La victoire attendue, ce fut la prise de la tour de Malakoff. Après la chute de Sébastopol, l'Autriche crut pouvoir soumettre à la Russie un projet destiné à servir de point de départ à de nouvelles négociations. Ce projet, porté à Saint-Pétersbourg par le comte Esterhazy, rappelait les quatre points posés dans le protocole du 8 août, mais avait considérablement étendu les prétentions primitives ; il exigeait encore la neutralisation de la mer Noire, la liberté de navigation du Danube sous la surveillance des Puissances, et il prenait la Bessarabie à la Russie.

En outre, « les puissances belligérantes réservent le droit qui leur appartient de produire dans un intérêt européen des conditions particulières en sus des quatre garanties. » La Russie, « condamnée à être muette, non pas à être sourde, » entendit volontiers les propositions. L'empereur Alexandre adhéra purement et simplement à l'ultimatum autrichien. La conférence qui s'était réunie de nou-

(1) Manifeste de guerre de la Sardaigne, du 4 mars 1855 : la Russie marche sur Constantinople, « non comme à un but final, mais pour être en mesure de commencer une nouvelle série d'entreprises plus ambitieuses encore ; les projets subversifs pour l'équilibre européen, menaçants pour la liberté des peuples et l'indépendance des nations ne se sont peut être jamais révélés avec autant d'évidence que dans l'injuste invasion des Principautés danubiennes et dans les actes diplomatiques qui l'ont précédée ou suivie ». Martens, *Recueil des Traités*, année 1857.

veau à Vienne le 15 mars 1855, signa le 1ᵉʳ février 1856 son dernier protocole qui devait servir de préliminaire de paix. Ce protocole (1) renvoyait le règlement définitif à une nouvelle conférence.

Paris fut désigné d'une voix unanime pour être le siège de ce congrès. Un armistice arrêta les hostilités ; la campagne militaire était terminée.

L'intervention des Puissances avait sauvé la Turquie de l'étranger ; elle l'avait préservée aussi des dangers non moins graves que lui avaient fait courir les mouvements des populations de la péninsule balkanique. C'est avec anxiété, en effet, qu'au début de la guerre, le Sultan avait pu se demander quelle allait être l'attitude des petits États indépendants ou semi-indépendants pendant que toutes les forces de la puissance suzeraine se trouveraient concentrées sur les bords de la mer Noire. Un soulèvement, toujours à craindre de leur part, eût pu avoir à ce moment des conséquences redoutables pour l'Empire Ottoman.

La Serbie, le Montenegro et la Grèce, où les Russes ne se faisaient pas faute de fomenter des troubles, pouvaient surtout devenir des foyers d'insurrection. Grâce à l'appui

(1) « Par suite de l'acceptation par leurs cours respectives des cinq propositions renfermées dans le document ci-annexé (ultimatum de l'Autriche) sous le titre de projet de préliminaires, les soussignés après l'avoir paraphé conformément à l'autorisation qu'ils ont reçue à cet effet, sont convenus que leurs gouvernements nommeraient chacun des plénipotentiaires munis des pleins pouvoirs nécessaires pour procéder à la signature des préliminaires de paix formels, conclure un armistice et un traité de paix définitif; lesdits plénipotentiaires auront à se réunir à Paris dans le terme de trois semaines à partir de ce jour ou plus tôt si faire se peut. » Cf. de Clercq. *Recueil des Traités*.

de ses alliés, la Turquie se vit délivrée de ce grave
souci.

À l'époque où fut entamée la question des Lieux-Saints,
le Montenegro s'agitait ; mais nous avons vu que sur l'intervention de l'Autriche, la paix avait été faite, et malgré
les incitations de la Russie, la Montagne Noire ne profita
pas des circonstances pour se soulever de nouveau. De ce
côté, la Turquie n'eut rien à craindre. Il en fut de même
pour la Serbie. Celle-ci resta calme, beaucoup trop calme
au gré de la Russie. Nous avons dit que Menchikof avait
poussé l'arrogance au point de vouloir exiger la destitution du ministre Garachanine dont le tort était de ne pas
se prêter à un mouvement slave. Malgré tout, la Serbie se
renferma dans une stricte neutralité ; et, par reconnaissance, bien que l'état de guerre eût mis fin aux traités, le
Sultan s'engagea à maintenir les droits spécifiés en faveur
des Serbes, dans des conventions conclues entre la
Sublime Porte et la Russie (1).

Très différente fut la conduite de la Grèce.

Dès l'époque de la mission Menchikof, la Russie avait
eu soin d'y envoyer l'amiral Kornilof. Celui-ci n'eut pas
de peine à se faire écouter par le roi Othon et encore
moins par la reine Amélie, qui ne rêvait ni plus ni moins que
de reconstituer un empire byzantin et se voyait déjà ins-
tallée à Constantinople.

Aussi le résultat du voyage de l'envoyé russe ne se fit-il
pas attendre.

Dès les premiers jours d'avril, 1.200 hommes étaient
dirigés sur la frontière turque, à Lamia, en Thessalie,
sous le prétexte de réprimer le brigandage qui d'ailleurs

(1) Voir *Annuaire des Deux-Mondes*, années 1853-1854.

désolait également les environs d'Athènes. On fit si bien
que, au mois de janvier 1854, l'insurrection éclata d'autre
part en Épire, et au mépris de toutes les lois du droit international, le gouvernement grec laissa opérer à Athènes
même des enrôlements et des levées de subsides en faveur des insurgés.

En leur qualité de puissances protectrices, la France et
l'Angleterre devaient intervenir. Elles se contentèrent
d'abord de faire des remontrances au Roi (1), par l'intermédiaire de leurs représentants à Athènes. Les cours de
Bavière, de Prusse et d'Autriche se joignirent à elles ; ce
fut en vain. Le Roi se disait impuissant à arrêter le mouvement de la « Grande Idée ». En réalité, il avait si peu
envie de l'arrêter qu'il fut un instant question pour lui
de se mettre à la tête des insurgés. La Reine se montra
plus franche : « Si vous nous poussez à bout, disait-elle
un jour à l'Ambassadeur de France, je quitterai Athènes,
j'irai faire la guerre dans la montagne ; je braverai le
péril et la fatigue ; je me souviendrai de mes ancêtres, je
proclamerai la croisade » (2).

(1) Napoléon III écrivit directement à Othon Ier pour le supplier
d'arrêter le mouvement révolutionnaire.

(2) E. Forcade, *Le Roi Othon et la Grèce*. (Revue des Deux-Mondes
du 15 juillet 1854, p. 406).
La Reine en voulait beaucoup à Napoléon III de ne pas entrer dans
ses vues. Dans l'exil, elle revint cependant de ses préventions : « Je
tenais à faire avouer à la Reine que j'avais connue si hostile à
l'Empereur, écrit la reine Sophie des Pays-Bas à M. Thouvenel, le
18 octobre 1863, que de tous ces souverains, lui seul avait été juste et
généreux pour eux. Ils en convinrent tous deux, et moi, je serai toujours heureuse quand on rend justice à notre cher Empereur ». Cf.
L. Thouvenel, *La Grèce du Roi Othon*.
Le roi Othon et la reine Amélie moururent à Bamberg, l'un le
26 juillet 1867, l'autre le 20 mai 1875.

Devant une exaltation qui créait un danger réel pour la Turquie, le devoir des alliés était d'intervenir (1).

Le 1er mai, M. Drouyn de Lhuys appelait l'attention du gouvernement anglais sur la situation qui devenait grave, disait-il; et à la suite d'un accord entre la France et l'Angleterre, une brigade de la division Forey fut débarquée au Pirée où elle dut rester jusqu'à la paix. C'est grâce à la présence des troupes françaises que la Grèce n'avait pas pris les armes et que le danger avait été conjuré de ce côté; la Turquie avait donc pu poursuivre sans crainte ses opérations militaires contre la Russie.

Aussitôt qu'avait été décidée la réunion d'un Congrès, avons-nous dit, les plénipotentiaires, en reconnaissance du rôle prépondérant de la France dans la guerre de Crimée et dans toute cette phase de la question d'Orient, désignèrent Paris pour en être le siège. Ils se plurent à renouveler l'hommage fait à la France, en élevant à la présidence du Congrès le comte Walewski, ministre des Affaires étrangères de l'Empire, dès la première réunion qui se tint au quai d'Orsay le 25 février 1856.

---

(1) Dans le Journal le *Siècle*, cité par Forcade, (Revue des Deux-Mondes, 15 juillet 1854, p. 394), le poète Panaghisti Soutzo publiait les vers suivants : « Comme un mortier de bronze échauffé vomit des boulets petits et grands, des clés, des chaînes et des matières combustibles qui coupent les rangs ennemis et consument tout ce qu'elles touchent, montre toi aussi, ô Grèce, un grand mortier vomissant sur la Thessalie, sur l'Épire et sur la Macédoine, des soldats et des généraux, des combattants, des marins, des hommes éloquents et politiques, et partout où un Grec se montre qu'il fasse un carnage dans l'armée turque; partout où un Grec se jette, qu'il fasse un incendie ! »
Les Grecs ont toujours eu l'éloquence facile et enthousiaste : ils n'ont du reste pas changé et se sont montrés les mêmes en 1897 qu'en 1854, voire même qu'au siècle de Périclès.

Le congrès s'annonçait comme un évènement de la plus haute importance, et Paris recevait les personnages les plus considérables de l'Europe.

Presque toutes les puissances avaient tenu à y envoyer comme premier plénipotentiaire leur ministre des affaires étrangères. Sous la présidence du comte Valewski, prirent place le comte de Buol, lord Clarendon, le comte Orloff, le comte de Cavour, Ali-Pacha, et plus tard le baron de Manteuffel.

Nous n'entrerons pas dans le détail des séances du congrès de Paris, elles se résument dans les traités qui en sont le couronnement.

C'est sur le traité du 30 mars 1856, et ses annexes que va maintenant se porter notre attention.

Nous allons essayer d'en donner une vue d'ensemble, et une appréciation générale, qui trouvera un développement naturel dans l'étude détaillée que nous ferons de l'exécution du traité de Paris.

II. — Les traités signés à Paris.

Appréciation générale. — Situation créée par le traité.

1° La Turquie. — Elle entre dans le concert européen. — L'article 7. — Traité de garantie de l'indépendance de l'empire Ottoman, 15 avril, — portée d'un tel traité. — Conditions imposées à la Turquie. — L'article 9. — Neutralisation de la mer Noire et des détroits. — Le Danube et la liberté de navigation des fleuves internationaux.

2° Les puissances. — Les Grandes Puissances. — L'intervention collective : *a)* La Russie, Œuvre de réorganisation intérieure ; *b)* La France et l'Angleterre, l'alliance anglo-française ne durera pas, — mot de Talleyrand ; *c)* Les puissances allemandes, Autriche et Prusse, — le vrai vaincu c'est l'Autriche ; *d)* La Sardaigne, Remarquable politique du comte de Cavour, — la question italienne est posée.

3° Les nationalités de l'Empire Ottoman en 1856 : *a)* Principautés danubiennes ; *b)* Serbie ; *c)* Autres provinces de l'Empire Ottoman. Le Traité de Paris fait peu pour les nationalités ; mais il fait naître beaucoup d'espérances ; *(d* La Grèce.

« Eh bien ! M. le Comte, dit l'Empereur, au premier entretien avec le comte Orloff, nous apportez-vous la paix ? » « Sire, je viens la chercher, » répondit l'ambassadeur russe.

Le ton était bien changé depuis la mission de Menchikof, et la Russie allait supporter les conséquences de la guerre qu'elle avait elle-même allumée en Europe (1). Mais les vainqueurs montrèrent une modération qui n'a

(1) La prise de Kars avait été la seule victoire importante des armées russes.

pas toujours été imitée depuis ; et, s'ils ont pris des mesures nécessitées par l'ambition de Nicolas Ier, du moins
n'ont-ils pas voulu dépouiller le vaincu.

Ils avaient pris les armes dans l'intérêt de l'équilibre
européen ; ils eurent le courage et le bon sens de ne pas
chercher à renverser cet équilibre à leur profit, et, fidèles
à l'engagement pris dès le commencement des hostilités, de ne rechercher « aucun avantage particulier »,
ils ne réclamèrent ni augmentation de territoire ni avantages politiques (1).

Deux idées dominèrent les négociations de Paris : limitation des forces offensives de la Russie et établissement
de la protection et du contrôle collectif de l'Europe sur la
Turquie.

Dans ce but, les plénipotentiaires neutralisèrent la mer
Noire, et assurèrent la liberté de navigation sur le cours
inférieur du Danube. Pour séparer plus complètement la
Russie de la Turquie, les représentants de la France
avaient eu l'idée de créer sur les bords de ce fleuve un État
capable d'opposer une résistance sérieuse à toute tentative
d'invasion. Mais cette idée fut repoussée par le congrès ;
elle n'aboutit, et encore bien imparfaitement, nous le verrons, qu'après de nouvelles et longues négociations (2).

Enfin, le Congrès, tout en admettant l'Empire Ottoman
dans le concert européen, consacra, quoiqu'on en ait pu

---

(1) Art. 4 du traité de Londres du 10 avril 1854 : « Animées du
désir de maintenir l'équilibre européen, les H. P. C. renoncent
d'avance à retirer aucun avantage particulier des évènements qui
pourront se produire. »

(2) Cet état est la Roumanie. Mais actuellement encore, les peuples
roumains ne sont pas tous réunis sous le sceptre du roi Charles.

dire, le droit d'intervention des Puissances à son égard. On peut toutefois regretter qu'il se soit insuffisamment occupé des nationalités de l'Empire Ottoman et ait semblé ainsi avoir voulu se préparer des prétextes pour des interventions futures.

Nous allons, en reprenant les trois éléments de la question d'Orient, jeter successivement un coup d'œil sur la situation faite en 1856, à la Turquie, aux Puissances et aux Nationalités (1).

1º La Turquie.

La Turquie, cause première de la guerre, à qui la France, l'Angleterre et la Sardaigne avaient prêté le secours de leurs armes, ne devait pas tirer grand parti du traité. Elle avait peu brillé sur les champs de bataille : l'incapacité de ses généraux et la rapacité de ses administrateurs avaient fait oublier la bravoure de ses soldats, et son armée avait perdu de son prestige en proportion de l'admiration provoquée par nos troupes. La lutte devant Sébastopol avait

(1) « Trois éléments constituent la question d'Orient : les Puis-
« sances, la Turquie, les nations qu'elle a autrefois subjuguées et dont
« les unes aujourd'hui sont libres et dont les autres cherchent à le
« devenir.
   « Depuis un siècle, l'Europe cherche à maintenir la Turquie en pos-
« session de son domaine. La Turquie décline et devient chaque jour
« plus incapable de conserver un empire qui ne se maintient que par
« la violence. Les nations qu'elle a asservies cherchent à s'émanciper,
« ou, si elles le sont déjà, à reconquérir sur le Turc les territoires
« qu'elles occupaient avant l'invasion ottomane et à reconstituer sur
« ses anciennes bases leur ancienne puissance. » (Max Choublier. *La Question d'Orient depuis le traité de Berlin*, p. 28. Paris 1897. Chez Rousseau.)

mis dans l'ombre la campagne glorieuse cependant, des
bords du Danube, et « les lauriers de Silistrie s'étaient
fanés au point de ne plus refleurir » (1).

Puis, malgré tout, la Turquie n'était point sympathique.

Sans doute, c'était pour la défendre que l'Europe était
intervenue en 1854. Mais, au fond, que lui importait l'intégrité de l'Empire Ottoman, sinon comme la condition
jugée indispensable de l'équilibre européen ? En tous cas,
s'il fallait conserver l'Empire Ottoman, personne ne se serait soucié de l'agrandir et de le rendre plus fort ; et l'on
n'hésita même pas à prendre contre lui des mesures dans
l'intérêt des sujets chrétiens du Sultan.

Dès le début de la guerre turco-russe, les Puissances
avaient « constaté avec satisfaction que la guerre actuelle
ne saurait, en aucun cas, entraîner dans les circonscriptions territoriales des deux Empires, des modifications
susceptibles d'altérer l'état des possessions que le temps
a consacré en Orient et qui est également nécessaire au
repos de toutes les autres puissances » (2).

L'intégrité de l'Empire Ottoman fut, à la suite des discussions résumées dans le dixième protocole du Congrès
de Paris, consacrée dans l'article 7 du traité de paix.
On déclare d'abord la Sublime Porte « admise à participer
aux avantages du droit public et du concert européen. »
Quelle est la portée de cette formule vague ? Si elle signifie que la Turquie est soumise aux règles du droit international, elle est inutile ; et cependant, il est difficile
de lui attribuer un autre sens. Aussi faut-il peut-être se

(1) De la Gorce. *Op. cit.*, t. I. p. 46.
(2) Protocole 1er de la conférence de Vienne de 1853-1854. Cf.
Martens, année 1857.

contenter d'y voir une formule de politesse à l'égard de
la Sublime Porte que l'on s'était permis de traiter parfois
comme un gouvernement barbare..... Après ce préambule,
l'article continue en ces termes : « Leurs Majestés s'engagent chacune de son côté, à respecter l'indépendance
et l'intégrité territoriale de l'Empire Ottoman, garantissent
en commun la stricte observation de cet engagement et
considèreront en conséquence tout acte de nature à y
porter atteinte comme une question d'intérêt général. »
Cette disposition n'a peut-être pas toute la portée que
l'on est tenté de lui attribuer ; on se rappelle en effet
que, dans la séance du congrès de Vienne du 19 avril 1855,
les plénipotentiaires de Russie (1), à propos justement de
l'admission de la Turquie dans le concert européen,
avaient eu soin de déclarer « qu'ils n'entendaient point
par là engager leur Cour à une garantie territoriale. »

Toutefois, le 15 avril, la France, l'Autriche et la
Grande-Bretagne signèrent une convention par laquelle
elles garantissaient « solidairement » l'indépendance et
l'intégrité consacrées dans l'article 7, et s'engageaient à
considérer « comme un *casus belli* » toute infraction aux
stipulations du traité de Paris.

Nous sommes ici en présence d'un traité de garantie
principale qui semble bien lever les doutes que pouvait
laisser l'art. 7. Toutefois, il n'est pas sans intérêt de
constater la différence des deux dispositions. Si en effet,
la garantie était promise par l'art. 7, la Turquie, signataire du traité du 30 mars, pourrait l'invoquer ; elle ne le
peut pas, au contraire, si cette garantie résulte de l'acte
du 15 avril auquel elle n'a pas participé. D'ailleurs, que

(1) *Prot. 11 du Congrès de Vienne.* De Clercq, t. VI, p. 531.

la Turquie ne se hâte pas trop de se réjouir. La portée de
ces sortes de conventions n'est pas considérable (1), car,
pour être réellement efficace, un traité de garantie
doit être dicté par l'intérêt des garants auxquels il ne
survivra pas ; et si, au contraire, l'intérêt le com-
mande, il n'est pas besoin de traité pour provoquer l'intervention.

L'histoire même de la Turquie le prouve à l'évidence.
Bien qu'il n'y eut aucun traité de garantie, les Puissances
n'ont pas hésité à intervenir en 1854, tandis qu'en 1876,
malgré la convention formelle du 15 avril 1856 (2),
il ne s'est trouvé personne pour la défendre.

« Toutes les garanties, écrivait le Grand Frédéric, sont
comme de l'ouvrage de filigrane, plus propres à satisfaire
les yeux qu'à être de quelque utilité » (3).

(1) Remarquons aussi que ce traité de garantie pouvait aussi bien
s'appliquer contre la Turquie qu'en sa faveur ; il assure l'exécution de
l'article 9 du traité du 30 mars aussi bien que celle de l'article 7.

(2) Cf. Milovanowitch. *Les traités de garantie*, thèse. Paris, 1886.

(3) Le grand Frédéric était encore plus sceptique quand il disait :
« La postérité lira avec surprise dans ces mémoires le récit des traités
faits et rompus, et bien que ce soit là une chose commune, elle n'en
excuserait pas l'auteur, s'il n'y avait pas de meilleure raison pour justifier
sa conduite. L'intérêt de l'État doit servir de règle au Souverain ; c'est
là la loi suprême et inviolable à laquelle le Prince peut sacrifier des
relations dont le maintien serait préjudiciable. Quelquefois l'intérêt
de l'État, la nécessité, la sagesse, la prudence, obligent un souverain
à violer les traités quand il n'y a pas d'autres moyens de salut. Un
particulier doit être obligé à maintenir sa parole, quand même il
l'aurait donnée inconsidérément, et s'il y manquait, on pourrait recourir à la protection des lois ; mais les inconvénients qui en peuvent
dériver ne nuisent qu'à lui seul, tandis que l'accomplissement de la
parole du souverain peut nuire à l'État, et, dans ce cas, quel est celui
qui serait assez fou pour soutenir qu'un Souverain est obligé à maintenir sa parole ? »
Cité par Milovanowitch, p. 342. *Op. cit.*

La Turquie était donc admise dans le concert européen ; son indépendance et l'intégrité de son territoire étaient assurées. Mais les Puissances voulaient en retour que le gouvernement de la Sublime Porte s'élevât au niveau des civilisations les plus avancées, et elles exigèrent des garanties pour les chrétiens. C'est ce qu'établissait l'article 9 (1). La Sublime Porte a pu protester ; elle n'en avait pas le droit. Car une convention est dans son ensemble un acte synallagmatique dont toutes les parties se tiennent. Admise à bénéficier de l'article 7, la Turquie ne pouvait se soustraire aux conséquences de l'article 9.

Après de vaines protestations à cet égard, la Sublime Porte a voulu s'en tirer en contestant que l'article 9 fût même contraire en quoi que ce soit à l'indépendance de l'Empire Ottoman. Nous allons essayer de réfuter cette assertion.

L'article, il faut le reconnaître, prête à discussion ; les deux paragraphes dont il se compose sont, en apparence au moins, contradictoires.

Voici le texte du premier paragraphe : « Sa Majesté Impériale le Sultan, dans sa constante sollicitude pour le bien-être de ses sujets, ayant octroyé un firman qui en améliorant leur sort, sans distinction de religion ni de race, consacre ses généreuses intentions envers les populations chrétiennes de son Empire, et voulant donner un nouveau témoignage de ses sentiments à cet égard, a résolu de communiquer aux Puissances Contractantes ledit firman, spontanément émané de sa volonté souveraine. Les

---

(1) Voir le texte du traité de Paris. (Appendice I).

Puissances Contractantes constatent la haute valeur de cette communication. » Le firman dont il est question est le hatti-humayoun du 25 février 1856 que le Sultan avait eu soin de promulguer quelques jours avant la signature du traité pour pouvoir le dire « spontanément émané de sa volonté souveraine. » Puisque les Puissances constatent la haute valeur de la communication qui leur est faite, par cela même, le firman fait partie du traité et devient un acte international et c'était par égard pour la Turquie que cet acte sollicité et exigé était considéré comme émanant de la volonté du Sultan. Les Puissances ont donc le droit et le devoir de veiller à ce qu'il soit fidèlement exécuté.

C'était bien aussi ce que voulaient les plénipotentiaires qui avaient insisté au moment de la communication du firman (1) pour faire remarquer que le texte même du quatrième point des préliminaires (2) les *obligeaient* à mentionner cet acte dans le traité de paix définitif.

De nouveau, dans la treizième séance, le comte Walewski rappela qu'il devait être fait mention du Hatt dans le traité. Mais, par condescendance pour les protestations qu'Ali-Pacha avait vivement formulées, dans la deuxième séance, et, qui prouvent d'ailleurs l'importance de la mesure, le premier plénipotentiaire de France ajouta que cette mention « serait conçue à la fois dans des termes propres à établir la spontanéité dont le gouvernement Ottoman a usé dans cette circonstance et de façon qu'il ne pût, en aucun cas, en résulter un droit d'ingérence pour les autres Puissances. » D'où le second paragraphe de l'article 9:

(1) Protocole nº 2.
(2) On se rappelle que par le quatrième point, les plénipotentiaires s'engageaient à faire consacrer les immunités accordées aux sujets raïas du Sultan,

« Il est bien entendu qu'elle (cette communication) ne
saurait, en aucun cas, donner le droit auxdites Puissances
de s'immiscer soit collectivement, soit séparément, dans
les rapports de Sa Majesté le Sultan avec ses sujets, ni
dans l'administration intérieure de son Empire. » Mais
c'est une simple politesse envers la Turquie et son représentant, une question de pure étiquette et il n'y faut pas
chercher autre chose.

Dans la quatorzième séance, d'ailleurs, le plénipotentiaire
russe ayant demandé qu'il soit dit au traité que les puissances
contractantes regardent la mention du Hatt « comme un
gage de l'amélioration du sort des chrétiens en Orient,
objet commun de leurs vœux », les plénipotentiaires français et anglais remarquèrent que cette rédaction « *ne dif-
fère pas essentiellement de celle qui a été faite* » ; ils la
repoussèrent seulement pour ne pas retarder les travaux
du Congrès.

Sans doute, au moment où elles venaient d'admettre la
Turquie dans le concert européen, les Puissances ne voulaient pas avoir l'air de la traiter avec trop de dédain.
Mais elles tenaient à affirmer hautement leur volonté d'obtenir des réformes pour les chrétiens et d'en surveiller
l'exécution. Elles admettaient la Sublime Porte à participer
aux avantages généralement accordés entre pays civilisés,
pourvu qu'elle en devînt digne en se réformant de fond en
comble. Ajoutons avec M. Rolin-Jæquemyns que « toute
autre supposition aboutirait à cette conclusion monstrueuse
que le traité de 1856 a été non seulement un acte de
défiance contre la Russie, mais un acte d'abandon des
chrétiens de Turquie. Il en résulte que, même en s'en
tenant simplement à ce traité, les Puissances ont un droit
d'intervention collective, soit pour réclamer l'exécution

des promesses de la Porte, soit, en cas de mauvais vouloir ou d'impuissance constatée de celle-ci, pour considérer le contrat comme résilié et prendre elles-mêmes et directement en main la cause des sujets chrétiens de la Porte (1).» « On ne pouvait promettre plus solennellement à l'Europe de tenir compte de ses vœux et de s'y conformer », dit encore M. Benedetti (2).

Nous verrons que les Puissances ont adopté cette interprétation et n'ont pas cessé d'intervenir en Orient depuis 1856 (3). Si en 1860, en particulier, en présence des odieux massacres du Liban, elles se sont retranchées derrière l'initiative du Sultan qui aurait invoqué leur aide, c'était une pure fiction juridique et le Sultan eût-il protesté que cela n'eût pas empêché la France d'envoyer des troupes à Beyrouth.

Complétons l'exposé des rapports entre la sublime Porte et les Puissances par l'article 8 : en cas de dissentiment entre la Sublime Porte et un des signataires, « la Sublime Porte et chacune de ces Puissances avant de recourir à l'emploi de la force, mettront les autres en mesure de prévenir cette extrémité par leur action médiatrice. »

La question de la mer Noire avait amené la rupture des

---

(1) Rolin-Jæquemyns. *Le droit international et la phrase actuelle de la Question d'Orient* (Revue de droit international, 1876, p. 325).

(2) Benedetti. *Nouvelles études diplomatiques*. Introduction.

(3) Dès 1859, la France et l'Angleterre exigeaient l'institution d'une commission mixte, financière, chargée d'examiner la situation financière, de préparer une réforme de l'impôt et de l'administration financière et de proposer des mesures dans ce but. — L'inertie calculée de la Porte empêcha, comme toujours, cette commission d'arriver à un résultat quelconque.

négociations de Vienne par les dissensions nombreuses qu'elle avait soulevées au sein de la Conférence : c'est par ce point que le congrès de Paris avait voulu ouvrir la discussion. L'idée de la neutralité fut facilement admise, la Russie, seule opposée à ce projet, n'ayant plus le droit de se montrer exigeante ni difficile. L'article 11 déclare la mer Noire neutralisée, c'est-à-dire ouverte aux navires de commerce de toute nation et fermée aux navires de guerre.

Par l'article 13, « S. M. l'Empereur de toutes les Russies et S. M. I. le Sultan s'engagent à n'élever et à ne conserver sur ce littoral aucun arsenal militaire maritime. » Toutefois, « pour le service de leurs côtes, » la Sublime-Porte et la Russie se sont réservé, par une convention spéciale du 30 mars, le droit d'entretenir chacune dans la mer Noire, six grands vaisseaux et quatre bâtiments légers (1).

Par une convention du même jour (2), fut réglée aussi la situation des Détroits qui sont « fermés aux bâtiments de guerre étrangers tant que la Porte se trouve en paix », sauf naturellement le droit de passage réservé aux navires de guerre, destinés à faire la police du bas Danube, sauf aussi le droit que se réserve le Sultan, « de délivrer des firmans de passage aux bâtiments légers sous pavillon de guerre, lesquels seront employés comme il est d'usage au service des légations des puissances amies ».

Cette convention renvoie pour tous les points qu'elle ne modifie pas, à la convention des Détroits du 13 juillet 1841.

Nous venons de parler du droit de passage accordé aux

(1) Cf. à l'appendice I. 2e annexe au *Traité général de Paix*.
(2) Voir 1re annexe au *Traité général de Paix*.

navires destinés à faire la police du Danube ; c'est qu'en
effet, le congrès s'en était longuement occupé et avait consacré la règle de la liberté de navigation des fleuves internationaux (1), formulée au congrès de Vienne de 1815.
(Art. 15 du 30 mars 1856).

Les articles 16 et 17 établissent une commission européenne temporaire, chargée de faire exécuter des travaux
aux embouchures du fleuve, et une commission riveraine
permanente. « Cette commission qui sera permanente, dit
« l'article 17 : 1° élaborera les règlements de navigation
« et de police fluviale ; 2° fera disparaître les entraves de
« quelque nature qu'elles puissent être, qui s'opposent
« encore à l'application au Danube des dispositions du
« traité de Vienne ; 3° ordonnera et fera exécuter les tra-
« vaux nécessaires sur tout le parcours du fleuve ; (2) et
« 4° veillera, après la dissolution de la commission euro-
« péenne, au maintien de la navigabilité des embouchures
« du Danube et des parties de mer y avoisinantes. »

C'est pour assurer l'exécution des règlements, que
« chacune des Puissances Contractantes aura le droit de
faire stationner en tout temps deux bâtiments légers aux
embouchures du Danube. » (Art. 19).

La Commission européenne devait se dissoudre au bout
de deux ans. Successivement prorogée et réglementée en
1871, 1878 et 1883, elle existe encore de nos jours et jouit
de pouvoirs étendus ; elle constitue une véritable personne

(1) « Ces principes, dit l'art. 15, seront appliqués au Danube et à
ses embouchures. » Remarquons que le traité étend à la partie navi-
gable du fleuve les dispositions que les négociateurs de Vienne avaient
demandées pour les embouchures seulement.

(2) Le rôle de la Commission européenne a été restreint au cours
inférieur du Danube.

du droit des gens (1), et a peu à peu absorbé les pouvoirs de la Commission riveraine, au moins pour le bas Danube.

Actuellement, la navigation du Danube est sous le contrôle de la commission européenne pour son cours inférieur depuis Braïla ; et sous la surveillance des États riverains en amont des Portes de Fer. Quant au cours moyen, entre Braïla et les Portes de Fer, la conférence de Londres de 1883 avait décidé qu'il serait sous le contrôle d'une commission mixte composée de délégués de la Serbie, de la Bulgarie, de la Roumanie et de l'Autriche et d'un membre de la commission européenne siégeant pendant six mois et fourni alternativement par chacune des puissances signataires en dehors de celles représentées dans la commission mixte. Jusqu'ici, la Roumanie a refusé son adhésion à cette convention (2).

Nous n'entrerons pas dans plus de détails au sujet de la

(1) La Commission européenne a des biens qu'elle administre ; elle fait des emprunts et a un pavillon ; elle a élaboré l'acte de navigation européen du 2 novembre 1865. Elle a un pouvoir judiciaire. En cas de contravention au règlement, ses agents dressent des procès-verbaux qu'ils jugent eux-mêmes en première instance, et dont la Commission est juge d'appel.

(2) A la suite d'une conférence réunie à Londres le 8 février 1883, fut signée une convention qui porte la date du 10 mars et dont voici quelques dispositions : Art. 96. « L'exécution du présent règlement est placée sous l'autorité d'une commission dite Commission mixte du Danube dans laquelle l'Autriche, la Bulgarie, la Roumanie et la Serbie, seront chacune représentées par un délégué. La présidence de cette Commission appartiendra au délégué d'Autriche.

Un membre de la Commission européenne, désigné pour une période de six mois, par ordre alphabétique des États, prendra part aux tra-

question du Danube et de l'organisation très intéressante de la commission européenne (1).

Constatons, pour en finir avec la Turquie, que le traité de Paris retardait, au moins pour quelques années, la ruine de cet Empire.

2º Les Puissances.

Avec le traité de Paris, l'intervention est devenue collective de la part d'un groupe de puissances que l'on a l'habitude d'appeler les *Grandes Puissances*.

Cette nouvelle forme de l'intervention en fait aussi la légitimité, et si l'on peut, à bon droit, voir avec méfiance l'intervention séparée, il faut reconnaître que, par suite des intérêts différents qui sont en jeu et se surveillent réciproquement, l'ingérence de plusieurs est plus désintéressée, mais aussi trop souvent peu efficace. Une simple comparaison entre ces deux sortes d'intervention le montrera.

Quel but poursuivait la Russie en 1833? Que serait-il arrivé si la Russie et l'Angleterre s'étaient seules mêlées des affaires de l'Orient, comme Alexandre Ier le proposait

vaux de la Commission mixte et jouira pendant cette participation, de tous les droits appartenant à ses autres membres.

Les États déjà représentés à la Commission mixte ne seront pas compris dans ce roulement alphabétique.....

Art. 97 : Les pouvoirs de la Commission mixte auront une durée égale à ceux de la Commission européenne du Danube.....

Art. 107 : La Commission mixte aura son siège à Giurgevo. » De Clercq, t. 14, p. 141 et s.

(1) Cf. les articles de M. Engelhardt sur ce sujet dans la *Revue de droit international*.

plus tard à sir Hamilton Seymour? Il est probable que, si dès cette époque, la Turquie n'a pas été démembrée, ce n'est pas à la bienveillance des Tsars qu'il faut l'attribuer; ils se seraient empressés de prendre une bonne part de l'Empire Ottoman, s'ils avaient pu poursuivre leur intervention isolée ou à deux.

Il est facile de voir, d'autre part, combien l'intervention de 1854 était différente; sans doute, les Puissances avaient à intervenir un intérêt primordial, mais cet intérêt n'était pas égoïste, et c'est ce qui en consacre la légitimité.

La France et l'Angleterre combattaient pour l'équilibre européen, et nous avons vu qu'elles avaient loyalement tenu leur promesse de ne pas chercher d'agrandissement territorial ni d'avantages particuliers.

L'intervention, en 1854-1856, a donc pris en Orient le caractère collectif; elle gardera cette forme désormais. Les membres de cette collectivité, ce sont les grandes Puissances, terme un peu vague qui n'a guère de sens de nos jours, qu'en ce qui concerne les affaires d'Orient, terme variable, puisque l'Espagne, autrefois la dominatrice du monde n'y est plus comprise et que l'Italie y est récemment entrée.

Les Grandes Puissances s'érigent en tribunal souverain et s'arrogent le droit de remanier les Etats. Nous venons de parler du Congrès de 1856, qui non content de régler les conditions de la paix posa des règles générales de droit international (1); une assemblée de ce genre avait

_____

(1) Les quatre règles posées à Paris sont célèbres sous le nom de déclaration de Paris : 1° La course est abolie; 2° Le pavillon neutre couvre la marchandise ennemie à l'exception de la contrebande de guerre; 3° La marchandise neutre, à l'exception de la contrebande de

déjà été réunie à Vienne en 1815; et, selon les principes
momentanément triomphants de la Sainte-Alliance, les
nations avaient été bouleversées et la carte d'Europe entièrement transformée. 1878 verra un nouveau Congrès qui
sous la direction de M. de Bismarck, alors au faîte de sa
gloire, remaniera entièrement la Turquie et les provinces
de la péninsule des Balkans.

L'Angleterre, l'Autriche, la France, l'Italie, la Prusse et
la Russie, telles sont actuellement les Grandes Puissances.

A. *La Russie.* — « Par sa politique imprudente, l'Empereur Nicolas avait compromis l'œuvre de deux siècles
d'heureux efforts. » (1)

La Russie perdait en effet tout espoir de rétablir jamais
sur les chrétiens ottomans son protectorat auquel était
substitué le protectorat collectif de l'Europe. La mer Noire
était neutralisée ; et la Russie devait supprimer sa flotte et
détruire ses arsenaux. Il avait même été question d'établir
une neutralisation du même genre dans la mer Baltique,
et si cette idée ne fut pas admise, du moins des mesures
furent-elles prises en ce qui concerne les îles Aland. Il
est dit que ces « îles ne seront pas fortifiées et qu'il n'y

---

guerre, n'est pas saisissable sous pavillon ennemi ; 4º Le blocus doit
être effectif. On avait aussi voulu faire de l'art. 7 du traité une règle
générale de droit international. — Les quatre règles de 1856 ont été
successivement adoptées par presque tous les gouvernements. L'Espagne et les États-Unis d'Amérique n'y ont point adhéré cependant ;
par suite de la guerre qui vient d'éclater entre ces deux puissances,
au moment même où nous écrivons ces lignes, cette situation menace
d'entraîner de graves conséquences.

(1) Rambaud. *Histoire de la Russie*, p. 675.

sera maintenu ni créé aucun établissement militaire ou naval. » (1)

C'était pour la Suède la récompense de sa conduite et du traité du 21 novembre 1855 par lequel elle se déliait de son ancienne clientèle russe.

Enfin la Russie se voyait obligée à consentir à des rectifications de frontières en Bessarabie et en Asie.

En échange des territoires occupés par les alliés et que ceux-ci rendaient à S. M. l'Empereur de toutes les Russies; celui-ci « pour mieux assurer la liberté de navigation du Danube, » consentait en effet à la rectification de sa frontière en Bessarabie.

Cette rectification devait être faite par des délégués des Puissances contractantes « article 20 ». Nous verrons qu'elle a donné lieu à des difficultés,

L'article 20 ajoutait : « le territoire cédé par la Russie sera annexé à la principauté de Moldavie sous la suzeraineté de la Sublime Porte ». Sous le nom de rectification se cachait une véritable cession de territoire. Une délimi-

---

(1) Voir 3e annexe au Traité général de Paix du 30 mars 1856.

Les clauses relatives aux îles Aland, comblent les vœux des Suédois, « Garantie perpétuelle des Puissances occidentales. Fixation définitive de Finmark, assurance de n'avoir plus à redouter dans les îles situées en avant de Stockholm, une citadelle ou une station russe, voilà donc ce que réclait pour la Suède ce fameux 5e point. » Geffroy, *La Suède avant et après le traité de Paris* (Revue des Deux-Mondes, 1er juin 1856).

Seulement la Suède qui avait espéré recouvrer la Finlande avait vu son espoir déçu sur ce point. Dès 1854, le Roi de Suède avait déclaré que, s'il était obligé de sortir de la neutralité, il s'engagerait *contre*, jamais *pour* la Russie; et, en février, des négociations furent commencées aux Tuileries. Reprises en juin 1855, elles aboutirent, à la suite d'une mission du général Canrobert à Stockholm, au traité du 21 novembre.

tation de frontière devait être faite également en Asie. Mais, de ce côté, il s'agissait seulement de tracer entre les deux états une ligne de démarcation d'après le *statu quo ante bellum*, pour éviter le retour de contestations fréquentes. Il ne devait pas être question de perte de territoire là où les Russes avaient été victorieux (1).

« Pour prévenir toute contestation locale, le tracé de la frontière sera vérifié et s'il y a lieu rectifié, sans qu'il puisse en résulter un préjudice territorial pour l'une ou l'autre des deux parties. « A cet effet une commission mixte, composée de deux commissaires russes et de deux commissaires ottomans, d'un commissaire français et d'un commissaire anglais sera envoyée sur les lieux ». Ainsi s'exprime l'article 30.

La Russie sortait donc sans trop grand dommage de la lutte, bien que le nouveau régime de la mer Noire lui portât un coup sensible. Reconnaissons aussi que les plénipotentiaires avaient, avec un tact qu'on ne saurait trop louer, mis leurs soins à éviter tout ce qui dans la forme aurait pu humilier le vaincu. « Quand on lit le traité de Paris, disait M. de Bourqueney à M. de Beust, on se demande quel est le vainqueur. » Les Russes se replièrent sur eux-mêmes après la guerre de Crimée; ils avaient appris par le contact des peuples de l'Occident que pour faire un État puissant, il ne suffit pas de lui donner des troupes fortes et disciplinées et que sans industrie et sans voies de communication les armées servent de peu.

---

(1) Les seuls succès de l'armée russe furent remportés en Asie : la prise de Kars, le plus important avait contribué à permettre à Alexandre d'obtenir de meilleures conditions de paix.

Ils avaient appris de leurs ennemis ce que valent pour un pays ces travaux de la paix ; et c'est à l'œuvre de paix que le tsar Alexandre II voulut consacrer sa vie. Sous son règne, la Russie s'est organisée et s'est mise au niveau des pays industriels et commerçants de l'Europe occidentale. Elle a fait tous ses efforts pour renouer avec ses voisins des relations amicales et se ménager des alliances. « Je ne crois pas, dit le duc de Broglie, qu'il y ait jamais eu de conduite plus heureusement habile que celle que venait de tenir la Russie après l'issue malheureuse de la guerre de Crimée..... Le gouvernement du Tsar eut la sagesse de faire son sacrifice aussi complet que s'il l'eût regardé comme définitif. Enfermé dans une dignité paisible, sans humeur apparente, adonné tout entier à un travail de restauration intérieure, du moment où il avait perdu le premier rôle, il ne chercha pas, par une activité boudeuse et inquiète à en retrouver un secondaire. Cette attitude de recueillement a duré quinze années sans se démentir » (1). Nous verrons plus tard le bénéfice qu'en a retiré la Russie et comment elle s'est trouvée à même d'obtenir sa revanche tout naturellement et sans effort, le jour où l'odieux abus de force d'un vainqueur a empêché la France de faire entendre ses protestations.

B. *L'Angleterre et la France.* — Quels bénéfices avaient-elles retirés de leurs victoires? De bénéfices territoriaux, point ; mais ces deux puissances avaient pendant deux ans dirigé le concert européen ; elles avaient considérablement accru leur influence.

(1) Duc de Broglie. *Histoire et Politique*, p. 86. « 25 ans après »,

L'Angleterre gagnait par le fait que la Russie perdait. Elle n'avait plus à redouter pour le moment des entreprises moscovites ; ses possessions de l'Inde étaient pour un temps délivrées de ce péril. L'Angleterre était-il dit dans le projet d'adresse de 1857 doit accepter la paix de Paris avec satisfaction et avec joie (1).

Quant à la France, elle avait fait un coup de maître qui aurait pu la relever définitivement de ses humiliations passées.

Nous avions montré en effet que, depuis le premier Empire, notre armée n'avait pas dégénéré, et les Russes avaient été les premiers à rendre hommage à la bravoure et à l'entrain de nos soldats.

Les Français, plus rapidement transportés et mieux approvisionnés que leurs alliés, avaient tenu le premier rôle dans les batailles livrées sous les murs de Sébastopol ; c'est sur eux que rejaillissait la gloire de la campagne, au point d'exciter quelque jalousie chez les Anglais, et c'est de cette époque que date, en Orient, tant en Turquie d'Europe qu'en Asie Mineure, la diffusion énorme de la langue française à l'exclusion de la langue italienne. Il n'est pas jusque dans les mers du Nord où le pavillon français n'ait flotté glorieusement ; enfin, c'est à Paris que s'était tenu le Congrès ; et il faut voir dans ce fait un hommage à la France dont la situation se trouvait prépondérante en 1856. « La France a pu à d'autres moments, être plus redoutée, causer de plus vastes ébranlements dans le monde, jeter plus d'éclat autour d'elle ; jamais elle n'a été plus respectée » (2).

---

(1) Cf. *Annuaire des Deux-Mondes*, années 1856-1857.
(2) *Le Traité de Paris*, par un ancien diplomate. Paris, 1856.

Certes, la France s'était bien relevée depuis 1815, et les Français qui avaient assisté à l'envahissement et à l'occupation de Paris par les troupes coalisées, ceux qui, 40 ans auparavant, avaient pu suivre avec anxiété les délibérations de ce Congrès de Vienne où l'Europe entière prenait des mesures humiliantes pour nous, contre notre pays et contre ses idées libérales, ceux-là devaient se réjouir, et ils étaient excusables de croire à l'avenir de la France et à sa prospérité. Mais ils avaient compté sans les rêves personnels de Napoléon III. Celui-ci ne sut pas conserver cette situation brillante, et après l'avoir compromise par la guerre imprudente qu'il entreprit en Italie, il commit les fautes dont Sedan fut l'épilogue.

L'alliance anglo-française dura peu. Le prince de Talleyrand définissait l'alliance britannique « l'alliance de l'homme et du cheval », « mais, ajoutait-il, il ne faut pas être le cheval ». Sans vouloir médire de nos alliés qui se sont montrés admirables pendant la campagne de 1854-1856, c'est un peu le rôle que nous avions joué, puisque nos troupes, de beaucoup les plus nombreuses avaient soutenu le poids de la guerre.

Les Russes d'ailleurs, faisaient tous leurs efforts pour détacher les deux alliés l'un de l'autre, et tandis qu'ils se montraient assez froids vis à vis des Anglais, ils nous prodiguaient leurs amabilités et ne faisaient en cela que continuer les relations entretenues sous les murs mêmes de Sébastopol avec les assiégeants.

Le système des alliances allait donc être bientôt renversé. On le prévoyait dès le Congrès de Paris, en voyant

« la France et la Russie échanger entre elles des politesses exquises, des cordialités surprenantes. » (1).

C. — *Les puissances germaniques : l'Autriche et la Prusse* (2). Le vrai vaincu, c'est l'Autriche. Sans doute la proclamation de la liberté de navigation du Danube était pour elle un succès ; et son commerce gagnait un débouché assuré dans la mer Noire. Mais la politique hésitante de François-Joseph ne lui avait attiré que des ennemis. Pour racheter sa conduite, l'Empereur avait employé tous ses efforts à assurer une entente ; au Congrès, les plénipotentiaires n'avaient cessé de montrer qu'ils voulaient la paix. Malgré cela, tandis que la France et l'Angleterre lui reprochaient de ne pas les avoir complètement suivies, la Russie, de son côté, ne lui pardonnait pas son « immense ingratitude » et, tenace dans sa rancune, elle l'a abandonnée en 1867, et n'a rien fait pour empêcher Sadowa ni en atténuer les conséquences (3).

De tous côtés, l'horizon s'assombrissait pour l'Autriche. Au nord et au midi, deux États grandissaient qui allaient être pour elle des ennemis redoutables : le Piémont et la Prusse. Au sein même de la Confédération germanique,

---

(1) J. Klackzko. *Deux Chanceliers*, p. 46.

(2) Voici comment s'exprime le préambule du traité du 30 mars, au sujet de l'admission de la Prusse ; les Puissances, « considérant que dans un intérêt européen, S. M. le Roi de Prusse, signataire de la convention du 3 juillet 1841, devait être appelé à participer aux nouveaux arrangements à prendre, et appréciant la valeur qu'ajouterait à une œuvre de pacification générale le concours de ladite Majesté, l'ont invitée à envoyer un plénipotentiaire au Congrès. »

(3) Cf. Klackzko. *Deux Chanceliers.*

la Prusse tenait tête à l'Autriche. Nous avons dit quelle méfiance le roi Frédéric-Guillaume avait montrée pendant tout le cours de négociations de Vienne, vis-à-vis de l'Autriche ; nous avons vu qu'un des motifs de l'abstention de la Prusse, dans les affaires d'Orient, avait été justement le désir de ne pas paraître traînée à la remorque de sa voisine et rivale.

C'est que déjà la Prusse méditait de prendre la direction de la Confédération germanique.

Dès la réunion de la Diète de Francfort qui se tint la même année (1856), la rivalité se manifesta hautement. Elle allait bientôt croître dans des proportions inattendues. La Prusse, lorsqu'elle se sentit assez forte, se servit de la question des duchés, et Sadowa fit éclater sa puissance. Ceux qui n'avaient pas su prévoir allaient expier leur insouciance. Après la guerre de 1867, l'Autriche était définitivement supplantée en Allemagne ; c'est le conséquence de la rancune de la Russie depuis les évênement de 1854-1856. « En somme, dit M. Debidour, les vrais vainqueurs de la lutte qui venait de finir, c'était sans qu'on s'en doutât, le Piémont et la Prusse, qui allaient l'un et l'autre pouvoir édifier leur fortune aux dépens de l'Autriche abandonnée ou desservie par toute l'Europe.

Le vrai vaincu, ce n'était pas le cabinet de Saint-Pétersbourg qui sortait de la lutte avec des alliés nouveaux, c'était celui de Vienne qui s'était cru très habile en essayant de leurrer tout le monde et qui, en définitive, s'était aliéné l'Europe entière » (1).

Sardaigne. — Nous venons de voir ce qu'avait gagné la

(1) Debidour. *Histoire diplomatique de l'Europe.*

Prusse. En quoi le Piémont était-il avec elle « le vrai vain-queur de la lutte ? »

Le Piémont avait adhéré à l'alliance turco-anglo-fran-çaise et avait envoyé en Crimée un petit-corps de troupes sous le commandement du général La Marmora. Pas plus en Piémont qu'ailleurs, l'opinion ne comprit quel intérêt pouvait avoir le roi à user ses forces et son argent dans une expédition d'Orient. Mais l'homme, qui à cette époque dirigeait le cabinet de Turin, savait ce qu'il voulait, et ce qu'il voulait il le voulait bien.

Sans souci de sa situation personnelle, qu'il risquait en cas d'échec, M. de Cavour rêvait depuis longtemps le relèvement et l'unification de l'Italie. Il rêvait de réunir sous un même sceptre les nombreux états italiens, dont la communauté de langue, d'histoire et d'intérêts faisaient une seule et même nation.

Ce qu'il voulait surtout, c'était délivrer son pays du joug étranger qui, depuis le traité de Vienne et les Con-grès de Troppau, Laybach et Vérone, n'avait cessé de peser sur la péninsule italique.

M. de Cavour comprit qu'il aurait fait faire un grand pas à la question italienne, le jour où il l'aurait posée, où il aurait au moins appris à l'Europe qu'il y avait une ques-tion italienne.

La guerre de Crimée lui parut être une occasion favo-rable. S'il envoyait en Orient, ne fût-ce que quelques hommes, il acquerrait le droit de participer aux négocia-tions pour la paix, et qui sait ? Peut-être trouverait-il le moyen d'exposer ses projets dans le Congrès européen qui, selon toute prévision devait bientôt se réunir.

Ses espérances furent justifiées par le cinquième point du projet de Vienne, et c'est avec émotion que le repré-

sentant du Piémont dût entendre le comte Walewski,
après la signature de la paix, proposer au Congrès de
Paris de s'occuper de certains points étrangers au règlement des affaires d'Orient et de traiter certaines questions
d'un intérêt européen (1).

Sans doute, les Puissances ne crurent pas le moment
venu de mettre en discussion les projets du plénipotentiaire Piémontais ; mais le comte de Cavour avait été
assez heureux pour pouvoir poser la question italienne,
et aux interpellations qu'il eut à subir, dès son retour
à Turin, il pouvait répondre avec un légitime orgueil :
« les vues qui nous ont guidés dans ces dernières années,
dit-il au Parlement nous ont fait faire un grand pas ; pour
la première fois, dans le cours de notre histoire, la question italienne a été portée et discutée devant un congrès
européen, non pas comme à Laybach ou à Vérone, afin
d'agraver les maux de l'Italie et de lui river de nouvelles
chaînes, mais dans l'intention hautement proclamée de
chercher un remède à ses maux et de faire connaître les
sympathies des grandes Puissances envers elle. » (2).

A peine trois années s'étaient-elles écoulées, que les
Autrichiens étaient chassés d'Italie. Le 13 février 1861,
un parlement composé de députés piémontais, lombards,
toscans, ombriens, napolitains et siciliens, se réunissait
à Turin, votaient à l'unanimité l'unité de l'Italie et procla-
maient Victor-Emmanuel Ier, roi d'Italie. Cavour avait
assisté au triomphe de sa politique ; il mourut en
juin 1861.

(1) Protocole 22 du Congrès. Cf. de Clercq.
(2) Cf. Benedetti, *Nouvelles études diplomatiques.* « Le Comte de
Cavour et le Prince de Bismarck », p. 344.

3° Les Nationalités.

Il nous reste à étudier la situation faite aux nationalités chrétiennes de l'Empire Ottoman, soumises au joug rude parfois du Sultan. Souvent exposés aux excès des musulmans, toujours traités avec dédain, les raïas devaient exciter l'intérêt de leurs coréligionnaires d'Europe. Les puissances, qui les soustrayaient à la tutelle russe, ne pouvaient pas les abandonner.

Nous avons dit, en parlant de la Turquie, que l'article 9 du traité, en consacrant le hatti-humayoun, avait assuré l'intervention en faveur des sujets chrétiens du Sultan en général.

Quelques mesures furent prises aussi en ce qui concerne certaines nationalités en particulier. Nous voulons parler des provinces de la Péninsule des Balkans. Silencieux sur l'Arménie et la Crète, le Traité ne parle pas non plus des provinces bulgares ou albanaises et ne contient sur la Serbie que quelques rares dispositions. Les Principautés de Moldavie et de Valachie seules l'occupèrent sérieusement. Du Monténégro, il n'est pas question. C'est assez dire l'insuffisance du traité de Paris en ce qui concerne les nationalités.

A. *Principautés Danubiennes.* — Les Puissances voulaient faire des Principautés, ce qu'on a appelé plus tard un *Etat tampon* entre la Turquie et la Russie.

Dès la conférence de Vienne, M. de Bourqueney, représentant de la France, remettait un rapport sur les Principautés de Moldavie et de Valachie (1).

_____

(1) Cf. *Annexe* au protocole 10 de la 9ᵉ Conférence de Vienne. De Clercq.

Qu'on nous permette de citer une grande partie de cet exposé : il résume admirablement la politique que la France, sans jamais s'en départir depuis, avait adoptée dès le début sur cette question.

« D'après le texte même des notes de Vienne et l'interprétation qui leur a été donnée d'un commun accord, dit l'exposé, la pensée des trois cabinets alliés a été, non seulement de soustraire le territoire des Principautés à une influence qui s'y exercerait exclusivement, mais aussi d'en faire une sorte de barrière naturelle qu'elle ne puisse plus désormais franchir pour menacer l'Empire Ottoman au cœur même ».

Voilà le danger. Voyons maintenant le remède proposé :

« Parmi les combinaisons qui se présentent pour assurer à la Moldavie et à la Valachie une consistance et une force suffisante, la première nous parait devoir être l'union en une seule, des deux Principautés.

Il n'est pas nécessaire d'insister sur ce que la nature a fait pour faciliter cette union, sur l'identité de la langue, des mœurs, des lois et des intérêts.

Le vœu des deux Provinces à cet égard se présente conforme aux convenances des gouvernements alliés : elles ne devraient voir dans leur fusion administrative que l'application d'un plan qui est depuis de longues années l'objet de leurs préoccupations constantes et qui avaient même été indiquées dans l'un des articles de leur règlement organique élaboré par la Russie en 1829, à une époque où tout révélait un effort pour consommer leur séparation morale d'avec l'Empire Ottoman.

Ces mêmes considérations qui doivent faire désirer que la Moldavie et la Valachie soient placées sous un même gouvernement, demandent que ce gouvernement possède toutes les conditions de force et de durée. »

Et pour lui donner cette force et assurer cette durée, le plénipotentiaire de France croit que le moyen le plus sûr est de donner aux deux Principautés, lorsqu'elles seront ainsi unies, un chef suprême héréditaire.

A Paris, la question de l'union des Principautés, toujours soutenue par la France, fut reprise plusieurs fois (1).

« Les Principautés de Valachie et Moldavie, dit l'article 32 du traité, continueront à jouir sous la suzeraineté de la Porte et sous la garantie des puissances contractantes, des privilèges et des immunités dont elles sont en possession. (2) Aucune protection exclusive ne sera exercée sur elles par une des puissances garantes. Il n'y aura aucun droit particulier d'ingérence dans leurs affaires intérieures. » Cela dit pour la Russie.

L'article 23 promet une administration indépendante et nationale.

---

(1) Voir Protocoles 8, 9 et 14 du Congrès de Paris.

(2) Par le traité de Paris, la Sublime-Porte *reconnaissait* ces privilèges et immunités; elle ne les *créait* pas. En effet, la situation antérieure des Principautés était celle-ci : administration intérieure libre et indépendante, droit de signer des traités, droit de légation auprès du Sultan. Les seules restrictions étaient le « protectorat » et la « suzeraineté » ottomane. Cf. Arntz. *Situation internationale de la Roumanie* (Revue de droit international de 1877). Dans le même sens, voir Michel Boëresco. *Contra* : Engelhardt. Celui-ci croit que les Principautés jouissaient d'une souveraineté intérieure limitée et n'avaient à aucun titre la souveraineté extérieure qu'elles n'avaient pas le droit de guerre ni de paix. Il soutient même que les traités internationaux de la Porte étaient obligatoires pour les Principautés, dans tout ce qui ne porte pas atteinte à leurs privilèges. (Engelhardt. *Les Protectorats anciens et modernes.*)

Défendues par une armée nationale, (article 26) les Principautés sont naturellement secourues en cas de danger (1) par la Sublime Porte, puissance suzeraine, qui « s'entendra avec les autres Puissances contractantes sur les mesures à prendre pour maintenir ou rétablir l'ordre légal. »

Une intervention armée ne pourra avoir lieu sans un accord préalable entre ces puissances. (article 27.) L'article 27 limite l'intervention de la Porte au cas où « le repos intérieur des Principautés se trouverait menacé ou compromis. » Le Sultan n'a donc aucun titre pour s'immiscer dans les réformes administratives, judiciaires ou commerciales ; son intervention, permise en cas d'attaque étrangère, ne sera pas justifiée par des troubles intérieurs, à moins que ceux-ci ne dégénèrent en une véritable anarchie (2).

Ces dispositions n'étaient qu'un demi succès pour la France ; c'était bien peu par rapport à ce qu'elle demandait, mais tout espoir n'était pas perdu. La Porte promettait aux Principautés « une administration indépendante

---

(1) L'article 26 semblait imposer l'intervention de la Porte. Mais les Roumains n'ont pas cessé de protester contre cette interprétation contraire aux anciens traités qui constatent *l'offre* d'un secours en échange d'un tribut. « Constatons une dernière fois, que, quelle que soit l'interprétation qu'on donnera à l'article 26, elle n'atteint en rien la souveraineté de la Moldo-Valachie. Elle ne porte point, en effet, le caractère d'un droit qu'on a voulu créer à la Porte, mais tout au plus d'armements à faire en commun entre la Moldo-Valachie et la Turquie, et d'une garantie contre les entraves que la Russie et l'Autriche pourraient mettre à cette mesure. » Bratiano. *Mémoire sur la situation de la Moldo-Valachie, depuis le traité de Paris.* Cf. aussi B. Boëresco. *Examen de la Convention du 19 août 1858.*

(2) Telle est du moins l'opinion de M. B. Boëresco. (Cf. *Les Roumains après le traité de Paris.*)

et nationale, » et une commission européenne devait se réunir sans délai à Bucarest « pour tâcher de s'enquérir de l'état actuel des Principautés et proposer les bases de leur futur organisation » (article 23); en même temps, le Sultan s'engageait à convoquer des divans *ad hoc*, chargés « d'exprimer les vœux des populations relativement à l'organisation définitive des Principautés. » L'organisation définitive, consacrée par une convention entre les Puissances et un hatti-chériff du Sultan devait être « placée sous la garantie collective de toutes les Puissances signataires » article 25. Cette clause de garantie donne aux Principautés le *droit* de s'adresser aux signataires, toutes les fois qu'il sera porté atteinte à leurs privilèges ou immunités et impose aux Puissances le devoir d'intervenir dans les mêmes cas. Selon les dispositions de ces articles, les Divans furent convoqués et la commission réunie à Bucarest pendant que les représentants des Puissances s'assemblaient à Paris (1).

Nous étudierons l'œuvre de la conférence de Paris; nous parlerons de l'organisation nouvelle des Principautés dont nous suivrons la marche ininterrompue vers l'union et l'indépendance.

Rappelons en finissant que le traité du 30 mars annexait la Bessarabie à la Moldavie (articles 20 et 21).

B. *Serbie.* — Il avait été question de la Serbie dans les treizième et quatorzième séances du Congrès de Paris. Le

---

(1) Remarquons que le traité est fait sans la participation des Principautés qui n'ont par conséquent pas pris d'engagement. Cf. Arntz. *Situation internationale de la Roumanie* (Revue de droit international, 1877).

quatorzième protocole contient même l'engagement de la part de Sa Majesté le Sultan de « rechercher de concert avec les Hautes Puissances Contractantes les améliorations que comporte l'organisation actuelle de la Principauté. » Mais cet engagement ne donna pas tout le résultat qu'on aurait pu en attendre. Ce sont les articles 28 et 29 du traité qui contiennent les dispositions relatives à la Serbie.

La Serbie reste sous la Suzeraineté de la Porte, avec une administration indépendante et nationale : Les droits et immunités dont elle jouit sont placés désormais sous la garantie collective des Puissances contractantes (art. 28). Le droit de garnison de la Sublime Porte, qui devait être cause de graves difficultés, est maintenu tel qu'il se trouve stipulé par les règlements antérieurs.

Enfin, l'article 29 se termine ainsi : « Aucune intervention armée ne pourra avoir lieu en Serbie sans un accord préalable entre les Hautes Puissances Contractantes. »

C. — *Autres provinces de l'Empire Ottoman.* — Du Montenegro (1), de l'Epire, de la Thessalie, de l'Albanie, de la Macédoine, de la Bulgarie et de la Crète, il n'était pas question dans le traité de Paris.

---

(1) Le Congrès avait effleuré la question de Monténégro. Sur une interpellation des plénipotentiaires autrichiens qui accusaient les Russes de vouloir établir leur protectorat sur ce pays, les plénipotentiaires russes répondirent « que leur gouvernement n'entretient avec le Monténégro d'autres rapports que ceux qui naissent des sympathies des Monténégrains pour la Russie, et des dispositions bienveillantes de la Russie pour ces montagnards. » Abandonné par la Russie, Daniel Ier fit un voyage en France, pour plaider lui-même la cause de sa patrie : par sa notoriété même, la question Monténégrine, devint Européenne ; et le prince obtint bientôt, une nouvelle délimitation des frontières turco-monténégrines.

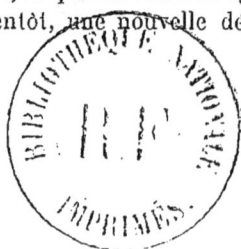

M. — 7

Les Plénipotentiaires n'avaient pas cru nécessaire de s'occuper de ces régions et des populations chrétiennes qui les habitaient. Et cependant, leur état appelait des réformes.

Mécontentes de la domination turque, elles formaient un foyer de révolte et étaient hantées par l'exemple des Hellènes. Et voilà que non seulement les Puissances ne donnaient pas satisfaction à ces aspirations légitimes ; mais encore, par le commencement d'organisation de la Moldavie et de la Valachie, elles réveillaient chez les peuples des Balkans les idées de liberté et d'indépendance, et par l'importance donnée au Hatti-humayoun, elles contribuaient à leurrer les opprimés de l'espoir d'une délivrance prochaine. Faut-il s'étonner, après cela, si la situation créée par le traité de Paris n'a pas été durable et si vingt années à peine s'écoulèrent avant que l'incendie, ravivé en Bosnie, amenât un bouleversement général de l'Empire Ottoman et qu'un nouveau Congrès réunît les Plénipotentiaires des Grandes Puissances, non plus hélas à Paris, mais à Berlin ?

D. *La Grèce.* — On se rappelle que la Grèce avait, par sa conduite turbulente et peu correcte, obligé les alliés à prendre contre elle de sévères mesures de coercition.

Aux réunions de Paris, la question grecque avait sa place marquée parmi les questions d'intérêt général, étrangères au traité de paix, et le plénipotentiaire français ne voulut pas clore le congrès sans la lui soumettre : « On ne saurait disconvenir, dit-il, que la Grèce ne soit dans une situation anormale. L'anarchie à laquelle a été livré ce pays a obligé la France et l'Angleterre à envoyer des troupes au Pirée, dans un moment où leurs armées ne manquaient cependant pas d'emploi.

Le congrès sait dans quel état était la Grèce ; il n'ignore pas non plus que celui dans lequel elle se trouve aujourd'hui est loin d'être satisfaisant; ne serait-il pas utile, dès lors, que les Puissances représentées au congrès, manifestâssent le désir de voir les trois cours protectrices prendre en mûre considération la situation déplorable du royaume qu'elles ont créé, en avisant aux moyens d'y pourvoir ? ».

Le plénipotentiaire d'Angleterre s'associa au sentiment du comte Walewski, pensant que « le congrès manquerait à son devoir si, en se séparant, il consacrait par son silence, des situations qui nuisent à l'équilibre politique, et qui sont loin de mettre la paix à l'abri de tout danger dans un des pays les plus intéressants de l'Europe. »

Mais la question grecque, pas plus que la question italienne, ne fut résolue. Et, sans doute les Puissances sont encore plongées dans leurs « mûres réflexions » puisque, sauf quelques mesures financières ou d'ordre intérieur, le pays qui est « un des plus intéressants de l'Europe » attend encore le résultat de ces méditations infécondes.

On n'ose penser au sort qu'auraient devant le Tribunal européen, les affaires d'un pays qui ne serait pas « un des plus intéressants de l'Europe ! »

Le comte Walewski dut se contenter de dire pour conclure que « personne n'a contesté la nécessité de se préoccuper mûrement d'améliorer la situation de la Grèce et que les trois cours protectrices ont reconnu l'importance de s'entendre entre elles à cet égard. »

A partir de 1856, commence la période d'exécution
du traité de Paris. Elle se termine, moins de vingt ans
après, dans une violente réaction contre la France, dont
l'influence prépondérante en Orient subit le contre-coup
des désastres de la guerre allemande.

L'étude de l'exécution du traité sera l'objet de notre
troisième partie. Nous la diviserons en deux chapitres :

Un premier chapitre sera consacré à l'intervention de
l'Europe dans les affaires des nationalités de l'Empire
Ottoman. Nous réservons pour un second chapitre l'histoire de la réforme générale de la Turquie.

TROISIÈME PARTIE

EXÉCUTION DU TRAITÉ DE PARIS

———

CHAPITRE I

INTERVENTION CHEZ LES DIFFÉRENTES NATIONALITÉS DE L'EMPIRE OTTOMAN

Le traité était à peine signé que déjà les difficultés s'élevaient de toutes parts.

Des discussions sur les nouveaux tracés des frontières retardèrent l'évacuation (1). Puis surgirent des questions beaucoup plus importantes.

Par ses dispositions, aussi bien que par ses lacunes, le traité de Paris allait devenir matière à contestations et à récriminations.

Les pays qu'il organisait, parce qu'ils l'étaient insuffisamment, les pays dont il ne s'occupait pas, parce qu'ils

———

(1) Nous voulons parler des délimitations de frontières en Bessarabie ; nous y reviendrons. Le nouveau tracé en Asie se fit sans difficultés.

restaient dans une situation intolérable, allaient bientôt s'agiter et se soulever.

L'Europe a usé sans scrupule de son droit.

Si l'intervention armée n'a été employée qu'en 1860, l'intervention diplomatique est devenue journalière dans les affaires d'Orient.

Trois événements dominent l'histoire de cette période : l'union des Principautés de Moldavie et de Valachie, les troubles de Syrie et l'insurrection de la Crète. Ces faits arrêteront plus particulièrement notre attentioa.

I. — Principautés de Moldavie et de Valachie.

1º *La question de l'Union.* — Aperçu historique sur les Principautés. — La Dacie. — Colonies romaines de Trajan. — La Moldavie et la Valachie — Indépendance complète jusqu'au xive siècle. — Aux xive xve xvie siècles, capitulations avec la Porte. — Ingérence de la Russie. — La période phanariote. — Occupation des Principautés par les Russes 1829-1834. — Le règlement organique. — Protectorat de la Russie. — Révolution de 1848. — Occupation russe. — Convention de Balta-Liman. — Les Principautés pendant la guerre de Crimée. — Le traité de Paris. — Difficultés au sujet des frontières de Bessarabie. — La question de l'Union. — Commission européenne de Bucarest. — Les divans *ad hoc.* — Élections viciées. — Conduite énergique de M. Thouvenel. — Nouvelles élections. — Conférence de Paris 1858-1859. — Double élection du colonel Couza. — Principautés-Unies. — La nouvelle constitution et la commission centrale de Fokshani. — La politique française. — Affaires de 1861. — La Porte accepte l'union temporaire sous Couza, 1861. — Firman du 4 décembre. — Protocole du 28 juin 1864 et acte additionnel. — Conférence de Paris, 1866. — Le Prince Charles de Hohenzollern 1866. — Union sous le nom Charles Ier de Roumanie, 30 juin 1866. — Firman d'investiture du prince Charles, 23 octobre 1866. — Le Royaume de Roumanie 1881.

2º *Affaire des biens des couvents dédiés.* — Origine de ces couvents. — Comment se pose la question. — Conférence de Constantinople, 1864. — Sécularisation des biens des couvents dédiés.

3º *La question juive.* — Main-mise sur les Principautés par les Juifs. — Résultats des expulsions russes. — Le danger juif en Moldavie et en Valachie. — Mesures restrictives contre les Israélites. — Persécutions et intervention des Puissances en 1872.

4º *La question des capitulations en Roumanie.* — Origine et motifs des capitulations dans les Echelles du Levant. — En Roumanie elles n'ont pas de fondement juridique. — Elles ne sont pas non plus motivées par les faits — Question de l'opportunité de leur suppression.

La question de l'union moldo-valaque a occupé la diplomatie pendant plus de vingt ans.

Nous allons l'étudier en détail, et, pour compléter l'histoire des Principautés danubiennes, nous dirons successivement quelques mots de l'affaire des couvents dédiés — de la question juive — et de l'utilité des capitulations dans les pays chrétiens.

I. — « 8.000.000 d'hommes frappent, en suppliant, au « seuil de nos sociétés occidentales.

« Que veulent-ils ?..... Chose nouvelle dans notre monde « moderne, ils ne réclament pas notre assistance, comme « cela s'est vu toujours, au nom seul de la justice, « de l'interêt de tous, de l'humanité blessée et violée. « Non ; la nouveauté et la grandeur de leur cause, c'est « qu'ils se présentent comme des frères oubliés. Avec un « accent qui rappelle certains grands procès plaidés par « des nations entières dans Thucydide et dans Tacite, « lorsque la parenté du sang était encore sacrée, ce qu'ils « invoquent surtout, c'est la communauté d'origine ; c'est « un lien de famille entre leur race et la nôtre ; c'est une « même descendance, un même berceau, la même langue, « les mêmes aïeux. » (1)

Par ces paroles enthousiastes, Edgar Quinet saluait les populations danubiennes, cherchait à les faire connaître, et, au moment où le Congrès de Paris discutait leur sort,

_____

(1) Edgar Quinet : *Les Roumains* (Revue des Deux-Mondes, 15 janvier 1856.)

à créer en leur faveur un mouvement de l'opinion publique.

Quels étaient donc ces « *frères* » relégués sur les bords de la mer Noire? On l'ignorait généralement, et Quinet disait vrai quand il les disait « *oubliés* ». Mais après plusieurs siècles d'esclavage, les Roumains ont su triompher à la fois de la résistance des Turcs et de l'inertie ou du mauvais vouloir de la plupart des Puissances, et ont constitué un peuple libre.

Les Roumains descendent de la colonie romaine fondée en Dacie, par Trajan (1), pour servir d'avant-garde et de défense à l'Empire (2).

Les vétérans, laissés après la conquête et retranchés sur les sommets et dans les défilés des Carpathes, ont survécu aux invasions successives et ont transmis à leurs descendants, avec le sang romain, la langue (3) et les traditions latines.

(1) La colonne trajane à fourni de précieux renseignements sur la conquête de la Dacie et sur la fondation de cette colonie romaine.

(2) La nationalité roumaine est le résultat de la combinaison des trois éléments : thrace, slave, latin, celui-ci étant le principal *(Xéno-pol histoire des Roumains,* livre IVe).

(3) Edgar Quinet démontre la parenté intime de la langue roumaine avec les autres langues latines. Les savants et les voyageurs ont été longtemps déroutés par les caractères slaves. C'est qu'en effet, les descendants des colons roumains avaient entièrement désappris l'écriture; lorsqu'ils voulurent de nouveau fixer leur pensée par des signes, forcément ils les empruntèrent à leurs voisins ; l'alphabet employé a fait longtemps méconnaître l'origine même de la langue. En outre, le passage des invasions successives, les relations de commerce et de guerre avec des peuples très divers avaient altéré le vocabulaire primitif, la flexion et la syntaxe : la langue roumaine a été contaminée surtout par des éléments slaves sans compter les éléments

Au XIIIᵉ siècle, enhardis par un semblant de paix, et poussés par le besoin d'extension, ils quittèrent leurs refuges montagneux et s'établirent dans la plaine. La configuration du sol les força à se diviser en trois groupes : c'est l'origine de la Moldavie, de la Valachie, et de la Transylvanie. Situées entre le monde asiatique et l'Europe, englobées dans de puissants empires, ces malheureuses provinces eurent à subir les invasions incessantes des barbares et servirent de champ de bataille à leurs voisins de Turquie, de Hongrie, de Pologne et de Russie.

La Moldavie et la Valachie eurent un instant et tour à tour leur heure de gloire ; la Moldavie, au XVᵉ siècle, avec Etienne le Grand, qui parvint à repousser Mahomet II et les rois de Hongrie et de Pologne. Un siècle plus tard, c'était la Valachie, dont le prince Michel-le-Brave, réunissait sous son sceptre la Moldavie et la Transylvanie.

Mais, trop faibles le plus souvent pour tenir tête à tous leurs ennemis à la fois, les Principautés durent rechercher l'alliance de l'un d'eux ; de là les capitulations conclues aux XIVᵉ, XVᵉ et XVIᵉ siècles avec la Turquie.

Ces capitulations sont donc une alliance véritable ; et les circonstances dans lesquelles elles ont été signées en

---

turcs et helléniques coexistant à côté des formes néo-latines qui en constituent le fond propre.

Aujourd'hui la preuve est faite.

« Conserver par miracle une langue nationale, dit M. Quinet, l'élever en dépit de tous les obstacles, au rang d'idiome cultivé, donne un droit aux hommes et au peuple qui font ces choses. »

Quand il y a une langue, ajoute-t-il « ce n'est plus la lande déserte, banale, abandonnée au premier occupant. C'est un signe que là habite un peuple, une conscience, une personne, un droit. »

Edgar Quinet, *Op. cit.*, p. 407 et 408.

sont la preuve, elles ne constituent en aucune façon de la part des principautés un acte de sujétion ou de dépendance.

Il y a une certaine inégalité dans les conditions; elle s'explique par l'inégalité des forces (1) des deux parties ; mais il serait au moins étrange de trouver dans les rapports de souverain à sujet : des clauses telles que l'interdiction qui est faite aux Turcs de s'établir dans les Principautés ou d'y construire des mosquées, dont partout ailleurs les musulmans font le signe de leur conquête.

Malgré les efforts héroïques de Basile-le-Loup et de Mathieu Bassaraba pour sauver la liberté de leur patrie, les Principautés devaient bientôt devenir la proie des Turcs et des Russes. Elles subirent d'abord l'oppression des Turcs.

Les capitulations, en effet, ne furent pas longtemps observées avec loyauté, et les Turcs s'ingérèrent peu à peu dans l'administration des provinces danubiennes ; après avoir dépouillé la dignité princière de son caractère héréditaire et même viager, le Sultan s'arrogea le droit de nommer lui-même les hospodars.

A partir de 1711, il réduisit à trois ans la durée de leurs pouvoirs et n'admit plus que les Grecs du Phanar à une dignité, vendue désormais au plus offrant.

Alors commença pour les Roumains une période de honte et d'humiliations, flétrie dans leur histoire sous le nom d'époque phanariote et qui en est une des pages les plus tristes. Les Russes profitèrent du mécontentement

---

(1) Par ces capitulations, les Turcs promettent l'appui de leurs armes et, en échange, reçoivent un tribut.

trop naturel des populations ; ils les excitèrent contre le joug turc pour intervenir eux-mêmes, ensuite, en libérateurs. C'est le rôle qu'ils se donnèrent en 1711, 1739 et 1769.

En 1770, ils demandèrent l'indépendance des Principautés, et pour assurer cette indépendance, ils les occupèrent pendant 25 ans! Sur la domination turque allait se greffer la domination russe.

Le traité de Kutchuk-Kaïnardji consacra définitivement l'immixtion des Russes. Les Principautés étaient restituées à Abdul-Hamid, et Catherine exigeait, avec quelques faveurs spéciales, la promesse d'une amnistie générale et d'une diminution de tribut; mais il était stipulé « que, suivant les circonstances où se trouveront les Principautés et leurs souverains, les ministres de la cour de Russie pourraient parler en leur faveur, et elle promet d'avoir égard à ces représentations, conformément à la considération amicale et aux égards que les Puissances ont les unes envers les autres. » Cette immixtion était d'autant moins fondée que la Turquie cédait des droits qu'elle-même n'avait pas (1). En 1775, l'Autriche, qui depuis Carlowitz et Passarowitz possédait la Transylvanie et le Banat de Temeswar, prit la Bucovine.

Les traités de Jassy et de Sistowa confirmèrent le traité de Kaïnardji. Par le traité de Bucarest, 1812, la Russie prit la Bessarabie.

Au moment de la révolte des Grecs, les hospodars phanariotes, trahissant le sultan, firent tous leurs efforts pour entraîner leurs sujets dans le mouvement insurrec-

---

(1) Cf. Boëresco. *Revue de droit international public*, 1897, fascicule 3.

tionnel. Ils échouèrent, et la Sublime-Porte, rendit aux
Roumains des hospodars indigènes et septennaux. Par le
traité d'Akerman (1826), la Porte s'engagea à observer
« avec la fidélité la plus scrupuleuse » les traités et actes
relatifs aux privilèges reconnus à la Moldavie et à la
Valachie.

Dans un acte séparé, il était dit que les hospodars élus
par les boïards, et confirmés par le Sultan, ne pourront
désormais être destitués par la Porte que du consentement de la Russie. A la suite d'une nouvelle occupation
russe, fut signé le traité d'Andrinople qui accrut l'influence
russe en proportion de ce que perdait la Turquie (1).

« Par ce traité, dit le prince Bibesco, qui ne laissait
subsister entre la Turquie et les Principautés de Valachie
et de Moldavie que deux liens : un tribut et l'investiture
des princes par le sultan, la Russie imposait à la Porte la
protection dont elle entendait couvrir la Moldo-Valachie.
En brisant les chaînes qui rivaient ces provinces à la
Sublime-Porte, la Russie se créait de nouveaux droits à
leur reconnaissance » (2).

Le prince Bibesco est peut-être un peu partial. Somme
toute, les Russes (3) ne faisaient que se substituer

(1) C'est de cet acte que le prince Bibesco (*règne de Bibesco*) fait
dater l'indépendance des Principautés.

(2) Bibesco. *Le règne de Bibesco*, t. I, p. 7.

(3) « A cette époque (c'est-à-dire sous le règlement organique),
l'autorité dont les Consuls Russes jouissaient dans ces pays était vraiment abusive, et elle n'alla qu'en augmentant. En 1840, la Russie
occupa de nouveau les Principautés, et, seule, la mauvaise fortune
des armes lors de la guerre de Crimée arrêta ses progrès inquiétants.
Le traité de Paris mit un terme à cette tutelle illégitime autant
qu'excessive, puisqu'elle avait été consentie par la Turquie qui n'avait
aucun titre légal à le faire. »
Michel Boëresco. *Revue de droit international public*, mai-

aux Turcs, et quelles que soient les conditions matérielles de l'existence d'un peuple ainsi protégé, quelque nom qu'on donne à sa servitude, ce n'est pas vivre
réellement en tant que nation, que de ne pas être libre.

L'administration des Principautés fut confiée au général
russe de Kisseleff qui leur donna une constitution dite
« *règlement organique.* »

« Nul code dans le monde, dit Quinet, n'est si riche en
maximes chrétiennes que le règlement organique imposé
par la Russie. Le ton est presque bucolique, quand il
s'agit des *laboureurs contribuables.* Que d'insinuations
et d'amour pour leur arracher l'âme après ce préambule ! » (1)
Ce règlement consacre l'asservissement des Roumains ;
il confie l'élection du prince à une assemblée de boïards,
à la dévotion de la Russie, qui a aussi un rôle prépondérant dans la destitution des hospodars.

« Le règlement organique, dit encore un historien
roumain, était donc, malgré ses bienfaits administratifs,
plutôt un instrument de la domination russe qu'une constitution des pays roumains. » (2)

Depuis 1830, la Moldavie et la Valachie avancèrent
rapidement dans la voie des idées et prirent conscience
de leur existence nationale. Dans les écoles, les jeunes
Roumains apprirent à connaître et à aimer leur patrie, à
haïr la domination étrangère et à rêver l'union de tous

---

juin 1897, p. 350. C'est la remarque que nous avons déjà faite à propos du traité de Kutchuk-Kaïnardji. Celui qui a usurpé un droit ne
peut le céder valablement.

(1) Edgar Quinet. *Les Roumains* (Revue des Deux-Mondes, 1er mars
1856, p. 37).

(2) Xénopol. *Histoire des Roumains,* t. II, p. 415.

ceux qui parlent la langue roumaine (1). « D'où te vient
ton nom, ruisseau sans puissance, qui oses maintenir les
frères séparés? » s'écrie un poète en s'adressant au Mil-
kov. (2).

C'est une époque de grand enthousiasme.

Le mouvement révolutionnaire de 1848 trouva le terrain
bien préparé. Tandis que la Transylvanie cherchait à
secouer le joug hongrois, la Moldavie et la Valachie s'in-
surgèrent contre la domination russe et contre les privilèges des boïards (3).

(1) Dès cette époque, un voyageur, M. de Bois-le-Comte, écrivait
(17 mai 1834) : « la création d'un grand duché de Dacie, qui réunirait
les deux Principautés m'a paru être ici l'expression du vœu le plus
général de ce pays.... A l'idée de la réunion des deux provinces se
joint celle d'en remettre le gouvernement à un prince étranger. C'est
également un vœu général qui n'est étouffé que par ceux qui senti-
raient leurs intérêts privés compromis par sa réalisation ; et encore
en trouve-t-on beaucoup, parmi ceux-là mêmes, qui s'élèvent au
dessus de cette considération..... Enfin, le vœu de voir, soit la Dacie,
soit même les Principautés dans leur état actuel, soustraites à la
protection exclusive et impérieuse d'une seule cour, et placées sous
celle des grandes Puissances européennes, ce vœu, depuis longtemps
déjà manifesté, m'a été également et à plusieurs reprises, exprimé,
tant à Jassy qu'à Bucarest, et sa réalisation était considérée comme
devant compléter l'œuvre de la régénération de ce pays. » Cité par
Ubicini, *les principautés danubiennes devant l'Europe*, page 404.

(2) Poésies de Jean Vacarescou citées page 478, tome II, Xenopol.
En 1845 fut signée entre la Moldavie et la Valachie une convention
de douanes. Il est intéressant de remarquer combien, ici, comme
dans d'autres pays, l'union douanière a facilité l'union politique.

(3) « La Moldavie et la Valachie avaient avancé dans la voie des
idées bien plus vite que ne le permettaient les dispositions règlemen-
taires. Aussi est-ce contre cette législation, et contre la Puissance qui
l'avait introduite, la Russie, plutôt que contre les Princes, que la population de ces deux provinces se souleva en 1848 » ; Xénopol, t. II,
chap. II.

La Russie envahit de nouveau les Principautés : la convention de Balta-Liman (1849), rendit au Sultan le droit de nommer les hospodars ; il fut convenu que les troupes russes et turques séjourneraient dans les Principautés jusqu'au complet rétablissement de l'ordre et que, pendant la durée de l'occupation, un commissaire turc et un commissaire russe resteraient pour « diriger la marche des affaires et offrir en commun, aux hospodards, des avis et des conseils, chaque fois qu'ils remarqueraient quelques abus graves ou quelque mesure nuisible à la tranquillité du pays. »

Sauf quelques modifications, le règlement organique restait en vigueur. L'heure de la liberté n'avait pas encore sonné, mais elle approchait : la révolution avait fait connaître qu'il y avait des Roumains ; la guerre de Crimée et la défaite des Russes permirent de poser la question roumaine.

Avant toute déclaration de guerre, les troupes russes envahirent les Principautés (1) ; elles furent bientôt remplacées par une armée autrichienne.

Nous avons vu, dans leurs traits essentiels, les dispositions du traité de 1856, qui substitua au protectorat unique de la Russie, la garantie collective et par conséquent plus désintéressée de l'Europe.

Nous allons maintenant en suivre les développements ; mais il nous faut dire un mot d'abord sur la question de rectification des frontières.

_____

(1) C'est la 8e intervention armée de la Russie : la 1re a lieu en 1711, la 2e en 1739, la 3e en 1769, la 4e en 1792, la 5e en 1812, la 6e en 1829, la 7e en 1848, la 8e en 1855.

Les articles 20 et 21 avaient, on s'en souvient « pour mieux assurer la liberté de navigation du Danube », cédé à la Moldavie une partie de la Bessarabie. Conformément au traité, des délégués des Puissances contractantes furent désignés pour fixer le tracé de la nouvelle frontière. Cela ne se fit pas sans difficultés. Les délégués ne parvenaient pas à s'entendre.

La frontière, disait l'article 20, doit passer au sud de Bolgrad. Or, il se trouva qu'il y avait deux villes de ce nom. Laquelle avait voulu désigner le traité ? La Russie d'une part, l'Angleterre et l'Autriche de l'autre, étaient en désaccord sur ce point.

Autre cause de discussion : à l'embouchure du Danube se trouve une petite île, l'île des Serpents, russe avant la guerre et dont le traité ne parlait pas : devait-on l'annexer à la Moldavie ? Enfin le traité ne spécifiait rien au sujet du Delta du Danube, qui, semblait-il, devait être compris dans les territoires cédés, mais que la Turquie réclamait en vertu de cette considération historique que jamais le Delta n'avait fait partie de la Bessarabie.

La Russie se déclara prête à abandonner les deux derniers points litigieux si on lui donnait raison sur le premier, c'est-à-dire sur la question de Bolgrad ; l'Autriche et l'Angleterre refusèrent de se prêter à cet arrangement. La situation devenait inextricable. La France, pour y mettre fin, obtint la nomination d'une commission chargée de trancher la difficulté à la majorité. La Commission se réunit en janvier 1857, et ratifia le système transactionnel proposé par la Russie. Elle fixa le 30 mars comme dernière limite à l'évacuation par les troupes autrichiennes et par la flotte anglaise, mouillée près des bouches du Danube.

La délimitation de frontière était définitivement ter-

minée. Ce n'était du reste qu'une partie peu importante
du traité.

Le traité du 30 mars ouvrait le champ à bien des espérances ; il est le point de départ d'une ère nouvelle pour
la Moldavie et la Valachie qui allaient vivre enfin et recouvrer en partie l'indépendance que des empiètements accomplis au mépris de tout droit leur avaient peu à peu
ravie.

« Les lois et statuts aujourd'hui en vigueur seront
revisés », était-il dit, article 23. La Sublime-Porte s'engageait « à recueillir, sous le contrôle de l'Europe, les vœux
des populations intéressées et à s'entendre ensuite avec les
Grandes Puissances, en vue de constituer définitivement
l'organisation de ces Provinces, placées désormais sous la
garantie de toutes les Puissances signataires ». Les Roumains allaient-ils pouvoir exprimer librement leurs vœux,
comme on le leur promettait ? Allaient-ils pouvoir enfin
dire hautement leur désir d'indépendance et d'union ? Les
négociations de Vienne, de Constantinople (1) et de Paris

(1) Les ambassadeurs avaient tenu à Constantinople une conférence
pour se concerter à l'avance sur les points qui affectaient plus directement l'initiative et les intérêts de la Porte. Dans un protocole qu'ils
signèrent, le 11 février 1856, il est dit : « La Porte confirme de nouveau
les privilèges et immunités dont lesdites Principautés ont joui sous sa
suzeraineté depuis les capitulations qui leur ont été accordées par les
Sultans Bajazet Ier et Mahmoud II..... La Valachie et la Moldavie,
*dont les territoires respectifs font partie intégrante de l'Empire
Ottoman,* auront chacune, comme par le passé une administration
séparée et indépendante sous la suzeraineté de S. M. I. le Sultan.....
Les traités conclus par la Sublime Porte continueront d'être exécutés
dans les Principautés. » « Ce projet, dit Ubicini, avait le tort grave
aux yeux des Roumains, de réduire à néant leur autonomie et leurs
droits comme nation. »

Cf. Ubicini, les *Principautés devant l'Europe.*

avaient dû troubler cet espoir de quelque inquiétude. Elles avaient révélé des sentiments nettement hostiles de la part de la Turquie et des vues peu favorables chez quelques-unes des Puissances. Il est juste d'ajouter qu'elles avaient fait connaître aux Roumains des protecteurs zélés, au premier rang desquels se trouvait la France. L'issue de la lutte qui allait s'engager était douteuse, mais c'était beaucoup déjà d'avoir acquis le droit de parler et de lutter.

La question de l'union des Principautés danubiennes devenait une question européenne. Elle allait renverser le système quelque peu artificiel des alliances de 1854, et c'est ce qui en faisait la gravité.

L'article 24 du traité de Paris disait : « S. M. le Sultan promet de convoquer immédiatement dans chacune des deux Provinces un Divan *ad hoc*, composé de manière à constituer la représentation la plus exacte des intérêts de toutes les classes de la société. Les Divans seront appelés à exprimer les vœux des populations relativement à l'organisation définitive des Principautés ».

La Sublime-Porte était donc liée avec les Puissances contractantes par une promesse formelle. Elle l'était depuis la huitième séance où le Congrès avait déclaré « adopter la marche proposée ».

Pour écarter toute équivoque, le comte Clarendon avait fait remarquer que « le Congrès s'est avant tout proposé, en s'occupant des Provinces danubiennes, de provoquer *l'expression librement émise des populations* ». (1).

Aussi, bien que la Turquie nous ait habitués à une conduite peu franche et que ses diplomates soient passés

(1) Protocole 22.

maîtres dans l'art de tourner les difficultés et dans
l'emploi des moyens dilatoires, sa conduite si peu loyale
ne s'expliquerait pas sans l'appui de l'Angleterre détachée
de notre politique par un revirement subit, pour ne pas
se trouver unie à la Russie. Celle-ci avait en effet, et
justement pour nous séparer de l'Angleterre (1), soutenu
l'idée française de l'union.

L'Autriche cherchait à établir dans les Provinces danubiennes sa domination économique ; elle se rangea donc
du côté de la Turquie.

Malgré la fermeté de la France, soutenue par le Piémont et par la Prusse toujours ennemie de l'Autriche, la
Sublime-Porte espérait beaucoup de l'alliance anglaise et
se promettait de ne céder qu'à la dernière extrémité.

C'est dans ces circonstances que le Sultan lança les
firmans de convocation des Divans *ad hoc*, avec le désir
bien arrêté de tout faire pour empêcher la libre expression des vœux du peuple moldo-valaque, qui, sans aucun
doute, était favorable à l'union et à l'indépendance.

Le Firman « maintient les anciens privilèges des deux
provinces » qu'il déclare « parties intégrantes de l'Empire. » (2)

---

(1) La Russie a d'ailleurs toujours cherché à émanciper les peuples
de l'empire Ottoman pour en faire des clients ; quitte à se retourner
contre ces mêmes peuples, le jour où elle les voit échapper à son influence. La politique russe en Orient présente à cet égard une remarquable unité. Le revirement de l'Angleterre, au contraire, serait fait
pour étonner si l'on ne connaissait le caractère de lord Stratford de
Redcliffe que M. Thouvenel, après bien d'autres ambassadeurs français, allait avoir pour collègue à Constantinople.

(2) Voir le texte du firman (Annuaire des Deux-Mondes 1856-57,
page 927. (Appendice).

Cette idée que les Principautés font partie de l'Empire Ottoman est fausse : en effet les capitulations constituent, comme nous l'avons vu, une alliance véritable, bien qu'inégale : et le fait du paiement d'un tribut ne supprime pas et même ne diminue en rien la souveraineté d'un Empire, enfin, la suzeraineté turque est un terme vague, un droit un peu honorifique, et, comme le droit d'investiture lui-même, complètement dénuée de sanction.

Mais, si peu fondée qu'elle fût, cette idée tenait à cœur à la Sublime-Porte. Dans une circulaire du mois de juillet 1856, Fuad-Pacha rappela les droits souverains du Sultan, sur les provinces vassales, et, après avoir dit qu'il ne pense pas que les Principautés puissent jamais devenir entre la Turquie et la Russie une barrière suffisante (1), se plait à croire qu'elles ne gagneraient rien à l'indépendance et qu'elles ne peuvent être plus parfaitement heureuses que sous la domination turque.

Puis il s'empresse de conclure : « Consulter les deux pays sur le régime de leurs gouvernements, et par conséquent sur leurs rapports avec l'Empire dont ils sont les vassaux ne serait pas conforme, nous le pensons, aux idées conservatrices des grandes Puissances de l'Europe. (2) »

Si telles étaient les dispositions du Gouvernement

___

(1) On se rappelle que cette idée était un des motifs invoqués par la France en faveur de l'Union. Cf. Exposé de M. de Bourqueney annexé au protocole 10 de la Conférence de Vienne dont nous avons cité un important extrait (v. plus haut).

(2) Circulaire de Fuad-Pacha citée dans Ubicini, *La question des Principautés devant l'Europe,* t. I, p. 31.

Ottoman, faut-il s'étonner que les élections aient été faites sous l'empire de la pression la plus excessive ? (1)

Le fait dépassa cependant l'attente. La censure de la presse fut rétablie. La Porte, dont le rôle devait se borner à permettre la convocation des Divans, entra dans les détails de la loi électorale, qui assura la majorité aux boïards et donna de droit la présidence au Métropolitain ; le vice-président devait être élu, mais forcément parmi les boïards. (2)

A Constantinople, M. Thouvenel protestait ; à Bucarest, où il représentait la France dans la commission européenne, M. de Talleyrand faisait entendre des plaintes non moins vives auxquelles M. Place, notre consul, joignait ses récriminations. La Porte s'inclinait, mais n'en continuait pas moins son œuvre ; les élections auxquelles présida Vogorides, caïmacam de Moldavie, furent dérisoires et la main de l'Autriche et de l'Angleterre s'y voyait trop (3) pour ne pas inquiéter le cabinet de Paris. Celui-

(1) Cf. Ubicini, *op. cit.*, p. 75, 76 : « De toutes les mesures libérales ou utiles au pays, par lesquelles le prince G. Ghika avait honoré les dernières années de son administration, il ne resta plus que la loi par laquelle il avait proclamé l'année précédente, l'émancipation des *Tchinganés (Bohémiens)* et l'abolition de l'esclavage dans les Principautés.

(2) Cf. Bratiano *Mémoire sur la situation de la Moldo-Valachie depuis le traité de Paris.* L'auteur traite ainsi le firman : « Cet imbroglio qu'on appelle le firman de convocation où il y a de tout, excepté de la justice et de la logique. » P. 51.

(3) A propos de la falsification des listes électorales M. Victor Place, consul de France à Bucarest, écrivait au comte Walewski : « Je regrette vraiment qu'une ingérence aussi condamnable ait compromis la loyauté de l'Autriche, en lui faisant prendre part directement à l'un des attentats les plus graves que le gouvernement moldave ait commis contre la sincérité des élections prescrites par le firman. » Xénopol, tome II, page 568.

ci, pour éviter des complications sérieuses, chercha à faire prévaloir un système transactionnel. Peut-être cela eût-il été possible au début des négociations, lorsque M. Thouvenel le proposait lui-même, dans une combinaison où les Principautés recevaient une vie nationale commune sous deux chefs. En tous cas, on y est revenu ; mais après combien de difficultés !

Pour l'instant, les évènements devenaient graves. « Si l'on se décide à opérer les élections dans les conditions actuelles, écrivait M. Place, le 18 juin 1857, je ne réponds plus du maintien de la tranquillité publique ». Les manifestations éclataient, en effet, de toutes parts ; et partout, aux cris de : vive l'Union ! vive la Roumanie ! se tenaient des réunions de protestation ; aux élections, les électeurs unionnistes, cependant bien peu nombreux grâce à une habile sélection, s'abstirent en masse.

Il était grand temps de prendre un parti énergique. M. Thouvenel n'avait cessé de mêler ses réclamations aux plaintes des Roumains et de soutenir avec fermeté et dignité les intérêts français, au milieu des embûches et des difficultés ; il pensa que le moment décisif était arrivé, et qu'il fallait à tout prix obtenir l'annulation des élections scandaleuses.

Le 28 juillet il adressait de Thérapia au Grand Vizir, la note suivante : « J'ai l'honneur d'annoncer à Votre Altesse que le gouvernement de l'Empereur mon Auguste Maître, appréciant comme je n'avais cessé de le supposer et de le dire, les circonstances qui ont (1) précédé et

(1) On eut bientôt une preuve éclatante de la duplicité de la Sublime-Porte. Le 8 août 1857, l'*Étoile du Danube* publiait des lettres confidentielles reçues par M. Vogoridis caïmacam de Moldavie, ou

accompagné les opérations électorales en Moldavie, a
donné au commissaire de sa Majesté, dans les principautés du Danube, l'ordre de protester contre le résultat d'un
scrutin entaché de nullité, et m'a en outre prescrit, de la
façon la plus formelle, par une dépêche télégraphique, en
date du 27 de ce mois, de réclamer l'annulation immédiate
et absolue de ces élections. J'ajouterai que les instructions du gouvernement de l'Empereur ne sauraient me
permettre d'accepter ni un refus ni un aternoiement, et
je prie votre Altesse de vouloir bien me mettre en mesure
de faire connaître à Paris dans le plus bref délai possible
la résolution définitive de la Sublime Porte » (1). Le

écrites par lui et qui établissaient sa complicité avec le gouvernement du Sultan, en même temps qu'elles dévoilaient la
conduite de certaines Puissances européennes. « Je suis convaincu'
éécrivait de Londres Musurus-Pacha au caïmacam, que la Sublime-
Porte saura apprécier les services, la fermeté et la sagesse de Votre
Excellence ; et je ne crois pas qu'à la suite d'insinuations étrangères,
elle puisse se trouver dans la position fâcheuse de vous cacher invo-
lontairement dans sa correspondance avec elle, toute la satisfaction
qu'elle ressent, et combien elle approuve la sage et prudente conduite de Votre Excellence ».

Et le 15 avril, M. Vogoridis, secrétaire de l'ambassade Ottomane à
Londres, écrivait cette lettre stupéfiante : « Je vous répète donc de
vous conformer aux conseils et d'employer sans nulle objection toutes
les personnes qu'on vous proposerait et sans vous informer si les personnes recommandées sont perverses ou mal famées. Il suffit que ces
hommes soient sincèrement contre l'Union : cela suffit ! » Cf. Ubicini
Les Principautés devant l'Europe, p. 186 et 188.

Citons encore une une lettre de Photiade au caïmacam Vogoridis, du
20 mai 1857 : « Voilà en peu de mots l'esprit de la politique de la Sublime-Porte, disait-il ; elle désire que Votre Excellence agisse énergiquement contre l'Union ; mais qu'elle agisse surtout sans bruit et
principalement sans divulguer qu'elle reçoit de pareilles instructions
de la Porte. » Cf. Xénopol, *Histoire des Roumains*, t. II.

(1) Cf. Thouvenel, *Trois années de la question d'Orient*, p. 119.
« Encore une fois, disait M. Thouvenel, dans la même lettre, il ne

5 août, le comte Walewski approuvait la conduite de M. Thouvenel (1) et lui donnait ordre de rompre les relations diplomatiques en cas de refus de la Sublime-Porte d'accéder à ses demandes.

Monsieur Thouvenel avait trouvé le vrai langage à parler aux Turcs. Ennemis avant tout des complications, ceux-ci, tant qu'ils croient un changement possible, se contentent d'opposer à leurs adversaires des atermoiements sans fin et attendent tout du temps. Mais quand une fois ils ont devant eux un homme capable de leur tenir tête jusqu'au bout, et de les mettre en présence du fait accompli et irrémédiable, les Turcs, avec la souplesse propre à leur race, s'inclinent et accablent leurs anciens adversaires de paroles amicales et flatteuses. C'est ce qui arriva.

Dès que fut amené le drapeau de l'Ambassade française, on courut après notre ambassadeur ; on le supplia ; on lui sacrifia Reschid-Pacha, et le 23, les élections de Moldavie furent annulées.

Le combat avait été rude ; la victoire n'en semblait que plus glorieuse ; mais elle était en fait plus apparente que réelle.

A une entrevue des souverains français et anglais à Osborne, la reine d'Angleterre s'était engagée à obtenir de nouvelles élections, mais la France renonçait à son idée

---

s'agit pas de l'union des Principautés, mais de l'exécution *loyale* du traité de Paris. La seconde question, poussée vivement, vient en aide à la première sans que personne ait mot à dire. Le terrain est donc excellent. »

(1) « L'Empereur approuve votre conduite. Si vous n'obtenez pas la juste satisfaction que nous demandons, exécutez strictement vos instructions, et, de concert avec vos collègues de Prusse, de Russie, de Sardaigne, rompez les relations diplomatiques. »

première d'une union complète. « La France a gagné la
forme, écrivait le drogman de l'ambassade, M. A. Outrey,
à M. Thouvenel, le 17 août 1857 ; mais l'Angleterre, l'Au=
triche et la Turquie ont gagné le fond et tous leurs efforts
ont abouti ».

  Il est certain que nous étions quelque peu joués et
M. Thouvenel qui avait déployé dans cette campagne une
énergie et une unité de vues remarquables dut trouver de
l'ironie dans l'appréciation de l'Empereur qui lui faisait
dire par le comte Walewski : « Nous tendons vers le
même but; mais nous avons toujours eu l'intention de
nous prêter à des concessions qui, en ajournant le succès,
ne le rendront que plus certain. » (1). Est-ce bien assurer
le succès que l'ajourner? Toutefois, les élections se firent
régulièrement.

  Le mouvement unioniste allait dès lors se continuer
d'une marche constante et sans dévier, grâce au sentiment
national et à l'abnégation des Roumains, des Moldaves
surtout, car l'union était tout à l'avantage de la Valachie.

  Les élections faites, les Divans se réunirent.

  Dans cinq vœux politiques, l'Assemblée moldave
demanda l'autonomie et l'union sous un Prince héréditaire et étranger : « Nous ne voulons plus, disait un orateur, de Princes, âpres fermiers du pouvoir..., nous
sommes las d'être la pomme de discorde entre Puissances
rivales... Seul un Prince étranger peut inspirer au dedans
comme au dehors ce respect souverain sans lequel les
meilleures lois demeurent lettre morte..... Les changements de Princes ont toujours été un obstacle au

---

(1) Lettre à Talleyrand du 17 août 1857, citée par Xénopol. *Histoire des Roumains.*

développement et à l'indépendance du gouvernement. » (1).
Sur 83 votants, 2 seulement protestèrent.

A l'unanimité, le Divan valaque vota en quatre articles
les mêmes vœux (2), à la suite d'un discours du prince
Bibesco. « L'Union, s'écriait celui-ci, car elle nous promet
la force ; l'hérédité, car elle garantit la stabilité. » Puis il
continuait : « Lui seul (un prince étranger) pourra nous
apporter avec la force matérielle nécessaire, cette force
morale que lui donneront ses alliances et ses rapports
avec les têtes couronnées. Lui seul pourra nous sauver de
ces haines, de ces rivalités que la convoitise de la première place fait naître et entretient parmi nous, rivalités
que, sans lui, l'Union ne fera qu'augmenter et qui, menaçant de se propager jusque dans les dernières classes,
finiront par faire de ce malheureux pays une vaste arène
où toutes ses forces s'épuiseront, où toute sa vitalité
s'éteindra dans des luttes de partis et de factions. » (3).

L'Union était votée par l'unanimité des Assemblées des
deux Principautés, moins deux voix. Le Divan valaque se
sépara aussitôt. Le Divan moldave voulut discuter plusieurs questions d'administration intérieure, telle que l'abolition de la corvée (4) ; il ne se sépara que le 2 janvier 1858,

---

(1) Discours de M. Hourmousaki au Divan de Moldavie. (Cf. Annuaire des Deux-Mondes, 1857-58, p. 680-681.)

(2) 1º Garantie de l'Autonomie conformément aux capitulations
de 1393-1460-1512 et neutralité du pays moldo-valaque ; 2º Union des
deux Principautés sous un seul gouvernement ; 3º Prince étranger
héréditaire ; 4º Gouvernement constitutionnel représentatif avec une
assemblée unique.

(3) Bibesco, p. 506. Cf aussi lettres du prince Bibesco du 5 sept. 1856
à Jean Floresco (p. 474) et les discours prononcés à Cracovie et à Bucarest (p. 500 et 503).

(4) Cf Ubicini, les Principautés devant l'Europe, p. 311.

après avoir voté à l'unanimité des remerciements aux grandes Puissances.

Un firman avait convoqué les Divans (1), un firman vint les dissoudre, et l'on peut remarquer avec quel soin le Sultan affecta de spécifier, en parlant des deux Principautés, qu'elles font partie intégrante de son Empire.

Malgré l'unanimité des députés moldo-valaques, on n'était guère plus avancé qu'au premier jour, et les membres de la Commission européenne de Bucarest chargée de faire « une enquête impartiale » ne parvenaient pas à se mettre d'accord (2) sur le rapport qu'ils avaient à soumettre à la conférence de Paris.

(1) Les auteurs roumains font remarquer que les Puissances avaient confié à la Turquie le soin de convoquer les Divans parce qu'elle était mieux placée pour cela, mais que, en droit, la convocation devait être faite par la collectivité des Puissances. Le Sultan n'agissait qu'en vertu d'une délégation.

(2) La Commission de Bucarest avait reçu du Congrès les instructions suivantes (Voir Annuaire des Deux-Mon des 1856-1857, page 926) : « Les articles qui précèdent (le traité de Paris) établissent avec précision le caractère général de la tâche confiée aux commissaires européens. Les questions soumises à leur étude embrassent le système administratif, dans sa plus complète expression ; mais les principes irrévocablement consacrés par le traité doivent demeurer étrangers à leur examen..... » C'est pourquoi M. de Talleyrand, complètement découragé écrivait le 22 décembre 1857 à M. Thouvenel, après le vote par lequel le Divan valaque refusait de s'occuper de questions administratives : « Il est devenu évident que nous ne nous entendrons jamais sur ce qu'il y avait à dire. C'est alors qu'a jailli l'idée lumineuse de nous concerter pour nous taire, et voici l'argumentation que je vais proposer demain à l'acceptation de nos collègues : « le Divan a émis quatre vœux politiques sur lesquelles il est interdit à la Commission de se prononcer. La Commission n'a donc à s'occuper que des questions intérieures sur lesquels le Divan a refusé de s'expliquer. Ergo, le travail à notre point de vue = zéro ! Et voilà ce que nous sommes venus faire ici. » Cf. Thouvenel, *Trois années de la Question d'Orient.*

Cet acte fut insignifiant, comme on devait s'y attendre. « Il est tellement difforme, écrivait M. de Talleyrand, que Basili, Richtoffen et moi, nous le compléterons par un exposé confidentiel et identique destiné à faire connaître à nos cours les vérités que ne saurait contenir le rapport officiel de la commission. » (1)

Ce rapport, rédigé le 7 avril 1858, fut communiqué à une conférence réunie à Paris le 22 mai 1858, conformément au traité du 30 mars (article 25).

Dans la séance d'ouverture, le comte Walewski prit une fois encore, au nom de la France, la défense de l'Union dont « l'étude approfondie de la question faite sur les lieux par les agents français n'a fait que montrer avec plus d'évidence encore la nécessité. » (2)

C'est une justice à rendre à la diplomatie française qu'elle n'a jamais varié dans l'affaire des Principautés.

Depuis la conférence de Vienne jusqu'au moment où nous sommes arrivés, la France a toujours soutenu avec énergie la cause de la nationalité roumaine. Et si l'on peut reprocher à Napoléon III son amour excessif du principe des nationalités pour lequel il a entraîné la France dans des luttes infructueuses ; du moins faut-il avouer que sur les bords du Danube la politique impériale a fait une œuvre utile et belle en contribuant à rendre la vie à un peuple opprimé. (3)

Fuad-Pacha répondit aux Plénipotentiaires français. Il protesta que « la Porte était et demeure convaincue qu'on

(1) Cf. Thouvenel. *Trois années de la question d'Orient.*

(2) Cf. *Protocole I de la Conférence de Paris de 1858.* De Clercq.

(3) Les Roumains nous savent gré de cette politique tout en déplorant qu'elle n'ait pas été ferme jusqu'au bout. « Dieu est trop haut et la France est trop loin » dit un proverbe moldave.

ne saurait mieux faire pour assurer la prospérité et le
bien-être de ces populations, que de conserver aux deux
Principautés une administration séparée, en cherchant à
l'améliorer par le développement des institutions existantes, qui sont conformes aux traditions, aux mœurs et
aux véritables intérêts du pays. » Les plénipotentiaires
de France, en désespoir de cause, renoncèrent à leur projet primitif, et pour arriver à une solution tentèrent
dans un nouveau projet de concilier les opinions opposées (1).

Ce projet est devenu la Convention du 19 août 1858.
Mais il est bien rare qu'une œuvre transactionnelle de ce
genre soit durable et qu'elle ne mécontente pas toutes les
parties en cherchant à les contenter toutes. L'union était
ardemment désirée par les moldo-valaques. Du jour
où on leur avait fait entrevoir l'espoir de la réaliser,
ils ne devaient plus pouvoir se contenter d'un système
bâtard et d'une demi satisfaction à leurs vœux légitimes.

« Désormais, disait M. Bratiano (2) dès 1857, aucun
obstacle ne nous empêchera de reconstituer la Roumanie;
il ne s'agit plus que d'une question de temps, et quel est
celui parmi nous que le plus ou moins de chemin à par-
courir empêchera d'avancer quand il s'agit d'être ou de ne
pas être?

C'est en se servant de la convention du 19 août elle-
même que les Moldo-Valaques arrivèrent au but.

---

(1) *Annexe au Protocole 3.* Cf. De Clercq.

(2) Bratiano. *Mémoire sur la situation de la Moldo-Valachie
depuis le traité de Paris.*

Nous devons faire connaître les traits essentiels de cet
acte.

« Les principautés de Moldavie et de Valachie, constituées désormais sous la dénomination de Principautés-
Unies de Moldavie et de Valachie demeurent placées sous
la suzeraineté de S. M. le Sultan. » C'est par cette disposition ambiguë et peu compromettante que commence la
convention.

A force d'incertitude et d'hésitation, on arrrivait a des
dispositions étranges. C'est ainsi que la question du pavillon, après de longues et vives discussions, fut tranchée
par la création de deux drapeaux différents avec banderole
identique à la hampe.

L'article 2 est de la plus haute importance en ce que,
pour la première fois, la Turquie reconnaît et consacre les
anciennes capitulations, et l'on pouvait croire que désormais elle n'oserait plus les contester, « en vertu des capitulations émanées des Sultans Bajazet Ier, Mahomet II,
Sélim Ier et Soliman II, qui constituent leur autonomie
en réglant leurs rapports avec la Sublime-Porte, et que
plusieurs hatti-chérifs, notamment celui de 1834, ont
consacrées » est-il dit. Comment dès lors contester
l'autonomie, le droit aux « privilèges et immunités » ?

Pour ne laisser aucun doute, l'article se termine ainsi :
« En conséquence les Principautés s'administrent librement et en dehors de toute ingérence de la Sublime-
Porte, dans les limites stipulées par l'accord des Puissances garantes avec la cour suzeraine. » Les articles
suivants organisent les pouvoirs dans chacune des deux
Principautés; le pouvoir exécutif appartient à un hospodar, élu à vie par l'Assemblée; cet hospodar partage

avec une Assemblée élective le pouvoir législatif, sauf certaines lois communes aux deux pays qui sont dans les attributs d'une Commission centrale résidant en territoire neutre à Fokshani. Le pouvoir judiciaire est exercé par des magistrats nommés par l'hospadar et inamovibles.

Mais le manque de franchise que nous avons noté dans les premiers articles ne tarde pas à reparaître. Pour donner un semblant de satisfaction aux désirs les plus chers des Roumains on leur accorde une Commission centrale commune ; mais aussitôt on s'empresse d'ajouter que cette Commission n'aura pas le droit d'initiative. Mêmes dispositions peu nettes pour l'armée ; les inspecteurs généraux des milices sont nommés alternativement par les deux Principautés ; le général en chef, dans le cas de réunion des deux armées, doit être, lui aussi, moldave et valaque tour à tour.

L'article 8 prête à équivoque. En ce qui concerne les mesures d'ordre et de défense, il ne fait que répéter les dispositions des articles 26 et 27 du traité du 30 mars ; et les critiques à lui adresser seraient les mêmes; mais le dernier alinéa de l'article 8 est ainsi conçu : « *Comme par le passé*, les traités internationaux conclus par la cour suzeraine avec les Puissances étrangères seront applicables aux Principautés dans tout ce qui ne portera pas atteinte à leurs immunités. »

Le passé, qu'était-ce, sinon les traités dont parle l'article 2? Or, ces capitulations laissent les Principautés entièrement libres de conclure elles-mêmes des conventions ; et d'autre part, ne leur ont nullement rendu applicables celles de la Sublime-Porte. Donc, il est illogique de les invoquer. Il ne fallait pas parler de préserver leurs immunités, si l'on voulait consacrer des usurpations (1).

La convention du 19 août promettait de nouveau la garantie des Puissances (2). Elle donnait enfin à tous Moldaves et Valaques la jouissance des droits civils ; elle leur assurait la liberté et l'égalité (3).

La Turquie, ne douta pas du sens dans lequel se feraient les élections et demanda un délai qui fut refusé ; le 9 janvier 1859, l'Assemblée de Moldavie tenait sa première séance.

Après avoir remercié les Puissances « d'avoir reconnu et garanti les droits des Principautés roumaines, inscrits dans leurs capitulations avec l'Empire Ottoman », les représentants moldaves sans plus attendre reprirent la question de l'Union et du prince étranger et héréditaire.

---

(1) Cf. B. Boëresco. *La Roumanie après le traité de Paris*, p. 22 et Michel Boëresco. *La situation politique des anciennes Principautés roumaines du Danube avant 1878*. (Revue générale de droit international public, mai-juin 1897, p. 371.)

(2) Article 9 : « En cas de violation des immunités des Principautés, les Hospodars adresseront un recours à la Puissance suzeraine ; et, s'il n'est pas fait droit à leur réclamation, ils pourront la faire parvenir par leurs agents aux représentants des Puissances garantes, à Constantinople. »

(3) Article 46 : « les Moldaves et les Valaques seront tous égaux devant l'impôt et également admissibles aux emplois publics dans l'une et l'autre Principauté. Leur liberté individuelle, sera garantie. Personne ne pourra être retenu, arrêté ni poursuivi que conformément à la loi. Personne ne pourra être exproprié que légalement pour cause d'intérêt public et moyennant indemnité. Les Moldaves et les Valaques de tous les rites chrétiens jouiront également des droits politiques : la jouissance de ces droits pourra être étendue aux autres cultes..... Tous les privilèges, exemptions ou monopoles seront abolis..... »

Obligés de s'incliner devant la décision de l'Europe, ils ne
voulaient pas avoir l'air d'y acquiescer, ne fût-ce que par
leur silence ; par cette manifestation, ils voulaient prouver
qu'ils n'avaient aucunement renoncé à leurs anciennes
espérances. A qui la Turquie pourrait-elle faire croire
désormais que la masse de la population danubienne ne
fut pas unioniste, lorsqu'après la majorité écrasante des
divans *ad hoc*, l'assemblée Moldave venait dire qu'elle
acceptait la nouvelle constitution, *parce qu'elle* « renfer-
mait des éléments, tendant à la réalisation des vœux aussi
unanimes que constants dans la nation? » (1).

Les Roumains avaient fait preuve de constance ; ils
firent plus, ils s'étaient déjà montrés capables d'abdiquer
toute passion et toute rivalité de partis devant l'intérêt du
pays, ils donnèrent la mesure de leur patriotisme, en

(1) Déclaration de l'assemblée de Moldavie le 9 janvier 1859.
Cf. *Annuaire des Deux-Mondes*, 1858-1859, p. 715 :

« 1º L'assemblée élective de Moldavie exprime sa profonde gratitude aux Puissances signataires du traité de Paris pour avoir reconnu
et garanti les droits des Principautés roumaines inscrits dans leurs
capitulations avec l'Empire Ottoman ;

« 2º L'assemblée élective déclare devant Dieu et devant les hommes
que l'union des Principautés en un seul État et sous un prince étranger, issu d'une des familles régnantes de l'Europe, demandée unanimement par les divans *ad hoc* dans les mémorables journées du 7 et
du 9 octobre 1857, a été, est, et sera toujours le vœu le plus vif, le
plus ardent et le plus général de la nation roumaine ;

3º L'assemblée élective de Moldavie exprime au nom du pays ses
profonds regrets que ce grand vœu, dont l'accomplissement seul peut
assurer le bonheur de 5.000.000 d'hommes, n'ait pas été rempli ;
cependant, elle apprécie et accepte une constitution, qui renferme
des éléments tendant à la réalisation des vœux aussi unanimes que
constants de la nation ;

4º L'assemblée espère que l'Europe, dans sa justice, tiendra compte
des vœux manifestés tant de fois et avec tant d'insistance par la
nation entière. »

nommant à Jassy et à Bucarest le même hospodar, le colonel Couza.

Le cas n'était pas prévu par la convention du 19 août, l'Autriche dans son mécontentement rompit les relations diplomatiques, et fit mine de vouloir envahir les Principautés.

Le représentant de la Sublime-Porte à la conférence de Paris parla haut et protesta véhémentement contre « les illégalités qui ont altéré les élections en Moldavie et en Valachie, qui constituent une violation des clauses élaborées par la conférence », il demanda « l'application complète et rigoureuse de l'acte conventionnel conclu entre les Puissances au sujet de l'organisation des Principautés », et somma la conférence d'user du droit que lui confère à cet égard l'article 27 du traité du 30 mars 1856 et l'article 8 de la convention du 19 août 1858 (1).

L'Autriche appuya la motion de la Sublime-Porte et reconnut « son droit incontestable de demander l'exacte et rigoureuse exécution de la dite convention » (2).

Mais, par suite de la guerre d'Italie, le Sultan perdit l'appui de cette puissance et abandonné par l'Angleterre, il dut céder. Les plénipotentiaires de France, d'Angleterre, de Prusse, de Russie et de Sardaigne, reconnurent la nullité de la double élection hospodarale ; mais demandèrent au Sultan de la ratifier « pour lever les obstacles à l'organisation définitive de l'administration dans les deux Principautés » Sans doute les Plénipotentiaires se confondaient en protestations. « Dans le cas d'une infraction constatée à la convention, les représentants à Constantinople se concer-

(1) *Protocole 20*, du 7 avril 1859.
(2) *Protocole 21*.

teraient sans délai avec la Sublime-Porte sur les mesures qu'il y aurait lieu d'arrêter » (1).

Vaines promesses pour l'avenir, sur lesquelles il était prudent de la part de la Porte de ne pas trop compter. Une seule chose certaine résultait de ce discours : la consécration du fait accompli. La Sublime-Porte n'était pas dupe de la phraséologie des diplomates ; mais elle ne pouvait plus lutter ; Fuad Pacha dut se résigner.

Il déclara que la « Sublime-Porte prenant en considération la recommandation faite par cinq des Puissances garantes, conférait exceptionnellement et pour cette fois, l'investiture au colonel Couza ».

Les Roumains avaient partie gagnée. Pour ménager les susceptibilités de la Puissance suzeraine, Couza alla à Constantinople demander l'investiture.

Un firman du 4 décembre régla l'organisation administrative et législative nécessitée par la nouvelle situation. A un prince unique, il fallait un seul ministère et une seule assemblée élective ; la Commission centrale de Fokshani fut suspendue et la Sublime-Porte consentait, pour la remplacer, à étudier la constitution d'une sorte de Sénat. Enfin un conseil provincial était organisé dans chaque Principauté.

La Porte rappelait l'engagement pris par elle en commun avec les Puissances d'employer des moyens coercitifs, en cas de dérogations. Elle insistait une dernière fois sur le caractère exceptionnel de la mesure qui devait prendre fin à la mort de Couza et ne préjugeait en rien de l'avenir.

Les Puissances, sauf l'Autriche, firent, sur ce point, des

(1) *Protocole 21.*

réserves expresses. Elles étaient décidées à examiner à nouveau la situation à la mort de l'hospodar actuel et, si l'expérience était jugée heureuse, elles avaient la conviction que « dans sa haute et généreuse sollicitude pour le bien-être des populations... le Gouvernement de sa Majesté le Sultan s'empresserait d'examiner de concert avec les Puissances garantes, les conséquences naturelles qui découleraient d'une pareille situation » (1). Des réserves aussi formelles ne laissaient de doute à personne sur l'issue de la question roumaine, et le prince Couza adressa (décembre 1861) cette proclamation à son peuple : « Roumains, l'Union est accomplie, la nationalité roumaine est fondée... vous avez réuni vos espérances sur la tête d'un seul Prince. Votre élu vous donne aujourd'hui une Roumanie une... Vive la Roumanie ! » Cependant les difficultés ne manquaient pas au nouvel hospodar dont le règne menaçait d'être agité. Unies devant le péril extérieur, les Principautés étaient, à l'intérieur, en proie aux factions et à la discorde.

Entre les députés et le Prince éclata un conflit menaçant, si bien que, le 25 fevrier, les ambassadeurs écrivirent à leurs consuls généraux « sur la nécessité de prévenir toute attaque du Prince contre la constitution et tout acte de l'Assemblée qui pourrait compromettre les droits du Prince » (2).

---

(1) Cf. de Clercq. Ces termes sont empruntés à la note française. L'Angleterre, la Russie, la Prusse et l'Italie en firent une semblable.

(2) *Annuaire des Deux-Mondes*, année 1862-1863.

D'autre part, la Turquie n'avait pas renoncé à son ingérence dans les affaires moldo-valaques. — Le 1er mai 1861, le Grand Vizir disait dans une circulaire aux ambassadeurs turcs à propos de réformes projetées par le prince Couza : la Porte en prévient les grandes

Mais le conflit s'envenimait. Sur l'initiative de la France les Puissances signataires exprimèrent l'avis qu'il y avait lieu de modifier la constitution.

Sans attendre, le prince Couza, le 14 mai 1864, prononçait la dissolution de l'assemblée et faisait accepter par le peuple une nouvelle loi électorale et une nouvelle constitution. Ce procédé était-il légal? Les Principautés pouvaient-elles modifier elles-mêmes leurs institutions? On pouvait douter que la Sublime-Porte le reconnût. Couza se souvint alors qu'un voyage à Constantinople lui avait servi à obtenir l'investiture, et, comptant sur son éloquence persuasive, il se rendit de nouveau auprès du Sultan. — Pour la seconde fois, le moyen réussit, et dans le préambule d'un acte additionnel (1) à la convention du 19 août, il est expressément reconnu que « les Principautés — Unies peuvent désormais modifier ou changer les lois qui régissent leur administration intérieure, avec le concours légal de tous les pouvoirs établis, et sans aucune intervention » (2).

Puissances; car « l'organisation qu'il s'agit de réformer est l'œuvre d'une entente commune; la modification en doit être par conséquent l'objet d'un nouvel accord entre les Puissances signataires de la convention de Paris du 19 août 1858. » (*Livre jaune* 1861, p. 76).

La Sublime-Porte, était-il dit encore dans une note communiquée aux ambassadeurs, ne peut adhérer à l'Union qu'à certaines conditions; entre autres, que « en cas de violation de l'acte constitutif et de la convention du 19 août..... les mesures coercitives, si elles sont nécessaires, soient exécutées par la Puissance suzeraine et que les Puissances garantes soient représentées auprès du commandant en chef par leur délégué respectif. » Cf. *Archives diplomatiques* (mai 1861).

(1) L'acte additionnel est du 28 juin 1864.

(2) *Livre jaune* de 1864. (Principautés — Unies du Danube.) Le préambule, ajoutait « Il est néanmoins bien entendu que cette faculté

L'acte additionnel, signé par les Puissances, « à cause des évènements survenus depuis 1858, » s'inspirait des principes français de 1789 et confiait les pouvoirs publics au Prince, à un sénat et à une assemblée élective (art. 1) qui devaient exercer collectivement le pouvoir législatif (art. 2).

Le Prince a l'initiative des lois préparées par lui avec l'aide d'un conseil d'État et votées ensuite par la Chambre et le Sénat. Un Conseil d'État et un Sénat, telles étaient les deux créations importantes (1).

Le prince Couza ne tira aucun bénéfice de ce succès pas plus que des mesures libérales qu'il prit dans la suite. Malgré un décret-loi du 26 août 1864 supprimant la corvée et permettant aux paysans de devenir pleinement propriétaires; malgré le droit de propriété donné aux étrangers de tout rite chrétien, le 23 février 1856, à la suite d'un mouvement militaire Couza dut abdiquer. Un gouvernement provisoire fut constitué.

Sur la proposition (2) de M. Drouyn de Lhuys, une conférence se réunit de nouveau à Paris, 16 mars 1866, et déclara « le moment venu pour les Puissances d'user des réserves qu'elles ont faites en 1861 » (3).

Les Puissances apportaient en 1866 les mêmes idées qu'aux conférences précédentes. Sur la question du prince

---

ne saurait s'étendre aux liens qui unissent les Principautés à l'Empire Ottoman ni aux traités en vigueur entre la Porte et les autres Puissances qui sont et demeurent obligatoires pour lesdites Principautés. » Sur ce dernier membre de phrase, nous faisons toutes nos réserves.

(1) Cf. *Le Livre jaune* de 1864.

(2) Cf. *Dépêche du 27 février 1866*. (Livre jaune 1867. Principautés-Unies.)

(3) *Protocole 1.* De Clercq.

étranger, cependant, la Russie, qui ne voulait pas faire
de la Roumanie un État fort et indépendant (1), abandonna la politique française et se rangea du côté de la
Turquie, de l'Autriche et de l'Angleterre. Celle-ci, par
l'organe de lord Cowley déclarait « un tel gouvernement
incompatible avec le maintien de l'intégrité de l'Empire
Ottoman (2). » L'entente était impossible. Cette première
question dut être réservée. Quant à celle de l'Union, les
plénipotentiaires de Russie, d'Autriche et d'Angleterre
demandèrent que les populations fussent consultées à ce
sujet. Que de fois cependant n'avaient-elles pas donné
leur avis ! C'est ce que se contenta de remarquer
M. Drouyn de Lhuys : « La France est pour l'Union,
dit-il, parce qu'elle est toujours convaincue que les populations la veulent (3) ».

A la nouvelle de l'attitude imprudente des députés
moldo-valaques (4), la conférence engagea le gouvernement

(1) S. M. dit Gorchakoff, le 7 mars 1866, « trouve que l'Union des
Principautés n'a pas porté les fruits que les Moldo-Valaques attendaient pour leur bien-être et leur prospérité. » Cf. *Archives diplomatiques* 1868, T. I.

(2) *Protocole 2.*

(3) Dans une circulaire du 16 mars, M. Drouyn de Lhuys disait :
« Examinons plutôt si le moment ne serait pas venu d'achever
l'œuvre des Puissances, en donnant pour base à l'union, sous la suzeraineté maintenue de la Porte et la garantie de l'Europe, un pouvoir
fort et respecté, qu'il sera toujours difficile de trouver dans le sein
du pays, et que les populations désirent choisir dans les familles
régnantes étrangères. Le gouvernement de l'empereur, en ce qui le
concerne, conserve les convictions qu'il a portées dans les négociations précédentes. Elles ont été fortifiées chez lui, plutôt qu'affaiblies,
par l'expérience. » (*Livre jaune* 1867).

(4) Une assemblée unique s'était réunie à Bucarest. La Conférence
vota la résolution suivante : « ..... la conférence croit devoir rappeler
à l'attention du gouvernement provisoire et des populations Moldo-

provisoire à se contenter de maintenir l'ordre et d'expédier les affaires courantes. Puis, continuant ses travaux, elle se heurta au refus des plénipotentiaires de France et d'Angleterre de consentir à des mesures susceptibles d'amener une intervention armée, par exemple, l'exclusion du prince étranger proposé par la Russie (1) ou la séparation des députés en deux assemblées. Les Plénipotentiaires cherchèrent alors un terrain de transaction. Après bien des discussions ils s'entendirent et signèrent la déclaration suivante (2) : « La conférence décide que le soin de faire résoudre la question du maintien de l'Union doit être laissée à l'assemblée qui va se réunir, (les députés Moldaves et Valaques pourront voter séparément). Dans le cas où la majorité, soit moldave, soit valaque, se prononcerait contre l'Union, ce vote aurait pour conséquence le séparation des deux Principautés. Cette question vidée, l'Assemblée procédera à l'élection hospodarale, qui, aux termes de l'article 13 de la Convention, ne doit tomber que sur un indigène. Les Consuls sont chargés de veiller, d'un commun accord, à la libre émission des votes et de signaler immédiatement à la Conférence toute atteinte qui y serait portée ».

La question de l'Union allait donc être posée une fois

Valaques que, si, d'un côté, les privilèges et les immunités des Principautés sont placées sous la protection collective des Puissances signataires du traité de Paris, ces Puissances ne sont pas moins liées par le même traité, au devoir de veiller à ce que l'état des relations entre les Principautés et la Cour suzeraine soit rigoureusement maintenu, ainsi que les engagements qui subsistent entre les Puissances et la Sublime-Porte. »

(1) *Protocole 6.*
(2) *Protocole 7.*

en core. Le moment était critique. Mais nous savons que
les Roumains oublient leurs querelles intestines devant
l'intérêt de leur pays : ils allaient donner de nouveau une
preuve de leur patriotisme. Les deux chambres réunies
élurent à l'unanimité le comte de Flandre. Celui-ci refusa.
Sans le moindre dissentiment, les deux assemblées nommèrent le prince Charles de Hohenzollern, qui prêta
serment le 24 mai 1866.

Pour la seconde fois, la Moldavie et la Valachie se
donnaient un prince commun ; elles l'avaient choisi
étranger et déclaraient sa dignité héréditaire. Immédiatement une constitution libérale fut votée (1). Devant
le fait, que pouvait la Turquie ? Qu'allait décider
l'Europe ?

La Conférence qui s'était ajournée pour donner le temps
à l'Assemblée moldo-valaque d'émettre un vote, en apprit,
lorsqu'elle se réunit de nouveau au mois de mai, le résultat entièrement contraire à ses décisions. Le représentant
de la Sublime-Porte protesta avec violence, rappela le
droit que les traités donnent à la Turquie « de rétablir un
ordre de choses légal », et ne parla de rien moins que
d'une intervention armée (2).

Cette proposition fut appuyée par la Russie ; mais la
France et l'Angleterre remarquèrent qu'une intervention

---

(1) Cette constitution du 30 juin 1866 (16 säfer 1283) est copiée sur
la constitution belge dont elle reproduit le système représentatif et
censitaire. Voir le texte dans le *Recueil des traités de la Puissance
Ottomane* du baron de Testa, t. V, p. 664.

(2) Protocoles 9 et 10.

de ce genre nécessite un accord préalable et refusèrent de s'y associer. « Ce serait, disait M. Drouyn de Lhuys, créer un trouble matériel dont il est impossible de prévoir les conséquences, tout en voulant réprimer un trouble jusqu'à présent simplement légal » (1).

Les Puissances s'en tinrent à l'ordre qu'elles avaient donné à leurs agents à Bucarest de « s'abstenir de toute démarche impliquant la reconnaissance du prince Charles de Hohenzollern » (2).

La Turquie revint à des idées moins belliqueuses, et laissa entendre qu'elle suivrait la voie qu'on voudrait bien lui indiquer.

Grâce à l'habileté de M. Ghika, envoyé à Constantinople par le prince Charles, grâce aussi aux efforts du marquis de Moustier, l'entente se fit, et le prince Charles reçut son firman d'investiture le 23 octobre 1866. « La Porte, écrivait M. de Moustier (3), s'est résignée à passer par dessus tout ce que la prise de possession du prince Charles pouvait avoir d'irrégulier. Elle a ensuite reconnu l'union définitive des deux Principautés, le principe du prince étranger et l'hérédité ».

Le firman n'était pas en tout point satisfaisant. Il

---

(1) Protocole 10. « La France n'en maintenait pas moins ses droits. Quelle que soit, disait M. Drouyn de Lhuys, la forme dans laquelle les questions intéressant l'Orient se trouvent débattues, que ce soit au moyen d'une conférence ou autrement, la France garde et maintient son droit de se mêler de ses affaires et de participer à leur règlement. Elle a acheté ce droit assez cher pour ne pas vouloir l'abdiquer. »

(2) Protocole 9.

(3) Le 29 août 1866. Voir *Archives diplomatiques*, 1867.

laissait subsister l'équivoque que nous avons déjà signalée dans la plupart des documents relatifs aux Principautés.

C'est ainsi qu'il affirme à plusieurs reprises que celles-ci « font partie intégrante » de l'Empire Ottoman, dans les limites fixées par les stipulations des anciennes conventions (article 3) ; or, nous avons vu que ces anciennes conventions n'ont jamais, en quoique ce soit, porté atteinte à l'indépendance de la Moldavie et de la Valachie. C'est ainsi encore que l'article 4 déclare les traités signés par la Porte, obligatoires pour ces Provinces, qui, d'autre part, n'auraient, « comme par le passé, » le droit de signer elles-mêmes aucun traité ou convention Or, aucun acte n'a jamais consacré un droit de ce genre (1), et, en fait, les Principautés ont toujours usé du droit de traiter.

La discussion de principe restait donc entière. Des deux côtés on invoquait les anciennes conventions « les liens séculaires » qui unissent les populations danubiennes à la Turquie, formellement reconnues et désignées dans l'acte international du 19 août. Mais la Porte prétendait y trouver la preuve d'un lien de sujétion ; les Principautés, au contraire, les invoquaient en faveur de leur indépendance.

Le gouvernement du prince Charles ne perdit pas espoir et s'efforça d'établir en fait le principe dont il n'avait pu obtenir l'aveu de la Sublime-Porte (2).

_____

(1) Voir le firman à sa date dans le Livre Jaune de 1867 (affaire des Principautés). La France, en qualité de puissance garante, donna le 29 janvier 1867, son adhésion à la nomination du prince Charles de Hohenzollern.

(2) Pour être tout à fait impartial, nous devons signaler l'attitude ouvertement germanique du prince Charles, au moment des évène-

En 1872, il signa la convention télégraphique de Rome.
La Sublime-Porte n'eut pas de peine à comprendre le
danger d'actes de souveraineté aussi formels. « Le Gouvernement impérial, déclara Reschid-pacha, se voit contraint de faire des réserves formelles contre tout acte d'un
caractère international provenant des Principautés danubiennes.

Les traités contractés par la Cour suzeraine lient également
les Principautés » (1). Tel fut le dernier effort, la suprême
protestation de la Sublime-Porte. Le ministre des affaires
étrangères du prince Charles, M. Boëresco, y répondit.
« Devant la dénégation formulée par la Sublime-Porte,
dit-il, il est du devoir du Gouvernement de faire ses
réserves aussi pour toute violation éventuelle, d'affirmer
l'existence des droits autonomes de la Roumanie, qu'on
essaye de lui contester et de déclarer en même temps que,
comme par le passé, tous nos intérêts internationaux ne
peuvent être réglés que *directement avec le gouvernement roumain.* » (2).

---

ments de 1870. Le prince de Roumanie écrivait au roi de Prusse en
juillet 1870 : « Votre Majesté ne saurait pas douter un instant de mes
sentiments, bien que je me voie forcé de m'imposer la plus rigoureuse
réserve en présence d'un peuple latin que ses sympathies entraînent
facilement vers ses congénères. Mes sentiments sont toujours là où
flotte la bannière noire et blanche. » *La vie du prince Charles de
Roumanie,* 2 v. Bucarest, 1894-96, p. 35. T. II.

« Il me sera donné d'atteindre le but que je poursuis avec une persévérance infatigable, celui d'implanter la civilisation allemande en
Orient. » Lettre à Bismarck, 9 mars 1872. *Op. cit.*, p. 117, T. II.

(1) Cf. Michel Boëresco. *La situation politique des anciennes principautés roumaines du Danube avant 1878* (Revue du droit international public).

(2) Michel Boëresco. *Loc. cit.*, p. 377.

A cela, la Porte ne répondit rien ; très habilement, M. Boëresco amena la Russie, la Prusse et l'Autriche à déclarer qu'il leur paraissait parfaitement licite de signer directement avec les Principautés-Unies des traités de douane et de commerce (1) et l'Autriche en 1875, l'Allemagne en 1877 signèrent avec la Roumanie des conventions commerciales.

« La Roumanie, dit M. Michel Boëresco, pour que son indépendance politique devint complète, n'avait plus qu'à recevoir le baptême du sang. » Malgré son désir de rester neutre pendant la guerre russo-turque de 1877-1878, elle ne put obtenir la garantie de sa neutralité (2) et, trop

(1) La Porte protestait : « Dans cet ordre d'idées, la prétention des Principautés est une première étape sur le chemin des exigences, autrement importantes, autrement inadmissibles. » (Dépêche d'Aarifi-Pacha du 19 août 1874. Le prince Ghika répondait dans un mémorandum du mois de septembre : « Les droits de la Roumanie dans la question qui nous occupe ont été reconnus en fait, et les Puissances étrangères ont constaté par là combien il serait impossible, sinon même inique, de nous imposer leurs traités de commerce avec la Turquie. En effet, en vertu de l'article 23 du traité de Paris, qui assure à la Roumanie une pleine liberté commerciale, l'application de ces traités à notre territoire ne peut se soutenir ». Le gouvernement anglais se déclara (dépêche de Lord Derby, 14 septembre) : « convaincu que les prétentions de la Roumanie sont incompatibles avec les termes des traités existants ; mais il conseille à la Porte de céder pour éviter de sérieuses complications. » L'Allemagne, au contraire, se crut en droit de conclure avec les Principautés vassales de la Turquie « des arrangements directs et spéciaux de douane, de tarif et de commerce ». Toutefois, pour ne pas porter atteinte à la Sublime-Porte, ces traités seront signés par les Ministres et non par le Souverain. (Instructions de l'ambassadeur allemand de Constantinople à son premier drogman, du 20 octobre 1874.) Voir *Archives diplomatiques*, années 1876 et 1877.

(2) Les articles 26 et 27 du traité de Paris, les articles 8 et 13 de la Convention du 8 août lui imposaient le devoir de soutenir la Turquie. « Choublier, p. 67 et note. »

faible pour la faire respecter elle-même, elle fut entraînée malgré elle dans la lutte.

Pour avoir livré passage aux troupes russes, elle eut à subir des vexations de la part de la Turquie à qui elle déclara la guerre le 30 avril. La Roumanie joua un rôle important dans la lutte, et après avoir sauvé l'armée russe sous Plewna (1), elle croyait pouvoir compter sur la reconnaissance du vainqueur; elle se trompait. La Russie oublia le petit peuple qui l'avait secourue, ou plutôt elle ne se souvint de lui que pour lui prendre la Bessarabie (2) en échange des marécages de la Dobroutcha.

Aux conférences de Berlin, les plénipotentiaires français seuls élevèrent la voix en faveur des Roumains et obtinrent une rectification de frontières de peu d'importance d'ailleurs. Les Roumains eurent cependant une satisfaction morale : leur indépendance, proclamée à l'unanimité le 22 mai par leur Parlement, fut confirmée par le traité de San-Stefano, puis par le traité de Berlin. Une condition y était mise, la liberté et l'égalité de tous, sans distinction de culte (3); cette condition ne fut réalisée

(1) Il est maintenant prouvé que les Russes ont demandé aux Roumains de venir à leur secours « à n'importe quelles conditions. »

(2) Cf. Traité de San-Stefano.

(3) Traité de Berlin, art. 43. « Toutes les Puissances contractantes reconnaissent l'indépendance de la Roumanie en la rattachant aux conditions exposées dans les deux articles suivants ». Article 44 : « En Roumanie, la distinction des croyances religieuses et des confessions ne pourra être opposée à personne comme un motif d'exclusion ou d'incapacité en ce qui concerne la jouissance des droits civils et politiques. l'admission aux emplois publics, fonctions et honneurs ou l'exercice des différentes professions et industries, dans quelque localité que ce soit.

La liberté et la pratique extérieure de tous les cultes seront assurées à tous les ressortissants de l'État Roumain aussi bien qu'aux étrangers

qu'en 1880. La Roumanie fut érigée en royaume en
1881.

D'après ce que nous avons dit, le traité de Berlin ne
faisait que consacrer les droits anciens et mettre fin aux
abus et aux usurpations des Turcs. Il n'en était pas moins
important de faire disparaître à tout jamais les causes de
discussion et d'obtenir de la Sublime-Porte la reconnaissance formelle des droits consacrés désormais, sans équivoque possible dans un acte international.

Le seul fait nouveau était l'abolition du tribut et la perte
pour le Sultan de son droit d'investiture.

Depuis lors, sous un gouvernement digne et prudent,
les Roumains ont su mettre à profit leur liberté reconquise.
Cependant, tous ne sont pas réunis. Un grand nombre
sont encore séparés de leurs frères : Roumains de Transylvanie, Roumains des cercles de Maramures, Crisiana
et Banat (Romani transilvaneni) Roumains de Turquie,
(Koutzo-Wlaques, Romani macedoneni), soit 40 % de Roumains irrédimés et soumis en Autriche-Hongrie aux pires
vexations et en Turquie au sort ordinaire des raïas.

Le 19 juin 1883, le président de la chambre des députés
portait ce toast : « Au Roi des Roumains ! » Et le sénateur Gradistcanu ajoutait en relevant ce mot : « A la cou-

et aucune entrave ne sera apportée soit à l'organisation hiérarchique
des différentes communions, soit à leurs rapports avec leurs chefs spirituels.

Les nationaux de toutes les puissances, commerçants ou autres,
seront traités en Roumanie sans distinction de religion, sur le pied
d'une parfaite égalité. »

Article 45 : « La principauté de Roumanie retrocède à S. M. l'Empereur de Russie la portion de territoire de la Bessarabie, détachée de la
Russie, en suite du traité de Paris de 1856, limitée à l'Ouest par le thalweg du Pruth, au midi par le thalweg du bras de Kilia et l'embouchure du Stary-Stamboul. »

ronne de Moldo-Valachie, il manque encore quelques
perles : le Banat, la Bukovine, la Transylvanie ; mais
espérons-le, pas pour toujours » (1). Personne ne parla
de la Bessarabie : il eut été juste sinon prudent de le
faire. Les Roumains ont raison d'espérer. Ils ne sont pas
seuls à regretter une portion de leur territoire.

On n'oserait les blâmer d'y penser toujours.

II. La question de l'union méritait de nous arrêter.

D'autres difficultés, pour avoir fait moins de bruit, ont
cependant leur importance dans l'histoire des relations de
l'Europe avec les pays moldo-valaques.

L'affaire des couvents dédiés (2), qui met aux prises le
clergé roumain avec le clergé grec, est la principale.

La lutte y fut circonscrite entre chrétiens orthodoxes.
Le Sultan n'avait donc aucun intérêt religieux au triomphe
de l'une des deux parties; et, par là, quoiqu'avec de
grandes différences, cette affaire nous rappelle celle des
Lieux-Saints.

Heureusement ici les Puissances ne crurent pas leur
influence directement atteinte, et, bien que longues et
difficiles, les négociations furent exemptes d'aigreur et de
violence; et l'intervention resta diplomatique.

On appelle *dédiés* des couvents dont les revenus sont
affectés, en partie, à des communautés religieuses hors

---

(1) Préface Rambaud à *l'Histoire des Roumains* de Xénopol.

(2) D'une façon générale, la question religieuse eut un rôle considérable dans toutes les petites nationalités des Balkans libérées postérieurement, car sous couleurs d'intérêts ecclésiastiques, il s'agissait
d'intérêts nationaux. (Cf. Les efforts faits par les Serbes et les Bulgares
pour constituer des églises autocéphales.)

Roumanie, telles que celles du Mont-Athos ou de la Palestine qui, en retour, leur doivent protection.

Quels sont exactement les droits des ordres bénéficiaires et quels sont les devoirs des monastères dédiés ? telle était la question litigieuse.

Pour bien la comprendre, il faut se reporter au temps où furent faites la plupart des fondations en Roumanie et se rendre compte du rôle et de l'importance de ces monastères. Chez un peuple primitif et un peu nomade par force, le couvent synthétise l'idée vague encore de la patrie ; il est entre des individus ou des familles dispersés, le lien permanent où se conserve la tradition. Puis, les monastères servaient de refuges au moment des invasions, quand les Roumains, obligés de fuir devant les Barbares, se repliaient dans la montagne.

Presque tous avaient été fondés dans un but charitable et la dédicace n'était motivée que par le désir d'assurer la durée de l'œuvre.

Ce qui le prouve bien, c'est que la redevance ne devait être payée au bénéficiaire qu'après l'exécution des charges prescrites « en sorte, dit l'acte de dédicace de la Sainte-Trinité, que le Saint-Monastère ne soit jamais privé du nécessaire, mais qu'il soit un lieu hospitalier en tout temps. *Et ce qui excédera du revenu d'une année à l'autre,* les moines devront l'employer au susdit monastère du Mont Athos » (1). D'ailleurs, le prince Cantacuzène, dans un autre acte, spécifie avec soin, que le Mont Athos n'aura droit qu' « au superflu » et seulement « dans les années d'abondance » (2).

---

(1) D'Avril. *La question des monastères dans les Principautés-Unies* (Revue des Deux-Mondes, 1862, tome 41).

(2) « ... Et pour que cette disposition de N. A. soit maintenue et

Ces clauses, répétées à peu près dans les mêmes termes dans tous les autres actes, montrent clairement l'intention formelle des fondateurs, leur but d'assurer la perpétuité de l'œuvre pieuse et nationale.

Or, un chrysobulle de Mathieu Bassarabe, de 1639, disait : « Les monastères seuls (ceux qui ont été dédiés par leurs fondateurs eux-mêmes) seront soumis aux moines étrangers, et ils ne l'y seront que conformément aux dispositions des actes dédicatoires qu'auront laissés leurs fondateurs (1). » Il faut donc s'en rapporter uniquement à ces dispositions.

respectée sous notre règne, ainsi que sous celui de nos successeurs, et que personne ne puisse dissiper ou aliéner les biens du monastère, mais, au contraire, pour que les hégoumènes ou supérieurs s'efforcent de le faire prospérer et de l'embellir, nous le dédions aux monastères du Saint-Mont-Athos, non pas à un ou a deux, mais à tous les vingt monastères dudit Saint-Mont, afin que tous aient le droit de l'inspecter, et de prier le Seigneur pour notre vie, pour notre salut et celui des nôtres. Les conditions que le Saint-Mont aura à observer pour la conservation du monastère, sont les suivantes : ... Des revenus du monastère, *dans les années d'abondance,* on enverra au Saint-Mont *seulement le superflu* qui restera après avoir préalablement pourvu aux dépenses annuelles du monastère; dans les mauvaises années, le secours sera proportionné aux revenus..... (Chrysobulle de 1686 pour la dédicace du couvent valaque Cotrotchéni au Mont Athos, cité dans le mémorandum sur les Eglises, les monastères, les biens conventuels et spécialement sur les monastères dédiés de la principauté de Valachie, par G. Bengesco, Bucarest, 1858, p. 35. — Cf. aussi p. 49, un chrysobulle du prince grec Morouzy, février 1799 : « ... Ils (les monastères des Saints-Lieux) prendront des revenus ce qui est nécessaire à l'entretien du monastère d'ici et enverront le reste au monastère auquel celui du pays est dédié; car il faut toujours que ce dernier soit préféré, et que l'autre ne vienne qu'ensuite, selon les dispositions mêmes des fondateurs..... »

(1) Baron de Testa. *Recueil des traités de la Porte ottomane,* t. 5, France, p. 349. M. Bengesco, *op. cit.,* p. 75, nous donne le formulaire de déclaration des moines grecs, envoyés en qualité d'hégou-

Pendant la période phanariote, les hégoumènes ou supérieurs de ces couvents, grecs comme les hospodars, profitèrent des désordres de l'administration des Principautés et négligèrent les œuvres charitables pour prélever le plus gros du revenu au profit des monastères de Terre-Sainte, du Mont Sinaï et du Mont-Athos surtout (1).

Ce fut l'origine de réclamations justifiées et des discussions sans fin auxquelles elles donnèrent lieu. Dès 1832, une commission fut nommée pour régler l'administration à venir des biens qui, dans les Principautés, relèvent des Lieux-Saints et autres sièges ecclésiastiques. En 1857, la Commission européenne de Bucarest fut chargée d'examiner la question. Les délégués de l'Angleterre, de l'Autriche, de la France, de la Prusse et de la Sardaigne, après enquête, se mirent d'accord pour reconnaître que les couvents sont « destinés principalement à soutenir des œuvres pies indigènes et à contribuer subsidiairement à l'entretien des couvents des Saints-Lieux ». Ils engageaient ceux-ci à se prêter à une transaction qui, pensaient-ils, était dans l'intérêt des deux parties (2).

mènes aux couvents valaques (24 mai 1856). « ... J'administrerai les biens du monastère avec zèle et fidélité, tâchant d'augmenter autant que possible ses revenus, et de réparer avec une sage économie tout ce qui aura besoin de réparations, d'améliorer de jour en jour l'état du monastère. le tenant dans la meilleure règle, *selon l'esprit des bienheureux fondateurs et selon leurs ordres conformes aux Chrysobulles* et aux bases adoptées en général pour tous les monastères...»

(1) Cf. Edouard Marbeau. *Un nouveau royaume, la Roumanie* (correspondant d'avril et mai 1881).

(2) Voici quelques extraits de ce rapport concluant : « Il n'y avait que le superflu de leur revenu qui était approprié aux besoins des Lieux-Saints..... Les commissaires..... se croient en outre autorisés à considérer les biens des couvent dédiés, comme des biens religieux,

Le représentant de la Turquie protesta ; celui de la Russie se joignit à lui dans la crainte de voir s'affaiblir la puissance des moines grecs, les meilleurs agents de l'influence politique russe.

Le protocole 13 de la conférence de Paris de 1858, fit entrer la question dans le domaine du droit international.

Les plénipotentiaires intervenaient dans cette affaire en vertu de l'article 8 du traité de Paris, qui prévoit l'intervention dans les conflits de la Turquie avec les puissances vassales ; ce qui était le cas, puisque le gouvernement des Principautés, avait pris la défense des couvents dédiés contre les bénéficiaires, sujets ottomans pour la plupart ; et soutenus par le Divan. Ils intervenaient aussi parce que les Puissances s'étaient engagées par le traité de 1856, à réviser le système politique et administratif de la Moldo-Valachie (1).

Aussi, sur la proposition du représentant de la Russie, la conférence décida que « pour donner une solution équitable au différend qui existe à ce sujet entre les gouvernements des Principautés et le clergé grec, les parties

appartenant au pays Moldo-Valaque, et destinés principalement à soutenir des œuvres pies indigènes et à contribuer subsidiairement à l'entretien des couvents des Saints-Lieux. »

Les Commissaires croient que les couvents des Saints-Lieux pourraient-être engagés à faire abandon de leurs prétentions sur les biens des couvents à des conditions qui ne sauraient être précisées ici. Les dits Commissaires font remarquer de plus que les couvents grecs ont souvent déclaré qu'ils ne reçoivent qu'une portion minime du revenu des couvents qui leur sont dédiés. L'arrangement ci-dessus serait donc également favorable aux couvents des Lieux-Saints et à l'Église des Principautés. Il mettrait fin à un état de choses déplorable qui a fait passer la huitième partie du sol national dans des mains étrangères.» Cf. *Annuaire des Deux-Mondes*, 1862-1863.

(1) Cf. Jooris. *Revue de droit international*, 1883.

intéressées seront invitées à s'entendre entre elles au moyen d'un compromis ; dans le cas où elles ne parviendraient pas à s'entendre, dans le délai d'un an, il sera statué par voie d'arbitrage. Dans le cas où les arbitres ne parviendraient pas à s'entendre, ils choisiront un sur-arbitre. S'ils se trouvaient également dans l'impossibilité de s'entendre pour le choix d'un sur-arbitre, la Sublime-Porte se concerterait avec les Puissances garantes pour le désigner » (1).

Les parties ne purent s'entendre sur la nomination des arbitres. La Sublime-Porte, se référant au protocole, demanda l'arbitrage de l'Europe (2). Le gouvernement du prince Couza repoussait au contraire l'immixtion européenne sans laquelle « cette question, disait-il, apparaîtrait dans toute sa simplicité ». Il proposait « de placer les couvents qui se trouvent sous l'invocation des communautés religieuses d'Orient, sur le même pied que les monastères roumains non dédiés, et, dans un but purement pieux, de concéder à ces communautés, une fois pour toutes, un capital dont le chiffre serait ultérieurement déterminé...... pour le revenu en être affecté aux besoins éventuels des Saints-Lieux ». Le Prince proposait de placer ce capital sous la garantie collective de la Sublime-Porte, des Puissances garantes et des Principautés-Unies (3).

---

(1) Protocole 13 de la conférence de Paris. 30 juillet 1848. Cf. de Clercq.

(2) Cf. Dépêches d'Aali-pacha à Couza. 13-25 décembre 1860, 25 septembre 1861 et note du 21 mars 1862. (Baron de Testa, *Op. cit.*, p. 368 et s.)

(3) *Mémoire du gouvernement des Principautés-Unies*, juin 1863. (Cf. Archives diplomatiques, année 1863.)

Une fois encore la Porte fit appel aux Puissances et « se déclara prête à s'entendre avec MM. les représentants des Puissances garantes, sur ce qu'il y aura à faire pour établir, d'un commun accord, les bases des instructions à donner à la commission arbitrale et pour fixer le choix du sur-arbitre ».

La Russie appuyait les propositions de la Turquie. On discutait, on ne s'entendait pas ; le gouvernement du prince Couza ne se prêtait pas à un arrangement.

Pour empêcher les dilapidations, il mit les biens des couvents sous séquestre. Les Lieux-Saints protestèrent et même, jouant sur les mots *donation* et *dédicace*, déclarèrent que les biens des couvents leur appartenaient réellement, « qu'ils constituent la pleine propriété, immuable, éternelle des Saints-Lieux » (1).

Ils réclamèrent au nom de « la justice et de la dignité de l'Europe, » au nom du Hatti-humayoun dont l'Europe a pris acte et qui promet « qu'il ne sera porté aucune atteinte aux propriétés mobilières et immobilières des divers clergés chrétiens ».

Le séquestre déchaîna aussi la fureur de sir Henry Bulwer soutenu par l'Autriche, la Russie et la Turquie. La France prit parti pour les Principautés. Celles-ci proposèrent, suivant les principes posés dans le mémoire de la commission européenne, et comme étant « la seule solution qui puisse être acceptée », (2) de concéder un capital de 82.000.000 de piastres turques aux Lieux-Saints.

(1) Réponse des Saints-Lieux au mémoire du gouvernement des Principautés et sur les monastères grecs, p. 71, (octobre 1863).

(2) Baron de Testa. Note de M. Négri, agent des Principautés-Unies à Constantinople, 10-22 août 1863.

Elles s'engageaient en outre à fonder à Constantinople, une école laïque et un hôpital. Les moines grecs refusèrent de se prêter à toute espèce d'arrangement de ce genre ; ils se retranchaient toujours derrière le protocole 13 ; et la Turquie parlait déjà de la réunion d'une conférence, lorsque la situation s'aggrava tout à coup.

Le 24 décembre 1863, Couza proposa à la Chambre de Bucarest, et fit voter par 97 voix contre 3, la sécularisation de tous les biens conventuels en Roumanie (1). La Russie, l'Angleterre, l'Autriche et la Prusse protestèrent (2). L'Italie et la France approuvèrent la mesure au moins par leur silence.... Ce dissentiment menaçait d'amener de nouvelles complications. Devant cette mésentente, l'Europe devait fatalement recourir au moyen ordinaire en pareil cas : la réunion d'une conférence. C'est ce qui eut lieu sur l'initiative de la France, qui mit pour condition que la sécularisation fût admise à l'avance et que la discussion se limitât *au quantum* de l'indemnité ».

C'était se placer sur le véritable terrain juridique. Les couvents, en effet, sont personnes morales par la volonté de la loi, qui peut leur ôter la vie qu'elle leur a donnée ; qui peut, à plus forte raison, retirer à des moines étrangers l'administration de monastères indigènes, le jour où elle les juge incapables d'accomplir la mission sociale

---

(1) Article 1 : « tous les biens conventuels de la Roumanie sont et demeurent propriété de l'Etat ». Article 2 : « les revenus de ces biens sont inscrits entre les revenus ordinaires du budget de l'Etat ». Article 3 : « une somme est affectée aux Lieux-Saints auxquels étaient dédiés quelques-uns des monastères indigènes, et ceci uniquement à titre de secours, conformément à l'intention de la dédicace.... »

(2) Cf. Testa page 384.

dont ils sont chargés. Mais, si le gouvernement agit ainsi, c'est en vertu de son autonomie administrative ; il n'a donc pas le droit de s'exposer à se voir contester, fût-ce par un tribunal européen, un droit inhérent à sa souveraineté d'Etat. Au contraire, une négociation pour fixer le *quantum* d'une somme due, est l'exercice d'un droit privé, dont on peut trafiquer librement, et rien n'empêchait le gouvernement de Bucarest de soumettre ce litige à un tribunal.

La conférence se réunit à Constantinople le 9 mai 1864.

Dans sa première séance, elle reconnut « 1º que les prévisions du protocole 13 (30 juillet 1858) ne se sont pas réalisées ; 2º que le gouvernement Moldo-Valaque a tranché, à son profit, des questions dont le mode de solution avait été prévu par les Puissances et consigné dans un acte obligatoire pour le dit gouvernement ; 3º qu'en conséquence, le devoir de la conférence est de regarder comme non avenues les mesures dont le caractère arbitraire ne saurait avoir aucune valeur à ses yeux, et de blâmer la manière dont le gouvernement Moldo-Valaque a cru pouvoir dépasser sa compétence, dans les questions qu'il ne lui appartient pas de résoudre » (1). Puis la conférence nomma une commission chargée de « dresser un état général des propriétés, objet de litige entre le gouvernement des Principautés-Unies et les communautés grecques de la Turquie, de les classer suivant leur nature et leur origine, de constater l'importance de leurs revenus et celle des charges qui peuvent leur être affectées » (2). Elle prononça enfin le séquestre de ces biens, versés dans

(1) Cf. Protocole 1.
(2) Protocole 2.

une caisse spéciale sous la surveillance des Puissances (1).
A l'abdication de Couza, la conférence se sépara: elle
avait tenu 40 séances parfaitement inutiles.

La question restait pendante. Depuis 1868, le gouvernement roumain a aliéné une grande partie des biens
des couvents dédiés; et les chefs des Lieux-Saints n'ont
cessé de protester contre des « ventes de terres, vignes et
édifices leur appartenant, pour en assigner le produit, à
l'extinction des dettes dont le fisc des Principautés se
trouve actuellement grévé ». Ils déclaraient la vente nulle
et non avenue tant pour le vendeur que pour l'acquéreur,
qu'ils menacent tous deux des foudres célestes et accablent
de leurs anathèmes (2).

III. — Les Juifs sont, dans les Principautés, la cause de
troubles incessants ; ils ont accaparé la petite industrie et le
petit commerce ; par là, ils ont excité l'animosité générale. A la suite de mouvements populaires, les Puissances
ont dû faire des remontrances.

Le gouvernement laissa longtemps une grande indépendance aux Juifs, que les boïards employaient à la collection des impôts et à une foule de petits métiers dans lesquels ils s'étaient rendus indispensables.

La situation changea lorsque la Roumanie se donna un
pouvoir représentatif et « qu'ainsi le pouvoir tomba aux
mains de la classe bourgeoise » (3). Car les bourgeois
voyaient en eux des concurrents.

(1) Protocole 3.
(2) Testa. *Op. cit.*, p. 390. Protestation du 25 septembre 1868.
V. aussi *Lettre de l'archimandrite Germanos* (Revue de droit international de 1884).
(3) Bernard Lazare, *L'Antisémitisme.*

Le nombre des Israélites s'est considérablement accru
par suite des expulsions de Russie et de Hongrie (1). Fins
et cauteleux, ils ont peu à peu supplanté les chrétiens
dans les menus métiers ; et, cantonnés dans des quartiers
spéciaux, sans se mêler à la population indigène, ils ont
trouvé moyen le plus souvent d'échapper à la loi
locale (2).

Ils excellent dans le métier de prêteurs et, par leurs
créances, ont main mise sur la population rurale. Leur
solidarité exclusive leur a mérité la haine des chrétiens (3),
et sans excuser les persécutions, elle les explique ample-
ment.

C'est dans ces raisons, purement économiques et politiques, qu'il faut chercher la cause de l'antisémitisme et
non dans l'intolérance religieuse ; nous en avons une
preuve dans l'existence à Bucarest même d'une classe
d'Israélites riches et honorables, qui non seulement n'est
pas méprisée et opprimée, mais « jouit de l'estime générale » (4). Le réglement organique de 1832 avait décidé

(1) On estime leur nombre en Roumanie à 300.000.

(2) Desjardins. *Les Juifs de Moldavie.*

(3) « On a peine à comprendre en France, la terreur qu'inspire aux
Roumains l'envahissement des Juifs... les Roumains sont en présence
de Juifs dont le fanatisme religieux est poussé à l'excès, et qui
semblent vouloir suivre à la lettre celles des prescriptions talmudiques
qui peuvent justifier leurs manœuvres : Le Seigneur a ordonné aux
Juifs de ravir leurs biens aux chrétiens par tout espèce de moyens,
soit par la perfidie, soit par la violence, soit par l'usure. » (Edouard
Marbeau. *Un nouveau Royaume : la Roumanie Correspondant,*
avril et mai 1881, p. 310.)

(4) Ce sont les Juifs dits « Espagnols » Ch. Vogel *(le nouvel État
roumain, ses ressources et son avenir)* (Revue des Deux Mondes
15, Mars 1875).

l'expulsion de Moldavie des Juifs qui n'exercent pas de métier utile et vivent sans aveu (1) : il était en outre interdit à tout israélite de prendre à ferme des terres habitées.

Depuis 1856, la situation des Juifs est empirée. Ils n'ont pas la jouissance des droits politiques ; l'article 46 de la Convention de 1858, les accorde en effet aux Moldo-Valaques « de tous rites chrétiens », ce qui implique l'exclusion des non-chrétiens. Et nous ne pouvons nous empêcher de trouver cette mesure justifiée, car les Israélites, réfractaires à toute assimilation avec le reste de la population, forment véritablement un État dans l'État ; leur donner les droits politiques créerait par conséquent un danger véritable pour le pays.

Quant aux droits civils, ils semblaient bien devoir être donnés à tous sans distinction de religion, puisque l'article 23 du traité de Paris proclame la liberté des cultes ; mais la loi roumaine, pour échapper à cette conséquence, considère les Juifs comme des étrangers et ne leur donne aucun des droits de l'indigénat.

Cette mesure est peut-être quelque peu excessive, et il faut reconnaître qu'il est en tout cas injuste de les astreindre au service militaire auquel est soumis quiconque « ne pourra justifier qu'il appartient à une nationalité étrangère. » (Article 2 de la loi militaire. — Juin 1868).

« Le territoire de la Roumanie ne peut être colonisé par des populations de race étrangère », dit l'article 3 de la Constitution de 1866. Cette disposition (2) ôte aux Juifs

---

(1) C'est en Moldavie que les Juifs étaient le plus nombreux.

(2) Elle atteint en même temps les autres étrangers établis en

le droit de posséder des propriétés foncières, puisqu'ils sont étrangers, nous venons de le dire.

Depuis cette époque, les mesures législatives les plus rigoureuses ont été prises contre eux. Ils n'ont pas le droit de domicile permanent dans les campagnes (lois de 1866, 1867, 1869) dont ils sont expulsés comme vagabonds (lois de 1867 et 1871).

Il leur est interdit de prendre des terres à ferme (1866) ou de tenir des cabarets en dehors des villes (1866, 1867, 1869, 1873). Une loi de 1869 défend de les prendre comme fermiers d'octroi des communes rurales. La plupart des fonctions ou carrières, enfin, telles que celles d'avocat ou de médecin leur sont fermées par les règlements spéciaux de ces professions (1). Encouragée par l'attitude du gouvernement qui restreignait par ces règlements et par ces lois les droits des Israélites, la population s'insurgea à plusieurs reprises contre l'envahissement de ceux-ci.

La circulaire de M. Bratiano, en 1867 (2), donna lieu à

Roumanie, par exemple les descendants des anciens hospodars et de leur clientèle qui possédait une partie du sol.

(1) Cf. Isidore Loëb : *La situation des Israélites en Turquie, en Serbie et en Roumanie.*

(2) Voici le texte de la circulaire de 1867 : « A tous les préfets des districts, par l'article 51 du règlement et la page 60 de la première collection judiciaire pour la Moldavie, il est défendu légalement aux Israélites d'affermer des propriétés ; par différentes circulaires réitérées, et par celle du 5 février 1866, des dispositions sont prises par la Valachie pour empêcher les Israélites de demeurer dans les communes rurales, et de se faire entrepreneur d'hôtels, de cabarets et d'affermer des propriétés. J'ai été informé que ces dispositions ne s'exécutent pas partout avec exactitude. Je vous invite donc à les faire observer ; faites en sorte qu'elles soient exécutées dans toute leur rigueur.

Le Ministre : Jean Bratiano. » Cité par Ernest Desjardins. *Les Juifs de Moldavie,* p. 17.

des troubles, dont l'importance fut d'ailleurs très exagérée (1).

Le 15 avril 1868, le corps consulaire fit une démarche collective pour mettre fin, disait M. de Beust, à « des actes de barbarie qui font la honte de notre époque » (2).

En 1868, une émeute éclata à Galatz; en 1872, Ismaül-Cahul et Vilcov furent le théâtre de désordres.

L'Angleterre prit la défense des persécutés, « le gouvernement roumain et les chrétiens, écrivait, en 1870, lord Clarendon au consul anglais de Bucarest, feront bien de se rappeler que non seulement ils sont responsables devant l'opinion publique, en Europe, des mauvais traitements subis par les Juifs des Principautés, mais que les Puissances européennes ont le droit, en vertu de la convention de Paris de 1858, qui a réglé l'organisation des Principautés de Valachie et de Moldavie, de demander l'exécution de l'article 46 de cette convention, qui prescrit, pour les Juifs, comme pour les chrétiens, une égalité complète pour les droits légaux et fiscaux, aussi bien que pour la liberté des personnes et la sécurité des biens, et quoique la convention n'ait accordé les droits politiques qu'aux seuls chrétiens, elle a laissé la porte ouverte pour que les Principautés étendent spontanément ces droits aux adhérents de toutes les autres religions, ce qui implique de la part des Puissances le vœu de les voir aussi étendues » (3).

L'Angleterre voulait entraîner les autres cabinets dans des démarches collectives; elle n'y réussit pas. La France,

---

(1) En somme, d'après M. Desjardins, *Op. Cit.*, il y eut 90 juifs arrêtés, dont 34 relachés, 37 expulsés et 2 noyés par les Turcs.

(2) *Livre rouge autrichien* de 1868, document n° 61.

(3) Cf. Loëb. p. 419.

malgré la campagne de M. Crémieux, n'entra pas dans ces vues, et l'Autriche se contenta de démarches isolées, voulant laisser au gouvernement roumain lui-même le mérite de l'émancipation graduelle de la population du culte mosaïque, « de manière à ce que le progrès civilisateur ne puisse pas être représenté comme le résultat d'une pression du dehors » (1).

La persécution devint moins vive ; mais la situation n'a pas changé au fond ; la plupart des droits civils sont toujours refusés aux juifs de Roumanie, qu'il est question aujourd'hui d'exempter du service militaire, moyennant une taxe de rachat obligatoire.

Peut-être vaudrait-il mieux, tout en empêchant de nouvelles immigrations, chercher à assimiler aux indigènes, les israélites actuellement établis en Roumanie, les admettre aux mêmes droits, et les soumettre aux mêmes devoirs que ceux-ci. Mais encore faudrait-il prouver que les juifs soient assimilables ; et rien n'est moins certain.

IV. — Les Européens jouissaient dans les Principautés danubiennes, du régime des Capitulations. C'est un fait anormal et exorbitant contre lequel les Moldo-Valaques n'ont cessé de protester.

Cette application des Capitulations se justifie-t-elle en droit ? s'explique-t-elle en fait ? C'est à ces deux points de vue que nous allons successivement envisager la question. Nous verrons ensuite par quels moyens les Roumains se sont attaqués au système *capitulaire* et quels résultats ils ont obtenus.

(1) *Dépêche du Comte Andrassy*, 21 juin et 15 juillet 1872. (Archives diplomatiques de 1874.)

Les capitulations ont-elles en Roumanie un fondement juridique? Nous ne croyons pas que jamais aucun acte de ce genre ait été conclu directement entre une puissance européenne et les Principautés. Toute la question se résume donc en ceci : les traités de la Porte sont-ils applicables à la Moldo-Valachie? Nous avons déjà répondu, non. Les actes de 1856 et du 19 août 1858, avons-nous dit, reconnaissent formellement comme base des rapports de la Turquie avec les principautés danubiennes d'anciennes conventions qui n'ont porté aucune atteinte à l'autonomie de celles-ci ; puis, par une disposition de leur texte même, les capitulations spécifient le plus souvent qu'elles seront applicables dans telles provinces déterminées ; or, jamais le nom des Principautés n'y a été formulé (1).

D'un autre côté, les Moldo-Valaques ont, depuis une époque bien antérieure à celle des Capitulations européennes, joui en Turquie de privilèges semblables à ceux des Européens en pays ottoman. N'est-ce pas la preuve que la mesure concerne les pays musulmans, et non les provinces ottomanes? ajoutons enfin, que la Porte n'a pas pu céder des droits qu'elle n'avait pas.

L'application des Capitulations en Roumanie, ne se justifie pas davantage en fait. L'intérêt primordial qui les a nécessitées en pays musulman fait totalement défaut ici.

(1) M. Engelhardt croit au contraire que l'article 8 de 1858, en se référant « au passé » vise particulièrement le régime capitulaire. « D'ailleurs, dit-il, le Congrès de Berlin n'a-t-il par formellement stipulé, en proclamant l'indépendance de la Roumanie et de la Serbie, que les droits de juridiction et de protection constitutionnels, tels qu'ils existent aujourd'hui, resteraient en pleine vigueur, tant qu'ils n'auraient pas été modifiés d'un commun accord. » *Turquie et Principautés Danubiennes sous le régime des capitulations*, p. 13. Cf. Articles 8, 37 et 49 du traité de Berlin.

Quand les Musulmans eurent des rapports amicaux avec des chrétiens, et que, pour la première fois, des marchands européens cherchèrent à s'établir en Orient, la situation était anormale et difficile. En effet, si dans tout pays, l'étranger est, au moins pour les lois de police et de sûreté, soumis à la juridiction locale, ce qui est une conséquence de la souveraineté des États ; en Turquie, au contraire, où la loi civile se confond avec la loi religieuse, il était évidemment impossible d'y soumettre les chrétiens ; les Musulmans n'y songèrent pas. D'ailleurs, ils méprisaient trop les raïas pour réglementer leurs établissements.

Les chrétiens, cantonnés dans leurs « Échelles », s'administraient comme ils l'entendaient, et vivaient d'une vie séparée. Mais si le gouvernement turc ne les connaissait pas individuellement, il ne pouvait pas se désintéresser entièrement de la collectivité ; il tenait les chrétiens pour solidairement responsables du crime ou délit imputé à l'un d'eux.

Cette situation était en somme extrêmement rigoureuse pour les Européens ; d'ailleurs, les privilèges dont ils jouissaient n'étaient que le résultat d'une tolérance et pouvaient leur être retirés sans motif (1).

(1) Voici, d'après Aali-Pacha lui-même, l'exposé de la situation : « On sait qu'elle était la situation de la Turquie quand les relations avec l'Europe ont commencé ; un petit nombre de négociants étrangers, complètement séparés du reste de la population, habitaient quelques-unes des Échelles du Levant. Ils avaient très peu de rapports avec les indigènes, et ne se livraient absolument qu'au commerce en gros. Le gouvernement ottoman leur a accordé des immunités que l'état de la société où ils se trouvaient, les coutumes et les habitudes de ce temps, leur avaient rendues nécessaires..... » Note d'Aali-Pacha du 3 octobre 1862. Citée par B. Boëresco. *Mémoire sur la juridiction consulaire dans les Principautés-Unies roumaines*, 1865.

Aussi François 1ᵉʳ voulut-il profiter de ses relations amicales avec Suleïman II le Magnifique, pour régler la situation des Français dans les Échelles du Levant.

Le Sultan, disposé à abandonner la juridiction sur les étrangers, se prêta volontiers à la conclusion de Capitulations qui soumirent les Européens à la juridiction de leurs consuls. Les Capitulations sont la conséquence forcée de la situation des chrétiens qui aujourd'hui encore, ne peuvent obtenir que difficilement justice des tribunaux locaux, devant lesquels leurs témoignages n'ont en principe aucune valeur.

En pays chrétien, au contraire, sous quel prétexte soustraire les Européens aux tribunaux locaux? La raison de ce régime exceptionnel manque si les étrangers reçoivent une justice impartiale et trouvent toutes les garanties désirables. Peut-être ne les ont-ils pas toujours trouvées : Les Principautés n'ont pas toujours eu une organisation aussi complète que celle dont elles jouissent de nos jours; le joug de leurs voisins les a longtemps empêchées de mettre leurs institutions au niveau de celles de l'Europe occidentale, et certaines mesures de protection étaient parfaitement justifiées.

Mais il y eut abus : les Puissances, et surtout la Russie et l'Autriche se sont moins préoccupées d'assurer le respect des droits de leurs sujets que de se servir de la juridiction consulaire pour accroître leur influence dans les pays danubiens.

Nous avons vu par quelle suite d'empiétements illégaux la Russie a établi sa protection sur ces provinces. Pour assurer son contrôle, elle obtint de la Porte le droit de déléguer des consuls généraux à Bucarest et à Jassy, dès 1781-1782.

L'Autriche, toujours jalouse des progrès de la Russie sur les bords du Danube, n'eut de cesse qu'elle n'eût obtenu le même droit. La Prusse, en 1784, la France, en 1792, l'Angleterre, en 1802 seulement, se firent accorder tour à tour la juridiction consulaire.

La Russie et l'Autriche abusèrent étrangement de ces concessions, et s'il était difficile de « déterminer les cas où l'agent russe ne se mêlait pas des affaires des Principautés » (1), il était étrange de voir l'Autriche se découvrir en Moldavie 200.000 sujets qui échappaient ainsi à la juridiction locale. « Victimes tout d'abord de la Turquie, les pays roumains du Danube devinrent encore, à partir de la fin du XVIII° siècle, celles de la Russie et des autres Puissances par l'extension abusive du régime capitulaire général que celles-ci leur appliquèrent » (2).

A partir de 1856, les gouvernements des Principautés s'attachèrent à reprendre peu à peu les privilèges qu'ils avaient perdus. Le divan *ad hoc* de Moldavie de 1857, émit entre autres vœux, celui de l'abolition de la juridiction consulaire, et si l'Europe n'en tint pas compte, du moins les commissaires de France, de Russie et de Sardaigne, réunis à Bucarest, à la même époque, déclarèrent dans leur rapport que « la juridiction consulaire n'ayant été, quant au fond, établie en Orient que pour protéger les étrangers chrétiens contre la législation musulmane, son application paraît une anomalie dans un Empire où il n'y a pas de musulmans et où la législation est chrétienne. »

---

(1) La gestion des consuls russes était devenue une administration ; M. Engelhardt désigne la situation sous le nom de protectorat.

(2) Michel Boëresco. *Op. cit.*, p. 364.

Cette remarque fut toute platonique, mais de la part de Puissances européennes elle avait son importance.

Le gouvernement des Principautés ne perdit pas une occasion de reconquérir son droit ; si bien qu'en 1862 (1) la question dût être étudiée de nouveau ; la France, toujours animée de sentiments bienveillants envers les populations chrétiennes, se prêta volontiers à la réunion en conférence des consuls de Belgrade (2). Cette conférence fut en majorité favorable à l'idée de supprimer la juridiction consulaire ; mais l'unanimité ne put être obtenue et l'on ne put s'entendre que sur un système transactionnel qui conservait dans son entier la juridiction consulaire pour les procès civils ou criminels entre étrangers, et abandonnait aux tribunaux indigènes la compétence dans les procès mixtes, sauf encore le droit d'assistance du

(1) Dépêche du Marquis de Moustier, ambassadeur à Constantinople à M. Tillos, consul à Bucarest (20 décembre 1861) : Pour faire cesser des irrégularités « qui portent du dommage à leurs nationaux (des Puissances garantes) dans les Principautés et compromettent les autorités princières elles-mêmes » et pour lever tout doute, le marquis de Moustier recommande au consul de France de déclarer au gouvernement de Bucarest que les Puissances considèrent les capitulations avec la Sublime-Porte « comme étant en pleine vigueur dans les Principautés du Danube, et qu'elles doivent par conséquent y être observées. Ce principe doit être clairement établi. Toutefois, il est à désirer que nous sachions s'il est quelques articles dans les capitulations qui, en considération des changements qui se sont introduits dans l'état social des Principautés, pourraient, selon nous, être modifiées dans la pratique, ou qu'on pourrait laisser tomber en désuétude, afin que la lettre des anciens traités ne soit pas en contradiction avec leur esprit. » (*Archives diplomatiques*, année 1862, t. II, p. 276).

(2) Il s'agissait plus spécialement de la suppression des Capitulations de Serbie. Mais la question, au moins la question de fait, était la même en Serbie et en Roumanie.

consul (1). C'était un échec ; mais l'idée continuait à faire son chemin.

En 1869, un essai de convention consulaire avec la Russie fut tenté ; et, en 1873, la Cour suprême refusa de reconnaître aucune autre juridiction que celle des tribunaux institués en vertu d'une loi expresse (2).

Bien que la juridiction consulaire n'ait pas été supprimée, il n'est pas douteux que l'esprit de suite et la ténacité des Roumains ne leur donnent gain de cause dans cette affaire, comme ils les ont déjà servis dans d'autres circonstances.

Nous sommes arrivés à la fin de notre étude sur la Roumanie, et nous ne pouvons terminer ce chapitre sans payer notre tribut d'admiration à ce petit peuple ressuscité après des siècles d'oppression, par son énergie et la puissance de sa race et qui reconquiert, grâce à la sagesse de son gouvernement, une place importante parmi les États secondaires de l'Europe. Talleyrand disait déjà que « le point de gravité de l'équilibre européen est sur le bas Danube ».

Peut-être une partie de notre admiration se reporte-t-elle sur la France qui a puissamment aidé à la délivrance du

---

(1) Cf. Conférence de janvier 1862 à Belgrade. *Archives diplomatiques,* de 1863.

(2) Cf. Michel Boëresco, p. 375. — M. Engelhardt (*La Turquie et les Principautés danubiennes sous le régime des Capitulations*), pense qu'il serait dangereux de supprimer entièrement la juridiction consulaire ; « il faut admettre, dit-il, que la magistrature roumaine n'a point encore atteint ce niveau de moralité qui justifierait de la part de l'étranger une confiance absolue dans ses décisions ; elle n'est point inamovible, et si ce privilège lui est encore refusé, c'est par méfiance du pouvoir dirigeant. » M. Engelhardt écrivait ceci en 1879.

peuple roumain. Pourquoi nous en défendre ? la France a le droit d'être fière de son œuvre. Elle n'en a pas retiré grand profit : mais du moins cette fois-ci n'a-t-elle pas eu affaire à des ingrats : nous ne parlons que du peuple roumain (1). « Les Roumains, dit Bengesco, n'oublient jamais qu'ils doivent ces deux grands bienfaits (l'Union et un Prince étranger) à la France qui leur a permis de préparer ainsi, dans le recueillement et dans le calme, le lent enfantement de leur liberté » (2).

(1) Nous avons déjà signalé les tendances du gouvernement du roi Charles à suivre une politique parallèle à celle de la triple alliance.

(2) Bengesco. *Bibliographie Franco-Roumaine*, t. I, préface, p. 29, (citation empruntée à un ouvrage du même auteur : *La Question dynastique en Roumanie*.)

II. — Serbie.

Il est naturel de faire un rapprochement entre la Serbie et la Roumanie. Toujours en lutte avec l'Empire Ottoman sur lequel elle a, après plusieurs siècles de sujétion, reconquis son indépendance ; livrée par sa situation géographique aux compétitions de ses puissants voisins d'Europe, la Serbie a eu son histoire aussi troublée que les deux autres Principautés danubiennes ; elle a rencontré des difficultés plus grandes encore dans son développement.

Elle s'est trouvée en butte à l'oppression de la Russie et de la Turquie, du « suzerain » et du « protecteur » ; et, justement méfiante envers l'Autriche, elle aussi a trouvé un appui dans l'influence de la France. Mais ici s'arrête la ressemblance.

Les Serbes, d'une toute autre race que les Roumains, ont d'autres sympathies que ceux-ci. Ils ont été entièrement soumis par la Turquie, tandis que les Moldaves et les Valaques eurent toujours une indépendance au moins théorique. Mais, d'autre part, mieux groupés qu'eux et stimulés par les vieux souvenirs du temps où Douschan se faisait appeler « l'Empereur des Romains, le tsar de Macédoine aimant le Christ », ils se sont trouvés mieux préparés à recouvrer leur autonomie et leur indépendance.

Au xive siècle, la Serbie, qui formait un grand et puissant Empire, se trouva aux prises avec les Turcs alors au faîte de leur puissance. Après une résistance acharnée, dont la bataille de Kossovo (1349) est le dernier effort, les Serbes, définitivement vaincus, furent assujettis à l'Empire Ottoman.

Leur servitude dura jusqu'au commencement du xixe siècle où, à la voix d'un homme hardi, Kara-Georges, ils se levèrent en masse contre la domination turque.

La religion, l'esprit de famille, et les chants populaires avaient entretenu en eux le sentiment national et patriotique et expliquent ce réveil soudain d'une nation que l'on croyait morte (1). Kara-George, accueilli avec transports, et proclamé chef, hésitait à accepter; quand je frappe,

_____

(1) Il est peut-être intéressant de donner ici quelques lignes d'un de ces chants patriotiques qui rappellent par plus d'un point le récit des exploits de Roland et de ses compagnons ; on y retrouve souvent le même souffle patriotique, la même admiration pour le héros, le même mépris pour le traître : Voici le récit de la bataille de Kossovo :

« Où le sang baignait jusqu'aux genoux, c'est là qu'a péri Strahinia Banowitch ; Milosch est tombé au bord de la Stinitza à l'eau glacée et là, bien des Turcs ont péri ; Milosch a immolé le Tsar turc Murad, et des Turcs 12,000 soldats ; Dieu ait en sa miséricorde qui l'a engendré !

jé tue, disait-il. « Dans l'état où nous sommes, lui ré-
pondit-on, il nous faut une main ferme. » Ces mots qui
font pressentir le caractère féroce de la lutte donnent une
idée de l'état de barbarie ou se trouvait encore la Serbie.

« Ce peuple dit un historien s'ignorait lui-même, la lutte
lui révéla sa force » (1).

Kara-George chercha à se créer des alliances. Repoussé
par Napoléon Ier (2), il implora l'Autriche.

Le Tsar, dans la crainte de voir aboutir ces démarches,
lui fit des avances et s'empressa de le reconnaître comme
chef de la nation serbe.

Mais Napoléon marchait sur Moscou ; les Russes avaient

Il restera en souvenir au temple des Serbes pour être raconté et
chanté tant qu'il y aura des hommes et tant qu'il y aura un Kossovo.
Et pour ce que tu demandes de Vouk le Maudit, maudit soit-il et
qui l'a engendré ! Maudite soit sa race et sa postérité ! Il a trahi le
Tsar à Kossovo et détaché 12000 hommes, ô maîtresse, de nos hardis
guerriers. » Saint-René Taillandier (Revue des Deux-Mondes, 1er novembre 1868, page 113.) Cf aussi Reinach (la Serbie et le Monténégro).

(1) Saint-René Taillandier. *La Serbie au* XIXe *siècle* (Revue des
Deux-Mondes, 1er novembre 1868).

(2) Voici la lettre écrite par Kara-George à Napoléon Ier :

        « Majestas tua imperialis !

« Gloria armorum et factorum majestatis tuæ imperialis replevit
orbem universum ; nationes in augustissimâ tuâ personâ suum libera-
torem et legislatorem suscipiunt ; hujus felicitatis particeps esse cupit
Serbica natio. Monarche ! Respice Slaveno-Serbos, quibus nec virtus
bellica nec fides erga benefactorem deest. Tempus et occasio hanc
veritatem demonstrabunt, unaque id quod digni sint protectione
magnæ nationis.

Spe fretum firmissimâ digneris, augustissime imperator, altissimo
responso consolari.

      Majestatis tuæ imperialis
          humillimum et fidelissimum servum,
            Kara-Georgium Petrowitch,
              antistitem nationis serbicæ. »

besoin de l'alliance turque, ils abandonnèrent les révoltés.
Le traité de Bucarest livra la Serbie aux Turcs, et en
1813, Kara-George s'en fuit en Autriche (1). Kurchid-
Pacha, chargé de la réorganisation de la Serbie, demanda
aide à Milosch un des héros de l'insurrection. Celui-ci
accepta l'alliance que lui proposait Kurchid ; l'indignation
des patriotes fut grande, mais on vit bientôt quel était le
but de Milosch.

« Brutus, dit M. St-René Taillandier, jouait la stupidité
pour cacher ses desseins. Lorenzaccio faisait le mélanco-
lique et le débauché pour mieux frapper son coup ; Milosch s'est fait l'esclave, l'agent, parfois même le bourreau
des Turcs, afin de préparer dans la suite l'affranchissement des Serbes. » En 1815 l'insurrection éclata : au bout
de deux ans de lutte, la Turquie consentit à donner aux
Serbes des magistrats de leur race et de leur religion.
C'était un premier pas vers l'indépendance : une assemblée nationale réunie le 6 novembre 1817, proclama Milosch, prince héréditaire des Serbes ; ce titre ne fut consacré par la Porte qu'en 1830.

En 1821, Milosch refusa de soutenir l'insurrection

(1) Kara-George périt assassiné, Milosch soupçonné d'avoir été
l'instigateur de ce meurtre fit inscrire sur la tombe de son prédéces-
seur l'épitaphe suivante :
« Ici reposent les restes de George Pétrowitch le Noir, qui le premier en 1804, donna le signal de la délivrance, et fut, plus tard, le
chef suprême de la nation serbe. En 1813, les intrigues des ennemis
du pays le contraignirent à passer sur la terre d'Autriche, où il fut
retenu prisonnier durant une année ; après quoi, ayant émigré en Russie,
il fut reçu avec la plus haute distinction et comblé d'honneurs par le Tsar.
Pourtant, par des motifs qu'on ignore, il quitta la Russie et rentra
en Serbie, où, sur l'ordre du gouvernement turc, il eut la tête tranchée. Juillet 1817. » Cf. Reinach. *La Serbie et le Monténégro*, page 107.

grecque, pour ne pas voir, disait-il, sa cause triompher sous un drapeau rival.

Le traité d'Akerman justifia les espérances des Serbes, et à la Skouptchina du 15 janvier 1827, Milosch s'écriait : « Vous voyez, frères, que le temps est proche où notre pays aura sa place parmi les États, et jouira de tous les biens que procurent ces grandes choses ; liberté religieuse, liberté commerciale, établissement d'une législation régulière, instruction et civilisation du peuple. Hier encore, le Serbe n'était qu'un esclave étranger au sein de l'Empire Ottoman ; à dater d'aujourd'hui, il peut respirer à pleins poumons; sa tête, son avoir, sa maison, ses domestiques ne dépendent plus d'un caprice, le voilà maître chez lui. Ce n'est pas là une conquête médiocre (1). »

Le traité d'Andrinople, favorable à la Serbie, sans détruire l'Empire Ottoman, affaiblissait les Turcs, et c'est alors que Milosch put obtenir un bérat (2) d'investiture à

(1) Saint-René Taillandier. *Revue des Deux-Mondes* 1869, t. LXXIX, page 837.

(2) « En conséquence, d'accord avec les députés serbes, a été arrêté ce qui suit :

1º ladite nation aura l'entière liberté du culte dans les églises qui lui appartiennent ;

2º Le kniaze Milosch Obrénowitch ici présent, en vertu du diplôme impérial dont il est porteur et en récompense de sa fidélité à ma Sublime-Porte, est confirmé dans la dignité de 1er knèze de la nation serbe, et cette dignité restera héréditaire dans sa famille ;

3º Il continuera au nom de ma Sublime-Porte à administrer les affaires intérieures du pays, d'accord avec l'assemblée des notables serbes.... » (firman du 30 novembre 1830). L'article 28 du traité de Paris invoque « les Hatts impériaux qui fixent et déterminent les droits et immunités » de la Serbie. Par cette disposition, les Puissances revêtent de leur sanction le firman de 1830. Cf. *Note du ministère des affaires étrangères Serbe au chargé d'affaires à Constantinople, du 4 août 1861* (Archives diplomatiques 1861).

titre héréditaire, ce qui était un véritable triomphe, car
ainsi les Serbes affirmaient leur indépendance vis-à-vis de
la Porte, et ils pouvaient se croire en possession d'un gouvernement stable; mais ils ne surent pas conserver ce
qu'ils avaient gagné. Les changements de dynasties auxquels ils se prêtèrent, furent pour la Turquie, l'occasion
de donner l'investiture et de reconquérir ainsi par le fait,
les anciens droits qu'elle avait abandonnés.

En effet, des révolutions n'allaient pas tarder à boule-
verser la Serbie. Une constitution votée en 1835, ne resta
pas longtemps en vigueur. A la suite d'intrigues fomen-
tées par la Russie et par l'Autriche, un Hatti-Chérif de
décembre 1838, créa un conseil inamovible chargé de
surveiller le Prince et supprima les assemblées nationales.

La situation de Milosch devenait intolérable; il abdiqua
le 13 juin 1839.

Son fils Milan qui lui avait succédé, mourut un mois
après. L'héritier naturel, le prince Michel fut désigné
comme successeur; mais le fait même de cette désignation,
impliquait la suppression du droit d'hérédité; la Porte
s'empressa d'envoyer l'investiture, pour bien affirmer son
droit de la donner. Le bénéfice du Hatti-Humayoun de
1830 était perdu.

Le règne du prince Michel fut éphémère. En 1842, il
s'enfuit en Autriche. Alors fut nommé Kara-Georgewitch
auquel le bérat d'investiture confiait sa charge à temps, et
non plus même à vie.

On se rappelle qu'en 1853, pendant sa trop célèbre mission à Constantinople, Menchikof demanda la destitution
du ministre serbe Garachanine. Kara-Georgewitch n'osa
pas résister et abandonna son ministre.

Cependant l'attitude du gouvernement de Belgrade pendant la guerre de Crimée, fut des plus correctes. Aux instances qui lui étaient faites de part et d'autre : « Le gouvernement serbe, répondit-il, ne saurait prendre part à la lutte qui a éclaté entre les deux puissances protectrices de la Serbie. Il observera la plus stricte neutralité et, dans aucune occasion, sous aucun prétexte, ne permettra qu'un corps d'armée, à quelque parti qu'il appartienne, viole les frontières de son territoire ».

Plus heureuse que la Moldo-Valachie, la Serbie put se garder de l'invasion étrangère. Le traité de Paris la mit sous la protection collective de l'Europe (1).

Nous avons donné en leur temps les dispositions essentielles du traité. Le principal avantage qu'en retirait la Serbie fut la prohibition de toute intervention armée sans le consentement préalable des Puissances (2).

Restaient deux questions importantes : la question de l'occupation turque, et celle de l'hérédité ; la première, laissée entière par l'article 29 du traité de Paris ; la seconde, posée de nouveau depuis le changement de dynastie de 1842. C'est à l'évacuation des forteresses et à la reconnaissance de l'hérédité que tendirent les efforts des Serbes dans la seconde moitié de ce siècle.

Le droit de garnison, que les Turcs avaient toujours conservé, créait une situation difficile ; elle eût été à peine tolérable si les conventions avaient été rigoureusement exécutées, et si les troupes turques, confinées dans les seules forteresses n'avaient eu aucun contact avec la

(1) Cf. Protocole 13 et 14 du Congrès, article 28 et 29 du traité du 30 mars.

(2) Milanowitch. *Les traités de garantie*, Paris. 1888.

population indigène. Elle était intenable, dans les conditions où ce droit s'exerçait. Mal payés et insuffisamment
ravitaillés, les Turcs ne perdaient pas une occasion de
pressurer les chrétiens et étendaient peu à peu leurs postes dans toute la ville. A Belgrade surtout la situation
devenait de jour en jour plus critique. En 1858, le Consul
d'Angleterre fut attaqué et faillit être assassiné par les
Turcs de la garnison. L'affaire n'eût pas cependant de
conséquences diplomatiques; l'ambassadeur de Constantinople se rendit à Belgrade et les démonstrations dont il
fut l'objet de la part des troupes ottomanes lui parurent
donner une satisfaction suffisante à l'orgueil britannique.
Mais les Serbes se montraient de plus en plus mécontents
de l'état des choses et Garachanine obtint la réunion d'une
Skouptchina.

La Porte, après avoir vainement tenté de s'y opposer,
envoya à Belgrade un commissaire, Kabouli-Effendi qui
émit la prétention d'assister aux séances de l'Assemblée
nationale. Les députés protestèrent. Le traité de Paris ne
leur avait-il pas promis « une administration indépendante
et nationale ainsi que la pleine liberté de législation ? »

Après cet incident, l'assemblée en vint à critiquer les
actes du gouvernement.

Sommé d'abdiquer, Kara-Georgewitch se réfugia dans
la forteresse turque et l'assemblée fit appel au vieux
Milosch. « Nous nommons Prince de Serbie Milosch Théo-
dorowitch Obrénowitch, déclare-t-elle, avec l'hérédité à lui
accordée autrefois par la Porte Ottomane ». L'intention
était claire; les Serbes voulaient reconquérir l'hérédité
pour leurs Princes.

Le vieux Milosch, heureux de revenir au milieu des
siens, répondit au sentiment unanime, en déclarant :

« mon unique soin à l'avenir sera de vous rendre heureux, vous qui êtes mes seuls frères, et vos enfants, qui
sont aussi mes enfants, et que j'aime autant que mon fils
unique, *votre héritier présomptif du trône*, le Prince
Michel » (1).

L'année suivante, la Skouptchina affirma de nouveau
solennellement l'hérédité des Obrénowitch dans une loi du
2 octobre 1859 (2) : « d'après les anciennes ordonnances
nationales antérieures à l'année 1839 et d'après celles de la
Skouptchina de la Saint-André 1858, comme aux termes
du bérat impérial et du hatti-chérif de 1830, la dignité
princière est héréditaire dans la famille du prince régnant
actuel Milosch Obrénowitch Iᵉʳ, à savoir dans sa descendance mâle, d'après l'ordre de primogéniture, et en premier lieu en ligne directe. A défaut seulement de personne
apte à la succession dans la ligne directe, l'hérédité de la
dignité princière passera à une branche collatérale, mais
toujours en conservant l'ordre de primogéniture » (3).

La Porte refusa la sanction à cette loi, (4) et, à la mort
de Milosch en 1860, elle conféra l'investiture au prince
Michel ; elle entendit formellement ne consacrer ainsi que

(1) *Annuaire des Deux-Mondes*, 1858-59.

(2) Cf. *Recueil du baron de Testa*, t. VII, p. 16.

(3) Georges Perrot. Le prince Michel Obrénowitch et l'avènement
du prince Milan *Souvenirs d'un voyage en Serbie* (Revue des Deux-
Mondes), 1869. P. 137.

(4) Une députation fut envoyée à Constantinople avec un mémorandum qui porte la date du 7 mai 1860. Ce mémoire demande au
Sultan : 1º de confirmer les lois sur l'hérédité et la dévolution de la
succession au trône ; 2º d'exécuter le firman de 1830 sur l'interdiction du séjour des Turcs en dehors des forteresses ; 3º d'abolir *l'ustav*
de 1838 qui entrave l'administration du pays.

la fiction d'une élection « suivant les vœux manifestés par le peuple » disait le firman d'investiture.

De son côté, le prince Michel protestait qu'il succédait à son père par droit d'hérédité.

Dès les premiers mois de son règne, Michel Obrenowitch chercha à assurer à son pays l'indépendance que lui promettait le traité de 1856. Il avait compté sans le mauvais vouloir de la Turquie.

Celle-ci montra son mécontentement à l'occasion de lois votées par la Skouptchina de la Transfiguration (1860), et concernant la milice et les attributions du Sénat. (1)

Fort de l'appui de la France, de la Russie et de la Prusse, Garachanine refusa de céder, bien que l'Autriche et l'Angleterre eussent appuyé les protestations de la Porte.

L'attitude hostile de ces deux dernières Puissances allait s'accentuer dans l'affaire des forteresses pour laquelle s'ouvre à cette époque une nouvelle phase.

Le 16 Juin 1862, un jeune serbe fut assassiné, sans provocation, par un sergent turc de la garnison de Belgrade. Le drogman de la police serbe, qui voulut s'interposer fut tué également ; et une collision s'en suivit.

Les consuls des Puissances s'efforcèrent de ramener le

_____

(1) Le firman de 1830 défendait la destitution des membres du Sénat « à moins qu'ils ne se soient rendus coupables de quelque grave attentat contre ma Sublime-Porte ou les lois du pays ». L'ustav de 1838 confirmait ces dispositions, et une loi de 1858 (5 mai) augmentait encore l'indépendance des sénateurs vis-à-vis du prince.

Cette dernière loi fut abolie, il est vrai, après le rétablissement de Milosch. Mais les attributions du Sénat étaient encore considérables. La Skouptchina de 1862 avait voulu les réduire ; la Sublime-Porte protestait qu'elle ne pouvait le faire sans violer l'ustav de 1838.

calme. Sur leur intervention, les Turcs se décidèrent à rentrer dans les forteresses ; de son côté, Garachanine s'engagea à contenir la population. Tout semblait donc terminé, lorsque, sans motif, commença un bombardement en règle de Belgrade. Cet acte inouï rendait la situation excessivement grave. Les ambassadeurs de Constantinople se réunirent aussitôt en conférence pour aviser aux moyens propres à y mettre fin au plus tôt. (1)

Le gouvernement turc leur communiqua un long mémoire pour justifier la conduite du gouverneur de la citadelle de Belgrade qui a été provoqué, était-il dit, par « les plus graves agressions » et a dû se défendre, contre les hostilités venant avec acharnement du dehors ! » (2) Ce mémoire, qui aurait dû soulever des protestations unanimes trouva de l'écho chez le représentant de l'Angleterre appuyé par celui de l'Autriche. L'ambassadeur anglais osa même présenter un projet dont l'article 6 est ainsi conçu : « La Porte prend l'engagement vis-à-vis des Grandes Puissances de ne recourir à la mesure du bombardement de la ville que dans le cas où la citadelle serait attaquée, et alors un signal déterminé donnera l'avertissement nécessaire aux Consuls, 12 heures à l'avance ! »

Le représentant de la France (3) fit une contre propo-

---

(1) Cf dépêche de M. Thouvenel du 1er juillet 1862. (Archives diplomatiques, année 1862).

(2) Cf Livre jaune 1862 (Serbie).

(3) Le marquis de Moustier fit ressortir « que l'opinion publique en Serbie est que l'occupation, au lieu d'être appliquée exclusivement à la défense du pays contre les agressions étrangères, était considérée par la Porte, comme un moyen de pression sur le gouvernement princier et d'intimidation à l'égard de la population. » (Conférence du 10 août 1862).

sition plus respectueuse des droits et des intérêts serbes;
la Russie et l'Italie s'y rallièrent; et, comme toujours,
l'on dût chercher un terrain d'entente dans un projet transactionnel. Un protocole du 8 septembre 1862 constata
l'accord : « les Puissances garantes, en donnant à la
Sublime-Porte les conseils qui ont servi de base au présent
arrangement, et en prenant acte de ses bonnes intentions,
déclarent n'avoir eu en vue que de garantir le maintien
des articles 28 et 29 du traité de Paris et le désir de consolider la paix européenne. » Par cet acte, la Turquie
perd plusieurs forteresses et s'engage à ne conserver dans
les autres que la garnison indispensable; de plus, il est
absolument interdit aux sujets ottomans de séjourner en
dehors des forteresses: c'est la suppression définitive et
complète des droits de juridiction ottomane en dehors de
l'enceinte fortifiée. (1)

Les Puissances exigèrent aussi que le gouvernement
ottoman envoyât des instructions sévères au gouverneur
de Belgrade, et prirent acte des déclarations de la Porte à
cet égard « comme d'un engagement. » (2) Ces mesures
donnaient sans doute quelque satisfaction aux justes
réclamations des Serbes; mais elles laissaient subsister
une situation anormale et dangereuse. « Ce qui me contriste le plus, disait le 19 août 1864 la Skouptchina en
réponse au message du prince Michel, ce qui me contriste
le plus est de voir, même après le bombardement de Bel-

_____

(1) Cf. Martens, *Recueil des traités*, année 1864. Le périmètre de
l'esplanade devait être tracé à nouveau par une Commission militaire mixte, composée d'un officier désigné par chacune des Puissances garantes et d'un officier turc.

(2) Cf. Circulaire de M. Thouvenel du 18 septembre 1862. Livre
jaune de 1862 (Serbie), p. 83.

grade, les canons des forteresses turques braqués sur les plus importantes de nos villes. Prince, tout progrès réel est interdit à la Serbie aussi longtemps que ces forteresses entretiendront le pays dans de continuelles appréhensions ; les habitants de la Serbie ne pourront se rassurer tant que sous ce rapport aussi satisfaction ne sera pas donnée aux réclamations légitimes de Votre Altesse et de toute la nation. » (1)

En 1866, le prince Michel demanda formellement à Constantinople l'évacuation des forteresses. La France appuya cette démarche ; elle s'attacha à prouver au Divan que la mesure était favorable à la Turquie elle-même qui aurait tout avantage à « renoncer à des positions dont l'importance militaire est hors de proportion avec les difficultés que lui crée dans l'ordre politique sa persistance à les conserver. » (2)

Le gouvernement du Sultan se montra disposé à accepter un arrangement ; mais dans quelle mesure allait-il céder ? Allait-il opérer une évacuation complète ; ou pouvait-on laisser la garnison moyennant certaines restrictions ?

Plusieurs systèmes furent discutés.

Un premier projet déférait au prince de Serbie le commandement des forteresses en y maintenant la garnison musulmane. Mais quelle vraisemblance y avait-il que le Prince chrétien obtînt obéissance de troupes musulmanes ?

On proposa alors d'établir des garnisons mixtes sous le commandement supérieur du Prince. Mais n'était-ce pas rendre les conflits encore plus fréquents et plus graves ?

(1) *Annuaire des Deux-Mondes*, 1864-1865. P. 621.
(2) *Annuaire des Deux-Mondes*, 1866-1867.

Il fallut bien reconnaître que la seule façon d'assurer le calme et la sécurité était la suppression totale de l'élément turc. Jamais la population chrétienne ne se résignerait à une occupation qui lui rappelait son ancienne servitude. Les Serbes voulaient être libres, et l'on n'est pas libre sous le canon turc.

L'entente devint possible sur ce terrain grâce à nu revirement dans la politique du cabinet de Vienne qui sous la direction de M. de Beust (1) se montrait plus favorable aux nationalités, et il fut enfin décidé que les troupes ottomanes évacueraient entièrement le territoire de la Serbie. Pour donner satisfaction à l'amour propre du Sultan, le drapeau turc, qui, pensait-on, pouvait, dans ces conditions, faire bon ménage avec le drapeau serbe, devait flotter à côté de celui-ci. (2)

En outre, aucun changement ne devait être fait aux citadelles sans la permission préalable du gouvernement ottoman. (3)

La question des forteresses était donc réglée à la satisfaction des Serbes. Il n'en était pas de même de la question de l'hérédité qui se posa de nouveau en 1868, à la mort de Michel Obrenowitch. (4) L'assassinat de ce malheureux

(1) Le droit de garnison en Serbie avait été maintenu surtout avec l'appui de l'Autriche ; il était donc dévié de son but primitif qui était hostile à cette Puissance. (Cf Recueil du baron de Testa, t. VII.)

(2) Cf Livre jaune de 1867 (forteresses de Serbie).

(3) Cf firman du 5 Zalhitzé 1283 (livre jaune 1867). En 1867, la Turquie demanda des explications au sujet d'armements qui se faisaient en Serbie. Les cabinets de Vienne, de Paris et de Londres, et plus tard celui de Berlin s'associèrent à cette démarche toute platonique.

(4) Le prince Kara-Georgewitch, accusé d'avoir été l'instigateur de cet acte odieux, fut condamné à vingt ans de travaux forcés par con-

prince laissait, en effet, le trône dans des conditions spécialement graves, car il n'y avait pas d'héritier direct de la couronne.

Fidèle à la ligne de conduite tracée dans la loi de 1859, le gouvernement provisoire fit proclamer Milan Obreno-witch IV, cousin du prince Michel et son parent le plus proche.

La Porte, devant l'attitude de la France (1), de l'Angle-terre et de l'Autriche (2) n'osa pas refuser l'investiture (2) et les Puissances purent considérer la question de l'héré-dité comme définitivement tranchée.

« Nous avons vu avec satisfaction, déclare le gouverne-ment français, toute liberté d'initiative laissée à la Serbie pour le choix d'un souverain, et l'assemblée nationale réu-nie à Belgrade, désigner pour succéder au prince Michel, un membre de sa famille, La question d'hérédité, qui, dans plusieurs circonstances précédentes, avait été l'objet de certaines controverses, est définitivement tranchée dans le sens des vœux du pays » (4).

En 1869, la Serbie se donna une nouvelle constitution. Cette constitution, qui affirmait l'hérédité dans la famille Obrenowitch, fut accueillie sans protestation (5) ; elle fut

tumace. Il faut rappeler que Milosch avait été soupçonné autrefois d'avoir fait tuer Kara-Georgewitch.

(1) Cf. Livre jaune commniqué aux Chambres le 23 janvier 1869.

(2) Cf. Livre-rouge autrichien 1868 (Archives diplomatiques 1868-69).

(3) V. dans le livre jaune de 1869 (Serbie), p. 80, le bérat d'inves-titure de Milan Obrenowitch (donné le 25 Rebi-ul-ewel 1285).

(4) Exposé de la politique générale (Livre jaune de 1869).

(5) Il aurait pu et dû s'en produire, si, comme le pense M. En-gelhardt, les immunités reconnues par le traité de Paris (art. 28)

consacrée en 1878. Le traité de Berlin (1) reconnut en effet l'indépendance de la Serbie, qui dès lors était libre de modifier sa constitution. Le principe de l'hérédité fait donc partie du droit public de la Serbie.

En 1882, la Principauté fut érigée en royauté et le Prince prit le titre de Milan Ier.

Comme en Roumanie, il y a. en Serbie, un péril juif contre lequel le gouvernement de Belgrade a dû se défendre,

Des lois de 1838 et 1861 interdisent aux Juifs de résider ou d'avoir des établissements dans les villes de l'intérieur et leur refusent le droit d'aller et venir dans le pays.

L'Angleterre intervint en leur faveur en 1861, 1863 et

« n'impliquaient pas la souveraineté intérieure dans sa plénitude et encore moins la souveraineté extérieure ».

Cf. Engelhardt. *Les protectorats anciens et modernes* (p. 46 à 50). Remarquons toutefois que la question de la souveraineté est au moins douteuse ; ici la Serbie ne peut invoquer aucun acte semblable aux anciennes capitulations turco-roumaines.

(1) Art. 34 du traité de Berlin :

« Les Hautes Parties contractantes reconnaissent l'indépendance de la Principauté de Serbie, en la rattachant aux conditions exposées dans l'art. suivant.

Art. 35 : En Serbie, la distinction des croyances religieuses et des confessions ne pourra être opposée à personne comme un motif d'exclusion ou d'incapacité en ce qui concerne la jouissance des droits civils et politiques, l'admission aux emplois publics, fonctions et honneurs ou l'exercice des différentes professions et industries, dans quelque localité que ce soit.

La liberté et la pratique extérieure de tous les cultes seront assurées à tous les ressortissants de la Serbie, aussi bien qu'aux étrangers, et aucune entrave ne pourra être apportée, soit à l'organisation hiérarchique des différentes communions, soit à leurs rapports avec leurs chefs spirituels. »

1867, à la suite d'expulsions, et, le 22 septembre 1869, les consuls d'Angleterre, de France, d'Autriche et d'Italie remirent au gouvernement de Belgrade une note identique dans laquelle ils expriment le regret de constater les mesures d'exceptions prises contre les Juifs (1).

La démarche n'eut pas d'autres conséquences; jamais, d'ailleurs, la persécution religieuse ne fut poussée au-delà de ces mesures législatives qui sont ici, comme en Roumanie, nécessitées par la situation économique (2), et non provoquées par les passions religieuses.

Terminons-en avec la Serbie, en rappelant que la question du maintien des capitulations y a été souvent posée, comme elle l'a été en Roumanie; mais non pas dans les mêmes termes absolument; car, si en fait, ces actes n'ont pas plus raison d'être, dans un pays chrétien que dans un autre, d'autre part, en Serbie, leur légitimité ne peut pas être contestée en droit, comme elle l'est en Roumanie, puisque la Serbie a été, sans conteste, soumise à la domination turque, et que, par suite, les traités de la Porte s'appliquaient sur son territoire.

Quoi qu'il en soit, les pays chrétiens attendent depuis le traité de Paris, la suppression de ces capitulations. Peut-être, à cette époque, eut-il été imprudent de l'accorder entière, mais il est exorbitant de conserver partout les règles rigoureuses qui ont été faites pour les pays musulmans.

---

(1) Cf Loëb. *Situation des Israélites en Turquie, en Serbie et en Roumanie.*

(2) La liberté des cultes est consacrée en Serbie par l'ustav de 1838, par l'article 28 du traité de Paris et par la constitution de 1869.

III. — Monténégro. Bosnie et Herzégovine. Bulgarie, etc.

Nous venons d'étudier les phases de l'exécution du traité de Paris dans deux pays, la Roumanie et la Serbie, pour lesquels des dispositions spéciales avaient été édictées.

L'acte du 30 mars 1856 ne s'occupait pas nommément des autres provinces des Balkans, mais il réglait dans leur ensemble les rapports du Sultan avec ses sujets et conférait aux Puissances des droits et des devoirs envers les chrétiens de Turquie ; en outre, le traité avait fait naître chez toutes les petites nationalités, des aspirations vers l'indépendance : c'est à ces deux titres que l'histoire de l'intervention européenne dans certaines parties de l'Empire Ottoman doit rentrer dans ce chapitre.

I. — Comme l'histoire de la Serbie, a-t-on dit, l'histoire du Monténégro devrait être chantée et non écrite, car les luttes ininterrompues que les Monténégrins eurent à soutenir pour la défense de leur patrie et de leur liberté ont fait d'eux, des hommes dignes des temps héroïques.

« Dieu le préserve de mourir dans son lit ! » tel est le vœu par lequel les fiers montagnards de la Tzerna Gora accueillaient leurs fils nouveau-nés. Qu'ils meurent plutôt sur les champs de bataille, face à l'ennemi, face au Turc, l'ennemi séculaire.

Jusqu'à la conquête de la Serbie, c'est-à-dire au XVᵉ siècle, l'histoire du Monténégro se confond avec celle de cet empire. Elle s'en distingue depuis, car les Monténégrins sont le seul peuple balkanique qui n'ait jamais subi la domination ottomane.

Les Turcs, cependant, ont fait tous leurs efforts pour les réduire, et l'histoire du Monténégro jusqu'au milieu de ce siècle, se résume en une lutte incessante contre la Turquie. La paix fut rétablie en 1853, grâce à l'intervention du comte de Leiningen à Constantinople, et pendant la guerre de Crimée, le Monténégro resta neutre, malgré les affinités ethnographiques, malgré les efforts de la Russie, sa protectrice, pour l'entraîner dans la lutte.

Au congrès de Paris, sur une question qui lui était posée, le représentant du Tsar, reniant le passé (1), déclara que

(1) « La tutelle des Tsars, dit M. Engelhard, n'était pas moins effective, comme celle que les Serbes avaient longtemps acceptée quoiqu'elle ne fût pas l'objet d'un pacte formel. » *E. protectorats*, p. 53.

« son gouvernement n'entretenait avec le Monténégro
d'autres rapports que ceux qui naissent des sympathies
des Monténégrins pour la Russie et des dispositions bienveillantes de la Russie pour ces Montagnards », et le plénipotentiaire turc déclara qu'il considérait le Monténégro
comme partie intégrante de l'Empire Ottoman.

Cette déclaration du représentant turc ne souleva, semble-t-il, aucune protestation dans le Congrès. Elle était
cependant tout arbitraire. Jamais le Monténégro n'a fait
« partie intégrante » de l'Empire Ottoman ; jamais la
Turquie n'a eu de droit sur cet État. Et nous n'avons pour
le prouver qu'à nous en rapporter au témoignage peu sus-
pect de la Turquie elle-même qui, à plusieurs reprises, a
reconnu formellement à la Montagne-Noire (1), la qualité
d'État indépendant.

Le prince Daniel, inquiet à juste titre de la déclaration
du plénipotentiaire ottoman, s'adressa directement aux
Puissances : « l'assertion d'Aali-Pacha, déclara-t-il, est
insoutenable. Les Monténégrins auraient bien plutôt le
droit de prétendre à la moitié de l'Albanie et à toute
l'Herzégovine, puisque tous nos prédécesseurs du Monténégro, ducs de Zéta, ont possédé autrefois ces territoires,
tandis que les Turcs n'ont jamais possédé le Monténégro.
Je prie votre Excellence de prendre acte de cette protestation » (2).

(1) Cf. Choublier. *Op. cit.*, p. 55, note. Cf. traité du 12-24 septembre 1842 (Engelhardt. Les *protectorats anciens et modernes*). Le
31 mai 1856, cependant, le prince Niegosch se déclara prêt à accepter
la suzeraineté ottomane, moyennant l'attribution à son gouvernement
des immunités dont jouissait la Serbie, et sous la condition de certaines
concessions territoriales et maritimes. » Mais la Turquie repoussa ces
ouvertures.

(2) Cf. Reinach. *La Serbie et le Monténégro*, p. 180.

Un mémorandum, joint à cette lettre, contient un rapide exposé de la situation du Monténégro ; ce pays, y est-il dit, est trop resserré dans ses limites ; il manque de terres cultivables. Cet état ne peut qu'engendrer de nouvelles luttes. C'est aux Puissances à y porter remède ; il faut qu'elles reconnaissent l'indépendance de la Principauté (1).

Cet appel d'un peuple opprimé trouva peu d'écho. Daniel 1er pensa qu'il arriverait plus vite à ses fins en allant lui-même implorer les Souverains d'Europe.

C'est dans ce but qu'il entreprit en 1857 un voyage à Paris (2).

(1) « Si le Monténégro reste encore plus longtemps dans ses bornes étroites, le peuple monténégrin n'aura pas d'autre sort que de vivre sans cesse dans un combat sanglant, comme il vivait pendant les quatre siècles passés. Le montagnard ne demande pas les terres qu'il s'est appropriées jadis, mais il demande celles pour lesquelles il a fait la guerre dans l'époque la plus dangereuse et pour lesquelles il a versé son sang, ainsi que pour son indépendance.

Il ne faut pas discuter ici de l'indépendance du Monténégro, parce-qu'il avait toujours le droit de faire la guerre à l'Empire turc et de faire la paix avec lui ; c'est de quoi il a toujours profité effectivement.

Il y a longtemps que les Monténégrins ont reconnu la nécessité urgente d'un port pour un libre commerce ; c'est pourquoi le vladika Daniel a fait au commencement du XVIIIe siècle les premiers essais de réunir le littoral d'Antivari au Monténégro, qui y appartenait jadis, et sur lequel le sang des héros montagnards était versé beaucoup de fois. Les prétentions des Monténégrins sont contenues dans les points suivants : 1o Qu'on reconnaisse l'indépendance du Monténégro par la voie diplomatique ; 2o Qu'on étende les frontières du Monténégro du côté de l'Herzégovine et de l'Albanie ; 3o Qu'on fixe les confins du Monténégro, du côté de la Turquie, comme ils sont fixés du côté de l'Autriche ; 4o Qu'on ajoute au Monténégro la ville d'Antivari (Bar) qui est fixée aux frontières et sur la mer... »

Cf. Coquelle. *Histoire du Monténégro et de la Bosnie depuis les origines*, p. 325 et suivantes.

(2) Daniel Ier aurait voulu aller aussi à Londres ; il y renonça

La France ne pouvait pas rester insensible à des aspirations si légitimes et qui étaient troublées une fois de plus par suite de l'attitude hostile de la Turquie, dont les troupes, sous le prétexte de réprimer une insurrection dans l'Herzégovine se rapprochaient d'une façon inquiétante de la frontière monténégrine.

Napoléon III fit publier dans le *Moniteur* du 12 mai 1858, une note officielle qui eut un certain retentissement. « Au moment, disait le Cabinet des Tuileries, où les Puissances animées du même sentiment d'ordre et de paix, s'occupent à achever et à consolider l'œuvre du Traité de Paris, on s'étonne, non sans quelque raison, de voir la Turquie prendre à l'égard du Monténégro une attitude qui peut faire naître de nouvelles complications. » Il y a deux points à régler, disait la note : la Porte a-t-elle un droit de suzeraineté? A qui doivent appartenir définitivement certains districts limitrophes qui ont été régis tour à tour par la Turquie et par le Monténégro? « Or l'histoire atteste que si les Turcs ont quelquefois attaqué avec succès le Monténégro, ils n'ont jamais pu se maintenir dans ce pays, et c'est un fait incontestable que depuis bientôt un siècle, le Monténégro leur est demeuré entièrement fermé. On voit donc que la Porte ne saurait placer sa suzeraineté à l'égard du Monténégro sous le grand principe de l'intégrité de l'Empire Ottoman... » (1) La France prenait donc nettement parti : elle refusait à la Turquie tout droit de suzeraineté.

Quant à la question de frontière, elle la renvoyait à

devant le refus de l'ambassadeur anglais de prendre aucun engagement au sujet des dispositions de sa cour.

(1) *Moniteur* du 12 mai 1858.

une commission internationale, chargée, sur sa demande, de procéder à un arrangement territorial sur la base du *statu quo* existant en 1856.

La Commission européenne se réunit à Constantinople, du 14 octobre au 8 novembre 1858, mais les difficultés auxquelles donna lieu le tracé duraient encore en 1870.

L'intervention de la France, cependant, n'en était pas restée à un simple article du *Moniteur*. L'amiral Jurien de la Gravière fut envoyé dans la mer Adriatique pour surveiller les manœuvres de l'armée turque et empêcher une agression contre le Monténégro. Un navire russe vint se joindre à lui. Mais quand les navires français et russes mouillèrent en vue de Cettinjé, la situation était bien changée.

Le prince Daniel, attaqué sans motif par l'armée turque, avait repoussé celle-ci et remporté une brillante victoire à Grahovo. Sur l'intervention des Consuls, les révoltés d'Herzégovine se soumirent, et le prince Daniel consentit à arrêter la poursuite. La paix fut de courte durée, car les difficultés ne devaient pas tarder à renaître.

C'est un soulèvement de l'Herzégovine qui avait été la cause des complications de 1858 ; une insurrection de la même province provoqua de nouveaux incidents en 1862, car chaque mouvement de l'un de ces pays se répercute dans l'autre ; les habitants de l'Herzégovine trouvent en effet chez leurs voisins de même race qu'eux des secours et au besoin un refuge.

En 1861, le prince Nicolas, qui venait de succéder (1) au prince Daniel, parvint, quoiqu'à grand peine, à contenir ses sujets et à les empêcher de soutenir les Herzégovi-

(1) Le prince Nicolas prit le gouvernement en 1860.

niens contre lesquels marchait Omer-Pacha. Malgré l'attitude correcte du gouvernement de Cettinjé, le Sultan
donna l'ordre de bloquer le Monténégro qui fut envahi
peu après.

Le prince Nicolas implora les Puissances qui restèrent
sourdes à sa voix. Seul le Saint-Siège y répondit, mais le
Pape, dépouillé de tout pouvoir temporel, ne pouvait donner
qu'un encouragement moral.

Les ambassadeurs de Constantinople se décidèrent à
faire appel à la générosité du Sultan. Celui-ci répondit en
faisant signifier au prince Nicolas (1) un ultimatum dont
les dispositions froissaient au plus haut degré les sentiments des Monténégrins ; « Mirko, disait l'article 5, quit-
tera le Monténégro et n'y pourra plus rentrer. » (2) « Sur
le trajet de cette route, (la route qui mène de l'Herzégovine à Scutari à travers le Monténégro) plusieurs points
seront occupés par les troupes impériales qui tiendront
garnison dans les blockhaus. » Ainsi s'exprimait l'article 6.
Cette dernière disposition était grave. Elle rappelait les
mesures prises contre la Serbie, et nous avons constaté
tous les inconvénients de l'occupation de la forteresse de
Belgrade. On aurait dû être instruit par l'exemple. Il n'en
fut malheureusement rien ; malgré les réclamations de la
France, la Turquie refusa de rien changer aux termes de
l'ultimatum, et l'Angleterre s'empressa de prendre parti
pour le Sultan. « Si le prince Nicolas était un vassal,
écrivait lord John Russel, le 30 septembre 1862, le Sultan

---

(1) V. dans Reinach (*La Serbie et le Monténégro*, p. 192) le texte
de cet ultimatum qui porte la date du 31 août 1862.

(2) Mirko, père du prince Nicolas, avait joué un rôle glorieux dans
les guerres précédentes et jouissait d'une popularité bien méritée.

avait le droit de le réduire à l'obéissance et de lui imposer
telles conditions de paix qui puissent prévenir le renou-
vellement d'une agression de sa part. » S'il était indépendant, le Sultan avait le droit que donne la victoire (1).

Le gouvernement du Monténégro ne se découragea
pas, et le 5 février 1863, la Porte renonça enfin à ses
blockhaus, sous condition que le Prince tiendrait la route
toujours ouverte et qu'il ferait indemniser les voyageurs
des pertes qu'ils pourraient éprouver en parcourant cette
route.

La Turquie fit évacuer les blockhaus, mais elle s'empressa de faire construire, sur la frontière même, des
forts dont les canons tournés sans cesse vers le Monténégro, étaient pour celui-ci une menace perpétuelle et qui
ne furent supprimés qu'après de nouvelles négociations.

La question de délimitation de frontière restait toujours
pendante. Le Protocole de 1858 renvoyait le travail à une
commission mixte qui adopta, en 1859, un tracé approuvé
par les gouvernements Turc et Monténégrin. Mais il restait à régler les questions d'intérêts privés : ce fut long ;
les représentants de la Turquie et du Monténégro se réunirent une première fois en 1864 à Cettinjé « pour la
régularisation des intérêts privés sur la frontière tracée
par la commission mixte en 1859 » (2). Pour plus de facilité, chacune des deux parties se chargea de payer ses
nationaux.

Malgré cette sage mesure, les règlements s'effectuèrent
lentement et le 26 octobre 1866, les délégués des deux
États se réunirent une fois encore pour compléter l'œuvre

(1) Cf. *Annuaire des Deux-Mondes*, 1862-1863.
(2) De Clercq, année 1864-67, p. 20.

du protocole de 1864, qu'il « confirme dans toute sa teneur » et auquel il est annexé « pour avoir même force et
valeur comme s'il en faisait partie ». Ce protocole décide
« qu'une commission mixte commencera au mois d'avril
prochain, au plus tard, l'échange et la fixation des indemnités des propriétés particulières sur les bases déjà arrêtées » (1).

Un second protocole arrêta les dispositions pour servir
de « bases à leurs opérations concernant la régularisation
des intérêts privés sur la frontière tracée par la commission mixte de 1859 (2). »

En 1870, la Porte qui prétendait avoir des griefs contre
le Monténégro (3) massa des troupes sur la frontière.

La Russie s'en inquiéta. « L'interposition de la grande
Europe serait seule assez puissante pour faire renoncer la Porte à ses desseins hostiles » écrivait le Prince
Gorchakoff (4). Bien qu'au dire de M. de Beust, il n'y
eût pas lieu de prendre ombrage d'armements qui « n'offraient aucun caractère inquiétant », bientôt se fit jour
l'idée d'une conférence où seraient représentées les Puissances, parties intervenantes aux transactions de 1858 à
1860. La Commission, composée de délégués turcs et monténégrins et de représentants de l'Angleterre, de l'Autriche, de la France, de l'Italie (5), de la Russie et de la

(1) *Archives diplomatiques,* 1867, t. II, p. 697.
(2) *Archives diplomatiques,* t. II, p. 698.
(3) Circulaire d'Aali-Pacha. février 1870. *Archives diplomatiques,* 1873.
(4) *Lettre du 2 février 1870.* (Archives diplomatiques de 1873.)
(5) Bien que n'ayant pas participé aux actes de 1858 à 1860, l'Italie
demanda à se faire représenter. La non intervention à ces actes,
déclara M. Visconti-Venosta, ne saurait être opposée au gouverne-

Confédération germanique du Nord, se réunit à Podgoritza, le 19 mai 1870 (1).

Le commissaire Monténégrin déclara consentir au nom de son gouvernement à la cession des droits du Monténégro sur les propriétés particulières situées dans les Brdos (2) ; mais le Prince Nicolas désavoua et révoqua son représentant, et le nouveau commissaire eut pour instruction de s'en tenir uniquement au protocole de Constantinople du 26 octobre 1866.

Les commissaires ottomans répondirent que « postérieurement au protocole de 1866, c'est-à-dire le 4 septembre 1868, le prince avait déclaré, dans une lettre à Osman-Pacha, que toutes les terres appartenant aux habitants des autres villages de la frontière monténégrine, situées sur un point quelconque du territoire turc, appartiendront de plein droit au gouvernement ottoman (comme conséquence de l'article 1er). »

Malgré les protestations des représentants monténégrins, la commission déclara s'en tenir à l'aveu fait par le premier commissaire monténégrin et consigné dans le deuxième protocole ; mais avant de se séparer, les consuls émirent unanimement l'avis qu'à leurs yeux la meilleure solution au litige serait que la Porte donnât au Monténégro la somme effective de 100.000 florins (3).

---

ment italien qui avait, dès cette époque, formulé des réserves explicites et dont la Porte n'a pas depuis contesté le droit de s'occuper des questions du Montenegro.

Cf. *Dépêche de M. de Beust*, 9 mars 1870. (Archives diplomatiques, 1873.)

(1) Cf. *Archives diplomatiques*, 1873.

(2) Protocole 2.

(3) Protocole 4.

Un nouveau conflit menaça de mettre encore une fois aux prises la Turquie et le Monténégro, en octobre 1872; il fut heureusement apaisé par l'intervention de l'Empereur de Russie (1).

Plus tard, le Monténégro prit part à la guerre russoturque et s'empara de plusieurs places albanaises que lui laissa le traité de Berlin (2).

II. — La Bosnie, qui avait fait partie autrefois de l'État Serbe, tomba au pouvoir des Turcs en 1463 sans avoir eu la gloire d'illustrer sa résistance du même éclat que les États voisins.

« La malheureuse Bosnie. dit M. Coquelle, est tombée sans gloire, trahie par ses propres enfants, abandonnée par tous, déshonorée par la faiblesse de son dernier Roi (Etienne VII) (3). » L'Herzegovine fut incorporée vingt ans plus tard et, depuis lors, jusqu'au milieu de ce siècle, l'histoire de ces deux Provinces se confond avec celle de l'Empire Ottoman.

Depuis 1856, des insurrections continuelles les troublèrent; elles ont, comme nous l'avons dit, une corrélation étroite avec les affaires monténégrines.

En 1857, l'Herzégovine se souleva. « Si les pauvres chrétiens ont pris les armes, dit une proclamation (4), ils

(1) Cf. Maton. *Histoire du Monténégro.*

(2) L'article 26 du traité de Berlin dit : « L'indépendance du Monténégro est reconnue par la Sublime-Porte et par toutes celles des Hautes-Parties contractantes qui ne l'avaient pas encore admise. »

(3) Coquelle. *Histoire du Monténégro et de la Bosnie depuis les origines*, p. 50.

(4) *Pétitions aux consuls.* (Annuaire des Deux-Mondes, 1857-1858, p. 699.)

l'ont fait par suite des oppressions et des exactions des Turcs maudits et malfaiteurs qui nous ont pris et mangé tout ce que nous possédions, qui ont profané nos églises, foulé aux pieds notre religion..... Nous n'avons pas pris les armes contre notre glorieux Sultan..... nous appartenons à Dieu et au Sultan, mais qu'on retire ces malfaiteurs du milieu de nous !..... Nous prenons Dieu à témoin que si le gracieux Sultan ne retire pas du milieu de nous les malfaiteurs et ne nous accorde pas ce qui est juste, nous sommes prêts à mourir jusqu'au dernier, et à nous noyer, ainsi que tout ce qui nous appartient ; mais nous mettons notre confiance en Dieu, en notre gracieux souverain, et dans les Puissances européennes, qui ne voudront pas abandonner au feu et au glaive des Turcs malfaiteurs, les pauvres misérables chrétiens..... »

Le « gracieux souverain » répondit en envoyant des bachibozouks, et bientôt les provinces de Bosnie et d'Herzégovine furent ensanglantées.

Quant aux Puissances européennes, elles nommèrent une commission pour travailler au rétablissement du *statu quo* dans le pays insurgé. Cette commission, la même qui fut chargée du règlement de frontière turco-monténégrine, ne put sauver les Herzégoviniens qui furent ramenés à l'obéissance par des moyens violents (1).

L'insurrection de 1861, compliquée, elle aussi, par une guerre du suzerain avec le Monténégro, fut la répétition de celle de 1858.

La commission européenne, réunie de nouveau, ne put réussir à amener une pacification. Les insurgés se méfiaient, et, malgré les promesses d'Omer-Pacha qui

_____

(1) Cf. Špalaïkowitch *La Bosnie et l'Herzégovine*. (Thèse Paris, 1896.)

« proclamait, au nom du Sultan, un pardon plein et entier, avec la remise des impôts arriérés », ils refusèrent de déposer les armes, craignant tout de la présence des gendarmes turcs qu'Omer-Pacha refusait de supprimer.

La commission européenne, suspendue et renvoyée à Raguse, fut dissoute en octobre 1862. Cette fois encore, l'insurrection fut réprimée sans que la Bosnie et l'Herzégovine en aient retiré d'autre bénéfice qu'une répression sanglante (1).

Le joug ottoman s'y fit sentir aussi cruellement que jamais. « Les malheureux raïas continuèrent à être aussi maltraités qu'avant. La population chrétienne continua à être soumise aux exactions des fermiers de l'impôt, aux exigences, aux avanies, à la tyrannie des beys et des agas, aux violences et aux outrages des bachibozouks. » (2). Faut-il s'étonner que ces malheureuses provinces aient cherché une fois encore à secouer un joug si rude ?

C'est en effet en Bosnie et en Herzégovine que s'alluma la révolte en 1875. Elle fut couronnée de succès, cette fois, et le traité de Berlin porta remède à un état de choses déplorable en confiant l'administration des deux provinces à l'Autriche (3).

---

(1) En 1862 se place un incident qui heureusement n'eut pas de conséquences. L'Autriche, sans prévenir la Turquie, démolit une petite batterie élevée par les insurgés herzégoviniens sur le territoire de Suttorina. Le cabinet des Tuileries déclara qu'il considérait cet acte comme contraire au traité de Paris qui interdit toute intervention en Turquie sans entente préalable. L'affaire n'eut d'ailleurs aucune suite.

(2) Spalaïkovitch. *Op. cit.*

(3) Article 25 du traité de Berlin : « Les provinces de Bosnie et d'Herzégovine seront occupées et administrées par l'Autriche-Hongrie. »

III. — La Bulgarie avait été soumise dès la fin du xiv° siècle.

Plus rapprochée de Constantinople que les pays dont nous avons déjà parlé ; séparée par des Etats vassaux de la Russie et de l'Autriche, la Bulgarie, sur qui la domination ottomane pesait directement, eut plus de peine à faire entendre ses plaintes ; elle ne conquit sa liberté que bien après eux.

Pendant la période qui nous occupe, à peine se manifeste-t-il quelques velléités d'indépendance. Il est toutefois intéressant de remarquer que la marche des événements a été la même dans cette province qu'en Serbie et en Roumanie ; la Bulgarie a eu à se défendre à la fois de la Russie et de la Turquie : celle-ci voulant maintenir ses droits de souveraineté ; celle-là cherchant à imposer sa protection. Puis intervinrent les Grandes Puissances qui, au Congrès de Berlin, émancipèrent le peuple bulgare.

En 1856, il n'en était pas encore question.

Dans les entretiens fameux qu'il eut avec l'ambassadeur anglais, sir Hamilton Seymour, le tsar Nicolas, on se le rappelle, déclara « qu'il ne voyait pas pourquoi » la Bulgarie ne serait pas comme les trois Principautés danubiennes constituée en Etat indépendant (1) sous la protection de la Russie. Cette idée devait faire son chemin ; mais, à cette époque, les patriotes bulgares, même les plus ardents, n'osaient pas viser si haut; ils rêvaient peut-être indépendance ; mais persuadés, avec raison, qu'un mouvement national avait toute chance d'échouer,

(1) Cf. Camille Rousset. *Histoire de la guerre de Crimée.* Introduction.

ils se contentèrent de le préparer par des voies détournées.

Tous les efforts des Bulgares tendirent à obtenir une Eglise nationale, et il ne faut pas s'en étonner.

Le clergé bulgare relevait, en effet, du patriarche de Constantinople qui, le plus souvent, nommait aux dignités les plus élevées des évêques grecs, mal vus de la population dont ils ne parlaient même pas la langue. Ne suffit-il pas d'ailleurs de rappeler le rôle politique du clergé en Orient, pour comprendre l'importance d'une Eglise autonome ?

La Russie appuya ces efforts (1). Au moment de l'insurrection de la Crète, le Comité secret bulgare, encouragé par la situation difficile de la Turquie, adressa à la Sublime-Porte un mémoire où étaient posées les conditions suivantes : union personnelle avec le Sultan qui prendrait le titre d'Empereur des Bulgares et déléguerait un vice-roi en Bulgarie, Eglise autonome et indépendante.

Les Puissances, déjà très embarrassées au sujet de la politique à suivre à Candie, ne se risquèrent pas à donner un conseil au Sultan qui ne tint, dès l'abord, aucun compte du mémoire. Après des hésitations, des démarches et des formalités qui durèrent trois ans, ce qui n'a rien d'excessif pour les ministères de Constantinople, le Sultan se décida à accorder aux Bulgares satisfaction sur la question religieuse.

Pendant ces trois années, la Bulgarie était restée in-

(1) Vers 1860, des missions catholiques appuyées sur l'influence de la France opérèrent d'assez nombreuses conversions en Bulgarie, mais l'évêque catholique Mgr Sobolski disparût tout à coup, le 18 juin 1861, sans que l'on ait jamais su ce qu'il était devenu ; et le mouvement catholique s'arrêta.

quiète, prête à se soulever. A la suite d'armements préparés sur les territoires serbes et roumains, la Turquie fit
appel aux Puissances « qui ont garanti les institutions des
Principautés » et « ont compris dans cette garantie les rapports des Principautés avec la Cour suzeraine (1). Le firman
fut signé à la date du 10 mars 1870. « Il est formé sous le
titre d'*Exarchat bulgare* une administration spirituelle
séparée. La direction des affaires religieuses et spirituelles de cette administration est exclusivement réservée à cet Exarchat. » (Art 1ᵉʳ.) L'élection de l'Exarque
se fait sans aucune participation du Patriarche de Constantinople qui « délivrera, sans le moindre retard, les
lettres de confirmation nécessaires, suivant les lois de
l'Eglise. » (Art. 3.)

L'Exarque, presque indépendant vis-à-vis du patriarche
grec (2), est nommé par bérat impérial. On sait l'impor
tance qu'a prise la question des bérats (3).

IV. — En Macédoine, en Albanie et en Thessalie les
Puissances n'ont pas eu à intervenir.

L'histoire de ces régions ne rentre donc pas dans le
cadre de cette étude. Ce n'est pas à dire cependant que
ces malheureuses populations chrétiennes n'aient pas
manifesté leurs aspirations vers la liberté.

L'insurrection de la Grèce en 1821, les nombreux soulèvements dont nous avons suivi la marche dans les pays

---

(1) Dépêche de Fuad-Pacha, 1ᵉʳ août 1868. *Livre jaune* communi-
niqué aux Chambres le 23 janvier 1869.

(2) Ce firman est cité en entier dans Bérard. *La Turquie et l'Hellénisme contemporain*, p. 184.

(3) En 1879, la Bulgarie a été érigée en monarchie constitutionnelle héréditaire.

danubiens, comme dans le Monténégro, enfin la révolte de la Bulgarie, devaient nécessairement agiter les autres pays balkaniques.

Du jour de l'affaiblissement et de la déchéance de la puissance ottomane, on pouvait supposer qu'elles supporteraient avec impatience un joug qui leur avait toujours été odieux et qu'il leur semblait maintenant possible de secouer. Comment se fait-il donc qu'aujourd'hui encore, l'Empire Turc étende sa domination sur ces pays ?

Cela tient à deux causes : d'une part, rivalités entre les Grandes Puissances qui ne peuvent s'entendre sur un partage de la Turquie ; d'autre part, rivalités entre les différentes nations de l'Empire Ottoman qui toutes, revendiquent les territoires en question.

La Macédoine, pour ne parler que de celle-là, doit-elle être serbe, bulgare, grecque ou roumaine ? Chacune de ces opinions peut s'appuyer sur des titres historiques incontestables. S'en réfère-t-on, en effet, au droit que donne la possession ? La Serbie comme la Bulgarie ou la Grèce, l'ont possédée tour à tour.

Mais, à ce compte, la France ou Venise, auraient bien des droits à revendiquer en Orient, ce que l'on serait cependant quelque peu étonné de leur voir faire.

Préfère-t-on rechercher quelle est la race dominante ? Mais autant d'auteurs, autant de statistiques différentes, et comment reconnaître quelle est la plus impartiale et la plus juste ?

Ce qui complique encore la question, c'est que les populations préfèrent à la domination d'une autre nation chrétienne le joug turc quelque dur qu'il puisse être. Il y a là, dans toute son exagération, le sentiment très humain qui rend plus âpre la haine contre un simple dissident par le culte ou la nationalité que celle que l'on porte à un ennemi religieux ou ethnographique : de là, par exemple, l'animosité très vive des Serbes contre les Bulgares, et, d'une façon générale, les jalousies réciproques de toutes les petites populations slaves.

L'idée même d'une confédération, souvent mise en avant, n'est pas d'une exécution aussi simple qu'on pourrait le croire à première vue.

En effet, dans une même province, tel village sera en majorité grec, tel autre à côté, serbe et un troisième bulgare ; sans compter les musulmans que l'on oublie souvent et qu'il ne faudrait pas arriver cependant à persécuter, comme ils persécutent eux-mêmes les chrétiens.

On voit comme est compliquée la question de la Macédoine et des autres provinces de la Turquie d'Europe. Il nous suffit de l'avoir signalée (1).

(1) Sur ce sujet voir Victor Bérard : *La Turquie et l'Hellénisme contemprains*. Choublier, *Op. cit.;* de Laveleye, la *Péninsule des Balkans;* et les nombreuses brochures publiées sur ce sujet, notamment par les soins de la « Ligue de la confédération balkanique » présidée par M. P. Argyriadès.

IV. — Affaires de Syrie.

Les affreux massacres dont l'Asie-Mineure a été le théâtre ont provoqué l'intervention diplomatique des cinq grandes Puissances, et l'intervention armée de la France. La politique française, dans les affaires de 1860, a été digne des anciennes traditions ; elle a été gênée seulement par l'attitude jalouse de l'Angleterre et par l'inertie habituelle de la Porte.

Après l'évacuation des troupes d'Ibrahim-Pacha, lors du traité des Détroits de 1841, la Syrie était tombée dans l'anarchie. Le gouvernement de la Porte voulut en profiter pour supprimer les anciens privilèges qui faisaient cette province indépendante sous la suzeraineté du Sultan et le

Gouvernement de la famille de Chehab (1), et pour établir sur elle sa domination directe. A cet effet, fut envoyé
Omer-Pacha.

Les grandes Puissances protestèrent ; mais elles ne
purent s'entendre sur l'organisation à établir en Syrie.

Après de longues négociations, furent institués en 1842,
sous le gouvernement d'Essad-Pacha, deux caïmacams ou
lieutenants, l'un druse, l'autre chrétien. Ce système ne
tarda pas à provoquer des troubles que la Turquie et l'Angleterre ne craignirent pas d'encourager.

« Si la Porte et ses troupes ne nous avaient pas secou-
rus, écrivait le prince druse Moktara à l'un des siens, les
chrétiens nous auraient dispersés. Maintenant, nous avons
été autorisés, ainsi que les autres rassemblements des
Druses, par Son Excellence l'illustre Daoud-Pacha à tomber
sur la nation chrétienne et à l'anéantir... les troupes même
qui sont à Abbey ont l'ordre de vous aider » (2).

Et M. de Montalembert s'écriait (3) : « Il est évident
qu'il y a jusqu'à présent une partialité, une iniquité révol-
tante de la part des fonctionnaires turcs dans le Liban, je

(1) Ces privilèges sont indiscutables, nous n'en voulons pour preuve
que la note suivante émanée de la Porte elle-même, et qui porte la
date du 28 juillet 1845 :

« Sa Majesté le Sultan, dans sa paternelle sollicitude pour ses
peuples..... a voulu que les habitants du Mont-Liban participassent
aussi à ses bontés : et des marques de bienveillance, des faveurs de
toute espèce leur ont été accordées. Leurs anciens privilèges locaux
ont été maintenus, et l'administration de la Montagne a été placée
sous une forme particulière. » Cf. Henry David. *La question du
Liban considérée au point de vue du droit,* brochure extraite du
Correspondant 1861.

(2) De la Jonquière, p. 501.

(3) Chambre des pairs, séance du 15 juillet 1845.

dirai même une complicité évidente dans les crimes commis par les Druses... Il y a là une complicité plus odieuse
encore et plus grave : c'est celle qu'on attribue généralement à l'agent de l'Angleterre dans ces parages..... On ne
peut expliquer cette exécrable politique que par la jalousie
qu'inspire à l'Angleterre l'autorité séculaire de la France
dans les montagnes du Liban. »

Lorsque l'ordre fut un peu rétabli, un règlement organique fut institué sur le système d'une double caïmacamie ;
auprès de chaque caïmacam devait résider un conseil de
surveillance ou medjlis ; le medjlis établi auprès du caïmacam druse devait être composé de chrétiens et de
druses (1845).

Ce système, loin d'amener un apaisement, avivait les
haines de races ; il allait provoquer des troubles plus
grands encore que ceux auxquels il prétendait mettre fin.
Mais, pour expliquer le jeu des intérêts divers, qui ont
guidé la marche des événements, il nous faut d'abord faire
connaître les populations qui habitent le Liban, et leur
situation respective.

En dehors des Musulmans, nous y trouvons deux peuples : les Druses et les Maronites ; ceux-ci, laborieux et
pacifiques ; ceux-là nomades et guerriers (1). Les Druses,

---

(1) Les Maronites descendent d'une ancienne secte de l'Église
grecque ; ils se sont réunis au Saint-Siège de Rome en 1445 ; mais
ont conservé une liturgie et une discipline particulières.

« Les Druses, au point de vue religieux, peuvent être considérés,
dit M. X. Raymond, comme une espèce de société secrète dont on n'a
pas encore pénétré les mystères, mais qui n'a ni l'esprit de prosély-
tisme, ni l'esprit d'intolérance ». X. Raymond. *La Syrie et la question d'Orient* (Revue des Deux-Mondes 1860). Cf. Aussi les ouvrages
de Gérard de Nerval.

quoique beaucoup moins nombreux, ont de tout temps ex-
ploité les Maronites, ne respectant leurs biens que moyennant un tribut. Cependant cet impôt, tout arbitraire, était
payé sans trop de difficulté, et les rapports entre les deux
nations auraient pu rester supportables, sans l'intervention
de l'Angleterre, jalouse de l'influence de la France auprès
des Maronites. Ceux-ci se disent en effet, descendants des
fondateurs du royaume de Jérusalem, et se considèrent
comme nos protégés depuis une charte de Saint Louis et
les « Lettres de protection et de sauvegarde » des rois
Louis XIV et Louis XV (1).

L'Angleterre résolut de ruiner cette influence encore
accrue par suite de la très grande considération dont nos
établissements religieux jouissent en Orient.

Les Anglais tentèrent d'abord de détacher les peuples
du Liban du catholicisme, persuadés que ce serait les
éloigner en même temps de la France ; mais les missions
protestantes firent peu d'adeptes parmi les Maronites,
fermement attachés à leur foi, et les Anglais durent
changer de tactique : ils cherchèrent à ruiner les Maronites en excitant les Druses contre eux (2).

(1) Cf. dans *Le Correspondant*, année 1860, t. XV, p. 341 ; *Les
Evénements de Syrie*, par le vicomte de Vogüé.

(2) Il ne faut peut-être pas exagérer ce que la conduite de l'Angleterre a eu de blâmable. L'Angleterre voyait avec plaisir — cela est
certain — tout ce qui pouvait ruiner ou diminuer notre influence.
Mais faut-il la rendre responsable des massacres comme on l'a fait
souvent ?

En tout cas il faut rendre justice aux Anglais en tant que particuliers. « Il y a dans tout Anglais deux hommes, dit M. de la Gorce :
l'homme politique qui est impitoyable, l'homme privé qui se laisse
aisément toucher par l'infortune. Jamais ce contraste ne se montra

La Sublime-Porte, auprès de laquelle à cette époque, l'ambassadeur d'Angleterre était tout-puissant, se montra disposée à suivre cette politique ; c'est ainsi qu'aux exactions des Druses se joignit un soulèvement des Musulmans qui aggrava singulièrement la situation.

Vers 1860, en effet, eut lieu un réveil de fanatisme dans le monde musulman tout entier ; les massacres commencèrent dans l'Inde pour gagner l'Hedjaz, où ils furent heureusement arrêtés par l'envoi de navires européens et le bombardement du port de Djeddah ; puis ce fut dans le Liban que se déchaîna ce fanatisme, surexcité par le mouvement druse.

Des massacres eurent lieu de tous côtés. A Hasbeya, à Rascheida, à Jahlé, à Deïr-el-Kamar, les Druses pillèrent, ravagèrent et égorgèrent avec tous les raffinements de barbarie que peuvent inspirer à des peuples orientaux les passions les plus mauvaises.

Que faisaient les Turcs? Ils désarmaient les Maronites, leur promettant leur sauvegarde à cette condition, ce qui facilita et en même temps rendit plus odieux encore la tâche des assassins. « La conduite du pacha, écrivait le consul d'Angleterre à Damas, et l'on sait que les Anglais ne peuvent pas être suspectés de partialité en faveur des victimes, la conduite du pacha a été souverainement honteuse « shameful » ; il s'est montré dépourvu de toutes les qualités d'un gouverneur, et il n'a paru nulle part.

mieux que dans les événements que nous rapportons. La politique dictera des dépêches violentes jusqu'à l'amertume ; la bienfaisance rassemblera des secours abondants jusqu'à la profusion... les mêmes mains applaudiront les deux langages. » (*Histoire du second Empire*, t. III, p. 314.)

Les soldats, au lieu de prévenir le pillage, y ont donné leur assistance, et, avec un tel homme à la tête des affaires, on ne saurait dire où le mal s'arrêtera » (1). Nous n'avons pas à faire le récit de ces tueries sans nom ; des faits semblables et récents en ont été la reproduction trop fidèlement exacte (2), et sont présents dans toutes les mémoires.

Les consuls jetèrent un cri d'alarme : la Porte feignit d'abord de tout ignorer, puis chercha à rejeter la responsabilité sur les chrétiens, qui furent accusés d'avoir « organisé », à Beyrouth, un comité insurrectionnel. Cependant, les Druses n'avaient pas dit leur dernier mot : bientôt, Damas même fut saccagée et environ 6.000 chrétiens y furent égorgés, sans que le Muchir Achmet-Pacha y mît la moindre opposition. Le pillage y fut horrible; les représentants des Puissances, sauf le consul d'Angleterre, cherchèrent, avec la foule des fugitifs un refuge chez Abd-el-Kader, dont la conduite fut digne de la plus grande admiration (3).

Au début, Abd-el-Kader n'avait pas cru à la possibilité des massacres et s'était contenté, à la demande des représentants de la France, de faire quelques vagues démarches auprès du gouverneur. Mais, du jour où il vit à quel point

---

(1) Lettre de M. Brant, consul d'Angleterre à Damas, à M. Moore, consul général à Beyrouth. (Voir Lenormant *Les derniers événements de Syrie,* p. 130.)

(2) Les massacres d'Arménie, sans compter ceux qui, à différentes époques, eurent lieu en Crète ou en Bulgarie, voire à Constantinople même en l'an de grâce 1896.

(3) Seul le consul anglais resta au consulat; il ne fut pas inquiété, ce qui sembla donner raison à l'accusation de connivence avec les Druses que l'on a portée contre l'Angleterre.

la conduite des autorités ottomanes était lâche et honteuse, il voulut, pour l'honneur même de l'Islamisme,
mettre fin au meurtre et au pillage.

Il réunit les Algériens qui l'avaient suivi dans son exil
et eut le courage de recueillir chez lui tout ce qui restait
de vivant parmi les chrétiens, et d'opposer la force aux
troupes du Sultan.

Que faisait pendant ce temps la diplomatie européenne ?
L'Europe n'avait pas su prévenir ces malheurs ; sans
doute des navires avaient été envoyés devant Beyrouth ;
mais c'était une menace peu efficace, et les Turcs savaient
assez le fond que l'on peut faire sur le concert européen
pour ne pas s'en inquiéter. L'on peut en juger, par cette
conversation qu'un Français affirme avoir entendue lui-
même à Beyrouth entre un druse et un musulman fonctionnaire de la Sublime-Porte.

« Le Druse. — Mais ces frégates et ces vaisseaux, qui
sont devant la ville, ne finiront-ils pas par nous combattre, si nous allons trop loin ?

Le Turc. — N'aie pas peur, ce sont des épouvantails
faits pour effrayer les petits enfants, mais qui ne nous
feront aucun mal.

Le Druse. — Comment donc ?

Le Turc. — Oui, pour qu'un seul de tous ces canons
tire, il faut que cinq personnes soient d'accord, et jamais
ces cinq personnes ne pourront l'être » (1).

Ce Turc, si l'histoire est vraie, touchait là au point
fondamental de la question d'Orient. Cette difficulté
d'arriver à un accord, rend presque toujours vains les
efforts du concert européen, et fait, au contraire, la

(1) Lenormant. *Les derniers événements de Syrie.*

parfaite sécurité de la Turquie. Cette fois-ci, cependant, le Turc avait trop préjugé de la longanimité de l'Europe ; les massacres de Damas, l'insulte faite à plusieurs consulats européens, poussèrent les gouvernements à bout.

Entraînés par la brutalité des événements, excités par l'opinion publique dont le rôle est important dans les questions de ce genre, ils se mirent d'accord, et parvinrent à rétablir l'ordre. Ce fait, en mettant en lumière les résultats heureux que les Puissances peuvent si facilement obtenir quand elles s'entendent pour une action effective, prouve par cela même quelle est leur responsabilité dans les événements qui peuvent se perpétrer à l'abri et sous le couvert de leurs dissensions.

Des navires avaient déjà été envoyés dans le Levant (1). M. Thouvenel demanda en outre la réunion d'une commission composée de délégués de la Porte et des Puissances : « L'accord que nous jugeons indispensable, disait-il, ne constituerait nullement une innovation ou un acte d'intervention dont on aurait à redouter l'effet pour la considération ou l'indépendance de la Turquie. Ce serait conforme aux précédents, et l'on n'y pourrait voir qu'une conséquence logique d'une entente antérieure à laquelle la Porte elle-même a prêté les mains et qu'elle doit désirer de maintenir, parce qu'elle y trouvera un moyen de donner à de nouveaux arrangements toute l'autorité nécessaire » (2).

Mais cette mesure était devenue insuffisante, il fallait atteindre l'insurrection dans son foyer même, et débarquer

(1) Cf. Livre jaune 1860 (Syrie). Dépêches des 5 et 6 juillet.
(2) Circulaire du 6 juillet 1860 (Archives 1861).

des troupes en Syrie. Le gouvernement des Tuileries prit l'initiative d'une proposition dans ce sens.

« Cette combinaison d'ailleurs, disait M. Thouvenel (1), ne pourrait recevoir son exécution, que de concert avec la Porte, et il serait en outre essentiel qu'elle fût le résultat d'un accord évident des cinq Cours. L'intervention serait ainsi collective dans son principe, et les troupes européennes, envoyées dans des vues communes, ne feraient en quelque sorte que remplir une délégation des Puissances....... Ce résultat serait important, non pas seulement pour la conscience publique et pour les chrétiens; mais aussi pour la Porte, qui, dans l'état de crise où se trouvent son administration et ses finances, ne supporterait pas longtemps, sans péril, l'épreuve d'une insurrection aussi étendue à comprimer... » La proposition était formelle. Il s'agissait d'une intervention armée. Sur quel principe pouvait-on justifier cette intervention ?

« La question est une question d'humanité », disait M. Thouvenel, et c'est en effet la raison essentielle et qui à elle seule aurait suffi. « Protéger une population entière contre un fanatisme cruel, disait l'empereur Napoléon III, la garantir, par la seule présence de nos soldats, des malheurs qui la menacent encore, c'est, comme vous le dites, une œuvre grande et utile » (2).

Mais, en outre, les Puissances pouvaient invoquer un

---

(1) 17 juillet 1860 au comte de Persigny, ambassadeur à Londres. Livre jaune 1860 (Syrie).

(2) Ordre du jour du général de Beaufort daté du quartier général de Beyrouth. (Archives diplomatiques 1861). V. aussi une circulaire de M. Thouvenel du 18 janvier 1861 (Archives 1861) et l'exposé de la politique extérieure générale.

droit résultant des traités. Et vraiment, c'était bien le cas,
si la constatation de la haute valeur du Hatti-Humayoun
n'était pas une vaine formule, de demander compte au
Sultan des améliorations promises à ses sujets « sans
distinction de religion ni de race ». Qu'étaient devenues
« les généreuses intentions », où étaient les effets de « la
constante sollicitude » du Sultan ? L'Europe que l'on avait
bernée avec ces mots pompeux, qui avait admis la Turquie
à participer aux avantages du concert européen, n'avait-
elle pas le droit de demander en échange l'exécution
fidèle des promesses de l'article 9 ; elle avait au moins,
quoi que l'on puisse penser au sujet de la valeur du
dernier paragraphe de cet article, le droit d'arrêter les
massacres.

Cela nous semble indiscutable, nous dirons même qu'il
était de son devoir de le faire. M. Thouvenel restait d'ailleurs sur le terrain juridique en demandant que l'intervention fût collective.

Mais l'assentiment de la Porte, ajoutait-il, est indispensable. Que faut-il penser de cette assertion ? Les Puissances auraient-elles été irrémédiablement réduites à l'impuissance par l'opposition du Sultan ?

Telle n'était pas certainement la pensée des signataires
du traité de 1856, dont l'intention formelle était justement de mettre fin aux persécutions qui désolent périodiquement l'Empire Ottoman. Nous croyons donc que la
demande du consentement de la Porte n'était, comme on
l'a dit, « qu'une fiction juridique » (1).

(1) Rolin-Jacquemin. *Phase actuelle de la question d'Orient.* (Revue
de droit international 1876.) Entre cette opinion et le système qui
considère le dernier paragraphe de l'article 9 en lui-même et abstrac-

La Prusse et l'Autriche adhérèrent volontiers à la proposition du cabinet français. Au reste, elles n'avaient pas d'intérêt particulier dans cette affaire : elles n'avaient pas non plus d'opinion arrêtée.

L'Angleterre, revenue à de meilleurs sentiments, accepta en principe la proposition ; et, vu le nombre restreint de ses troupes de terre, proposa que la France fournît le corps d'armée nécessaire ; mais nous allons voir bientôt à quelles conditions.

La Russie s'associa volontiers à l'idée d'une intervention armée et consentit avec empressement à ce que les troupes françaises en fussent chargées. Mais cet empressement n'était pas sans une arrière-pensée que le cabinet de Saint-Pétersbourg ne pût dissimuler. « Le prince Gorchakoff, écrit le comte de Montebello, a ajouté qu'il avait reçu de l'Empereur l'ordre d'insister pour que cette convention contînt un article par lequel les Puissances s'engageraient, d'accord avec la Turquie et conformément à ses promesses solennelles, à ce que la

tion faite des autres dispositions, et interdit aux Puissances de s'immiscer en quoi que ce soit dans les rapports du Sultan avec ses sujets, voici ce que dit M. Saint-Marc Girardin :

« Pourrait-on s'en passer ? (du consentement du Sultan). Non, selon « moi, dans les cas qui résultent de l'article 9 du traité de 1856, car « là, l'Europe, je le crois, doit agir collectivement ; oui, dans les cas « qui résultent de l'article 8 du même traité, c'est-à-dire « s'il surve-« nait entre la Sublime-Porte et l'une ou plusieurs des autres Puis-« sances un dissentiment qui menaçât le maintien de leurs relations. » Dans ce cas « il doit y avoir un préliminaire de conciliation ». Dans « le cas impossible à prévoir où la Turquie refuserait d'accorder à la « France et à la Russie la réparation qu'elles ont droit de demander, « ce serait le cas prévu par l'article 8 et de l'emploi de la force après « essai de conciliation. » Saint-Marc Girardin. *Affaires de Syrie 1860.* (Revue des Deux-Mondes, du 15 juin 1861.)

situation des chrétiens dans tout l'Empire fût effectivement améliorée ; à ce qu'il fût remédié aux intolérables
abus qui ont été signalés et à ce que le retour en fût
empêché par des mesures administratives organiques. Les
Puissances s'engageraient, de plus, si des troubles sanglants se produisaient ailleurs, à agir de concert avec la
Turquie, comme elles seraient convenues de le faire à
l'égard de la Syrie » (1).

La Russie ne voulait pas perdre l'occasion de reprendre
son ancienne influence ; elle se ménageait le droit d'intervenir à son tour dans d'autres régions.

Quant à la Porte, elle accueillit favorablement l'idée
d'une Commission européenne qui serait chargée de
« reviser les arrangements administratifs adoptés en 1845
à l'égard du Liban » (2). Mais elle déclara qu'une intervention armée serait « une atteinte aux droits de souveraineté du Sultan » (3) et commença par s'y opposer formellement.

Malgré cette mauvaise volonté, l'entente se fit et la
conférence, réunie à Paris le 3 août 1860, posa les points
de la Convention signée le 5 septembre 1860.

Il fut décidé que pour exécuter « sa ferme résolution
d'assurer l'ordre et la paix parmi les populations placées

---

(1) Dépêche du comte de Montebello du 21 juillet 1860. (Livre
jaune 1860, Syrie.)

(2) Note officielle adressée, le 20 juillet 1860, par la Porte aux
ambassadeurs (Archives diplomatiques 1861) : « Le mode d'administration du Liban, ajoute la note, ayant été, à cette époque, débattu
et adopté avec le concours des Grandes Puissances, il est naturel que
les modifications qui doivent y être introduites soient également élaborées et arrêtées de concert avec les Puissances. »

(3) Dépêche du 27 juillet 1860.

sous sa souveraineté », le Sultan acceptait le concours d'un corps de troupe européen ; l'Empereur des Français se chargeait de le fournir, sauf aux autres Puissances à envoyer des renforts, s'il devenait nécessaire de dépasser le nombre de 12.000 hommes.

L'Angleterre aurait voulu subordonner les troupes françaises aux chefs turcs (1) ; le gouvernement des Tuileries s'y refusa formellement et déclara que nos soldats ne pouvaient être qu'indépendants. Le gouvernement britannique parvint, toutefois, à faire fixer à six mois la durée du séjour des troupes en Syrie.

Les choses étant ainsi réglées, les Puissances signèrent un Protocole de désintéressement : « les Plénipotentiaires déclarent de la manière la plus formelle que les Puissances contractantes n'entendent poursuivre ni ne poursuivront, dans l'exécution de leurs engagements, aucun avantage territorial, aucune influence exclusive, ni aucune concession touchant le commerce de leurs sujets et qui ne pourrait être accordée aux sujets de toutes les nations ». Puis, conformément à l'esprit de la note du prince Gorchakoff, le protocole ajoute : « Néanmoins, ils (les plénipotentiaires) ne peuvent s'empêcher, en rappelant ici les actes émanés de Sa Majesté le Sultan, dont l'article 9 du traité du 30 mars 1856, a constaté la haute valeur, d'exprimer le prix que leurs cours respectives attachent à ce que, conformément aux promesses solennelles de la Sublime Porte, il soit adopté des mesures administratives sérieuses pour l'amélioration du sort des populations chrétiennes de tout

---

(1) Cf. Dépêche du 25 juillet 1860, de M. de Persigny. (Livre jaune 1860, Syrie.)

rite dans l'Empire Ottoman », ce dont le plénipotentiaire de Turquie prit acte.

Malgré les apparences, l'intervention est donc collective. puisque c'est à la suite d'une entente avec les autres Puissances que la France envoya ses troupes en Syrie ; elle agit en vertu d'une délégation des Puissances dont elle était mandataire et qui appuyèrent ses opérations par l'envoi de quelques navires.

L'arrivée du général de Beaufort d'Hautpoul, en Syrie, eut un grand retentissement et produisit immédiatement un heureux effet, en facilitant les négociations entreprises tant par les Consuls que par la Commission européenne, pour le règlement des indemnités et la punition des coupables.

Ce n'était pas chose facile à obtenir en effet ; car parmi les coupables se trouvaient des Turcs dout la responsabilité fut affirmée par les commissaires de Beyrouth qui, tous, sauf le représentant de l'Angleterre, signèrent l'acte suivant : « Les soussignés, après avoir pris connaissance des pièces du procès des fonctionnaires ottomans et des cheiks druses détenus à Beyrouth, croient devoir se borner à constater que de ces pièces, il ne résulte aucune circonstance atténuante de nature à établir avec certitude que les fonctionnaires et officiers ottomans ne sont pas responsables, en principe, des événements qui ont ensanglanté la Montagne et amené le massacre de 6.000 chrétiens » (1).

Les coupables ainsi désignés étaient des personnages

_____

(1) Note signée, le 23 février 1861, par quatre commissaires sur cinq.

importants, Kurchid-Pacha et Achmet-Pacha, ce qui n'était
pas pour faciliter la répression.

Cependant, le Grand Vizir, Fuad-Pacha, était arrivé à
Damas avec l'intention de sévir. Grâce à lui, et grâce
aussi à l'énergie de notre consul à Damas, M. Maxime
Outrey, qui, dès son arrivée, avait repris possession du
Consulat de France, environ 160 coupables furent exécutés,
des secours furent organisés et des indemnités promises
aux maisons religieuses qui avaient été pillées.

Le maréchal Achmed-Pacha fut bientôt fusillé ; mais, soit
connivence, soit impéritie, Fuad-Pacha laissa échapper les
bandes druses, qu'il s'était chargé de cerner de concert avec
l'armée française. La répression n'était pas, d'ailleurs,
partout aussi énergique qu'à Damas. A Beyrouth, où elle
était poursuivie parallèlement, Kurchid-Pacha fut seulement condamné à la détention perpétuelle. Il faut ajouter
que des indemnités garanties sur le trésor turc étaient
bien problématiques et que la justice ne poursuivait son
cours qu'au fur et à mesure des étapes du général de
Beaufort, décidé à occuper Damas s'il en était besoin.

La situation n'était donc pas sûre ; les passions étaient
encore trop surexcitées pour ne pas faire craindre un
retour de violences ; le calme, maintenu par la présence
de nos soldats, pouvait faire place à de nouveaux soulèvements dès leur départ. Et cependant le terme fixé approchait.

Dès le mois de janvier 1861, M. Thouvenel crut de son
devoir de faire connaître la situation aux cabinets européens : il demanda simplement une nouvelle convocation
de la Conférence de Paris et déclara que la France, disposée d'ailleurs à laisser ses troupes en Syrie, consentirait

volontiers à leur remplacement par les troupes d'un autre
État européen (1).

Ce langage modéré et sensé ne fut pas accueilli, comme
il aurait dû l'être. — L'Autriche et la Prusse conservèrent
leur attitude neutre et indécise, et si elles n'élevèrent aucune objection, elles ne donnèrent non plus aucune appro-
bation. La Russie seule appuya l'idée d'une nouvelle conférence et se plaça comme la France elle-même au-dessus
d'intérêts étroits et égoïstes. « L'occupation de la Syrie,
disait le prince Gorchakoff (2) est le résultat d'une délégation conférée par l'Europe à la France, et acceptée par
cette Puissance en vue d'une œuvre urgente d'humanité,
de justice et de paix. La conférence a pu, dans une pensée
de modération, y assigner éventuellement un terme, mais
ses prévisions à cet égard devraient selon nous rester su-
bordonnés à la réalisation du but essentiel pour lequel elle
a été entreprise. Or ce but est bien loin d'être atteint.....
Nous appuierons donc la prolongation de l'occupation
française aussi longtemps qu'elle sera jugée nécessaire ou
qu'un nouveau pouvoir n'aura pas été établi d'un commun
accord en Syrie. »

Tout autre fut le langage de l'Angleterre dont la jalousie
ne fut même pas désarmée par la proposition que s'était
empressée de faire la France de céder la place à des troupes
étrangères. Le gouvernement de la Reine ne craignit pas
dans cette circonstance, de dévoiler son entente intime
avec le Gouvernement turc et refusa d'accepter aucun re-

(1) Circulaire de M. Thouvenel du 18 janvier 1861. Livre jaune
de 1860 (Syrie).

(2) Lettre du 20 janvier 1861, à l'ambassadeur du Tsar à Paris,
blue-book. (Archives diplomatiques, 1861.)

nouvellement de la convention du 5 septembre, « à moins que la proposition ne reçût le consentement entier et volontaire de la Sublime-Porte » (1). La Turquie, par bonheur, adhéra à l'idée d'une conférence, et les plénipotentiaires se réunirent à Paris le 19 février 1861. Les divergences d'opinions qui avaient précédé sa réunion se manifestèrent encore dans son sein.

Le plénipotentiaire de France demanda que l'évacuation fût retardée jusqu'au jour où une organisation définitive aurait été donnée au Liban.

Le plénipotentiaire de Turquie protesta et déclara qu'il n'avait jamais vu et ne voulait voir dans la présence des troupes françaises en Syrie « qu'une manifestation des sympathies des puissances alliées de la Porte ». Le plénipotentiaire de la Grande-Bretagne se leva aussitôt pour déclarer que l'on ne pouvait pas admettre une résolution « qui est d'ailleurs déclinée par le plénipotentiaire de la Puissance territoriale » à qui seule appartient désormais de pourvoir à la sécurité en Syrie.

La seule concession que le plénipotentiaire anglais crut pouvoir faire, fut de proposer l'envoi de navires, en convenant à l'avance que l'on organiserait des compagnies de débarquement, si le besoin s'en faisait sentir. Mais la Turquie encouragée par le premier succès qu'elle devait à l'Angleterre, s'y refusa absolument. La conférence, dans un but de conciliation, examina alors « si l'on peut prévoir que, dans un délai déterminé, l'ordre moral sera suffisamment établi en Syrie pour qu'il soit possible, dès ce mo-

---

(1) Memorandum de lord John Russel du 29 janvier 1861 et Lettre du 4 janvier 1861, blue-book. (Archives diplomatiques 1861.)

ment, de fixer une date invariable au départ des troupes ».
Après de nouvelles discussions, fut signée, le 19 mars,
une convention qui prolongeait l'occupation jusqu'au
5 juin. L'évacuation fut effectivement opérée à cette date;
mais, une dernière fois, le gouvernement français affirma
que cette opération se faisait contre son gré et voulut dégager sa responsabilité en posant nettement ses droits.
« Nous serons les maîtres, déclara M. Thouvenel, d'examiner en dehors de toute stipulation spéciale, les événements
qui viendraient à surgir en Syrie, et nous n'avons pas à
dissimuler à la Porte que des traditions séculaires nous
imposeraient le devoir de prêter aux chrétiens du Liban
un appui efficace contre de nouvelles persécutions » (1).

Cependant l'évacuation n'eut pas les conséquences fâ-
cheusés que redoutait M. Thouvenel.

D'ailleurs la Commission européenne avait avancé ses
travaux. Des deux tâches qui lui incombaient, l'une, celle
de réparation était achevée, sauf quelques règlements d'indemnités encore pendants (2) ; l'autre, celle de réorganisation, était en bonne voie ; les commissaires avaient préparé
un projet de règlement que les ambassadeurs à Constantinople rendirent définitifs le 9 juin 1861.

L'élaboration de ce règlement avait donné lieu à bien
des difficultés ; ici encore, il avait fallu concilier des opinions très divergentes. Fallait-il essayer de soumettre tous
les Syriens sans acception de race à un gouverneur
unique ; ou valait-il mieux essayer au contraire de donner
à chaque nation un gouverneur spécial, c'est-à-dire,

(1) Cf. *Annuaire des Deux-Mondes,* année 1861.
(2) D'après les documents anglais les pertes s'évaluent pour tout le
Liban à 6.000 chrétiens tués et 150 villages ou hameaux brûlés.

établir tout au moins un chef druse et un chef maronite ?
Ce second système était celui du règlement de 1845, et,
bien que les résultats ne fussent pas faits pour encourager, il trouva encore des défenseurs ; bien plus, la commission de Beyrouth proposa d'établir trois caïmacams —
un druse, un maronite, un grec. M. Thouvenel s'éleva
très justement contre cette combinaison, qui, pour être
équitable, aurait nécessité le groupement des races, c'est-
à-dire la désagrégation.

« La création des trois caïmacamies, disait-il, sans la
désagrégation qui est impossible, ne serait qu'une cause
de division entre les populations chrétiennes, ajoutée à
l'antagonisme si malheureusement organisé entre les Chrétiens et les Druses par l'arrangement de Chekif - Effendi » (1). La France demanda très nettement un gouverneur — unique — chrétien — indigène (2). La Turquie
accepta l'idée d'un gouverneur chrétien, absolument justifiée, puisque sur 44.000 habitants environ, le Liban
comprenait 35.000 chrétiens ; mais elle repoussa l'indigénat. L'Angleterre soutint la même opinion. Tel était l'état
de la question au moment de la réunion des ambassadeurs
à Constantinople.

Il en fut de ceci comme de toutes les questions soumises au concert européen. Dans l'impossibilité de rien
décider à la majorité, puisqu'il s'agit de Puissances sou-
veraines, on aboutit à une transaction.

Sur la proposition du comte de Goltz, ambassadeur de

_____

(1) Dépêches du 2 avril et du 4 avril 1861. (Livre jaune de 1861,
affaires de Syrie.)

(2) « N'abandonnez l'indigénat qu'à la dernière extrémité » disait
M. Thouvenel, 28 mai. (Archives diplomatiques 1861.)

Prusse, il fut convenu que le Sultan nommerait le gouverneur ; il pourrait à son gré le choisir indigène ou non.

« Le Liban sera administré par un gouverneur
chrétien, nommé par la Sublime Porte et relevant d'elle
directement. Ce fonctionnaire amovible, sera investi de
toutes les attributions du pouvoir exécutif »…. (1). Puis,
pour sauvegarder les intérêts des divers éléments de la
population, on créa, auprès du gouverneur, un vékif,
nommé par les chefs et notables de chaque communauté ;
dans chaque arrondissement, un agent administratif choisi
dans le rite dominant (art. 3.) et un medjlis ou conseil
administratif, composé de membres représentant les divers
éléments de la population (art. 4.). Dans chaque commune,
enfin, un cheikh ; dans les communes mixtes, dit l'article 5,
« chaque élément constitutif de la population aura un
cheikh particulier dont l'autorité ne s'exercera que sur ses
correligionnaires ».

Les autres dispositions du règlement établissent l'égalité
de tous devant la loi, une organisation équitable de la
justice, une police mixte sous les ordres du gouverneur
qui pourra, « en cas extraordinaire et de nécessité, et après
avoir pris l'avis du medjlis administratif central, requérir
auprès des autorités militaires de la Syrie, l'assistance des
troupes régulières ». Un protocole explicatif du même
jour, 9 juin, assigna Deïr-el-Kamar pour résidence au
gouverneur, et décida que « trois mois avant l'expiration
de son mandat, la Porte, avant d'aviser, provoquera une

---

(1) Art. 1er du règlement pour l'administration du Liban, arrêté à
Constantinople, le 9 juin 1861 par la Turquie et les représentants des
cinq grandes Puissances. (Cf. De Clercq, t. VIII.)

nouvelle entente avec les représentants des grandes Puissances ».

Faut-il regretter que les Puissances n'aient pas adopté le système français dans son entier? Nous ne le croyons pas.

Un gouverneur indigène eût été forcément choisi parmi les Maronites, et les Druses n'auraient probablement jamais consenti à se soumettre à son autorité ; il est même probable qu'il eût été difficile de réunir l'unanimité des Maronites sur le choix d'un des leurs. Joseph Karam, par exemple, ce chef de bandes qui avait joué un certain rôle au moment des massacres, et dont la candidature avait été un instant mise en avant, ne réunissait autour de lui qu'un très petit nombre d'adeptes et son autorité eût sans doute été contestée même par une partie des clans maronites, toujours en rivalité entre eux.

Quoi qu'il en fût, il n'y avait plus qu'à attendre les résultats du système adopté, et, comme le disait M. Thouvenel, si le règlement tel qu'il est établi assure le bonheur et la prospérité du Liban, la France sera la première à demander son maintien, « si non, nous serons autorisés à revendiquer un gouverneur indigène » (1). Le non-indigénat avait donc, nous le croyons, de bons côtés. Il faut reconnaître cependant qu'il n'était pas sans inconvénients; il laissait le gouverneur moins indépendant, en faisait un fonctionnaire du Sultan, nommé et révoqué par lui.

Ce n'était pas le seul point défectueux du règlement de 1861. Chaque rite, avons-nous dit, y avait sa représentation séparée. Comme il y a dans chaque religion une foule de rites différents, il arriva que, dans certains

(1) Circulaire du 1er juillet 1861. Cf. De Clercq.

arrondissements, les chrétiens, plus nombreux, mais
divisés, se trouvèrent éliminés du pouvoir exécutif par les
Druses, moins nombreux, mais unis (1) ; d'où résultait
une situation profondément injuste.

En vertu du règlement, Daoud-pacha fut nommé gouverneur du Liban pour trois ans.

On peut dire que durant son administration Daoud ne
prit aucune décision importante sans s'être préalablement assuré de l'agrément du consul de France dont
l'influence fut prédominante à cette époque. Fort de cet
appui, il manifesta une grande indépendance vis-à-vis de
la Porte. Un peu avant le terme fixé pour l'expiration des
fonctions de Daoud-pacha, les Puissances se réunirent de
nouveau pour aviser, comme il en avait été convenu (2),
à la nomination d'un nouveau gouverneur et opérer les
changements qu'il pourrait être désirable d'apporter au
règlement. Daoud-pacha fut confirmé dans ses fonctions ;
pour le reste, la Conférence n'apporta que des modifications de détail, dont la plus importante est la reconstitu-
tion du medjlis central sur des bases plus solides avec une
représentation de l'élément maronite dans des proportions
plus équitables (3).

L'Italie avait été exclue des Conférences ; elle protesta ;
mais Aali-pacha répondit que « la participation des autres
grandes Puissances aux affaires du Liban a puisé sa

---

(1) Telle était la situation dans l'arrondissement du Chouf où les
chrétiens étaient divisés en trois rites. Cf. D'Alaux. *Le Liban et Daoud-pacha, 1861* (Revue des Deux-Mondes).

(2) Voir Protocole explicatif du 9 juin 1861.

(3) Cf. l'arrangement du 6 septembre 1864 « Archives diplomatiques, année 1865 ». Cf. *Dépêche de M. Drouyn de Lhuys*, du 6 septembre 1864 (Livre jaune de 1864).

. raison d'être non dans le traité de Paris, mais dans les précédents acquis antérieurement en leur faveur : elle trouve son explication dans les circonstances exceptionnelles où elle s'est produite pour la première fois » (1).

Le gouvernement de Daoud-pacha n'alla pas sans difficultés. Il fut troublé par les agitations suscitées dans le Kesrouan par Joseph Karam.

Ce chef de parti, turbulent et ambitieux, n'avait pas renoncé sans regrets au gouvernement du Liban qu'il avait pu un instant espérer obtenir; et dans les années 1865-1866, l'agitation qu'il fomentait prit une proportion inquiétante, parce qu'elle était « préméditée de longue main par le clergé maronite du Kesrouan » (2).

Les consuls généraux de Beyrouth se réunirent en vue de prendre en commun les mesures nécessaires pour mettre fin à des soulèvements que Daoud-pacha ne parvenait pas à apaiser, malgré sa modération et l'esprit de conciliation qu'il montra dans cette affaire.

« Le règlement organique du Liban, déclarèrent-ils, œuvre commune des Puissances garantes et de la Porte, étant la seule loi qui régisse le Liban, il importe de lui conserver toute sa force, tous ses effets; en conséquence, ils sont décidés à continuer leur concours moral à Son Excellence Daoud-pacha, pour l'exécution dudit règlement.

---

(1) Cf. Archives 1865. L'Italie n'avait pas pris part, en effet, aux anciens règlements du Liban. Mais elle protesta en disant que les traités de 1856, signés par la Sardaigne, ont remplacé les actes antérieurs, que ce sont eux qui règlent les choses d'Orient, et que c'est bien en vertu de l'art. 9 que les Puissances intervenaient.

(2) Dépêche du marquis de Moustier ambassadeur à Constantinople, 14 février 1866 (Livre jaune 1867, Liban).

Les consuls généraux sont prêts à donner leur concours à Son Excellence Daoud-pacha pour arriver à assurer le départ de Karam » (1).

Devant l'attitude énergique des consuls, Karam se montra prêt à traiter. Il obtint, par leur intervention, la restitution de ses biens et s'embarqua, le 31 janvier 1867, pour Alexandrie.

Depuis cette époque, l'histoire de la Syrie fut exempte de troubles et les Puissances n'eurent plus à intervenir.

Par un Protocole, signé le 27 juillet 1867, Franco-Nasri-pacha fut nommé gouverneur du Liban en remplacement de Daoud-pacha, pour une durée de dix années.

Nous ne pouvons quitter l'Asie-Mineure sans dire un mot de l'Arménie, bien que nous n'ayons aucun fait d'intervention à y signaler.

« Si, après 1856, il n'y eut pas d'intervention européenne en Arménie, dit M. Rolin-Jæquemyns, c'est que les Arméniens ne se sont pas insurgés ; ils se sont bornés à se plaindre et on ne les écouta pas (2). »

Les Arméniens, dispersés en petits groupes dans les 18 vilayets de l'Asie-Mineure « ne se trouvent en majorité dans aucun vilayet de l'Empire », dit le livre jaune de 1893-1897. Cette dispersion qui, dans un coin de l'Asie, rappelle celle des Israélites dans le monde entier, est la cause de difficultés et de persécutions. Les Arméniens obtinrent, en 1862, après un soulèvement dans le Zeïtoun, une constitution nationale arménienne.

Cette constitution établit une assemblée générale par

(1) Livre jaune 1867 (Liban).
(2) Rolin-Jæquemyns. *L'Arménie.* (Revue de droit international, année 1887.)

l'intermédiaire de laquelle « la nation exerce sa puissance ». Nous n'avons pas à entrer dans le détail des
rouages compliqués de cette Constitution dont « le
fonctionnement dépend toujours, en dernière analyse, du
bon vouloir de la Porte, seule en possession de la force
publique » (1). Cependant la Constitution donnait aux
Arméniens un droit important ou du moins qui aurait pu
l'être, le droit de se plaindre auprès de la Sublime-Porte,
par l'intermédiaire du patriarche (art. 8). Celui-ci usa de
ce droit en 1870. Mais la situation ne s'améliora pas; car
une nouvelle enquête, faite en 1876, en dévoila les dessous
vraiment misérables.

Le traité de San Stefano est le premier acte international qui parle de l'Arménie ; le traité de Berlin contient
une disposition spéciale à cette province (2).

La question arménienne est une question récente qui
appartient à l'histoire contemporaine et a été réouverte
d'une façon particulièrement sinistre de nos jours
mêmes (3).

(1) Rolin Jæquemyns. *Op. cit.*
(2) Art. 61 du Traité de Berlin :
« La S. P. s'engage à réaliser, sans plus de retard, les améliorations et les réformes qu'exigent les besoins locaux dans les Provinces
habitées par les Arméniens, et à garantir leur sécurité contre les Cir-
cassiens et les Kurdes. Elle donnera connaissance périodiquement des
mesures prises à cet effet aux Puissances, qui en surveilleront l'application. »
(3) Massacres de 1895-97.

V. — Crète.

Histoire. — La Crète rattachée à l'Empire Ottoman. — Les protocoles
de 1830 et les droits des Puissances. — Cession de la Crète à
Méhemet-Ali 1833. — Elle retombe sous la domination turque 1841.
— Les insurrections. — Les aspirations des Crétois. — Ils veulent
l'union au nouveau royaume de Grèce. — Soulèvements en 1858 —
en 1866. — Appel aux Grandes Puissances. — Manifestes crétois.
-- Politique peu énergique des Puissances. — Proposition d'intervention de la Russie. — L'Autriche est disposée à y adhérer. —
L'Angleterre refuse de se prêter à toute espèce d'intervention. —
Hésitations de la France. — Le désaccord dans le concert européen. — Attitude de la Grèce. — La Turquie refuse une enquête
internationale. — L'Europe abandonne la cause des chrétiens. —
Notes collectives auxquelles l'Angleterre refuse de s'associer. —
Répression. — Le règlement du 8 janvier 1868. — Il ne donne pas
satisfaction aux aspirations des Crétois. -- Difficultés de la question
crétoise. — Elle est loin d'être résolue.

En parlant des affaires de Crète, plus que de toute
autre, l'on peut dire que l'histoire est un perpétuel recom-
mencement. Objet de convoitises ardentes, Candie, soumise tour à tour aux Vénitiens, aux Turcs et aux
Egyptiens, a sans cesse travaillé à secouer le joug de ses
maîtres successifs; son histoire est celle d'insurrections
toujours étouffées, perpétuellement renaissantes et
continuées jusqu'à nos jours sans résultat. Aujourd'hui
encore, la Crète attend l'autonomie tant de fois promise
ou l'union avec la Grèce tant souhaitée.

Après avoir été possédée par les Sarrasins, Candie fut

achetée, en 1204, pour 1.000 marks d'argent par la République de Venise, au marquis de Montferrat qui la possédait alors comme Roi de Thessalonique.

Trop éloignés pour imposer une domination qui, d'autre part, était loin d'être supportée bénévolement, les Vénitiens eurent à lutter contre de nombreux soulèvements. « Le succès des invasions toujours rapides parce qu'elles sont imprévues ; toujours peu durables, parce qu'elles ne peuvent être soutenues ; toutes les descentes suivies d'une occupation facile, jamais d'une possession paisible, la partie montagneuse du pays offrant toujours une retraite assurée aux rebelles ; les campagnes commencées par une victoire éclatante, finissant par une guerre de postes, qui ruine ordinairement le vainqueur... » (1) ; tels étaient alors, d'après l'historien de Venise, les caractères de l'occupation, tels ils sont aujourd'hui encore.

Candie ne parvint pas à s'émanciper ; mais elle changea de maître et tomba sous la domination des Turcs. Ceux-ci, malgré les troupes et les subsides que Louis XIV fournit à la République de Venise, s'en emparèrent en 1669 (2). La domination turque n'apporta aucune modification au sort de Candie ; et les insurrections recommencèrent bientôt.

En 1770, un soulèvement fut facilement réprimé. Mais avec l'agitation de la Grèce, la situation allait devenir plus grave. Hellènes d'origine (3), les Crétois, au moins ceux

(1) Daru. *Histoire de Venise*, tome I, pages 321 et 322. — M. Daru ne cite pas moins de 14 soulèvements entre 1207 et 1365 — (page 320. Tome I).

(2) Daru, *op. cit.*, livre XXXIII.

(3) « Le sang hellénique ne se retrouve nulle part ailleurs aussi pur de tout alliage étranger, car la Crète a été préservée en partie, par sa

qui ont vécu retirés dans la montagne et ont pris peu de contact avec les autres races, n'ont en effet jamais perdu l'espoir d'être réunis à leurs frères, et les mouvements du continent ont tous eu leur contre-coup à Candie.

Au commencement de ce siècle, les Crétois eurent l'espoir que les Puissances qui se chargeaient de créer et d'organiser un nouveau royaume grec y comprendraient tous les peuples qui sont grecs par leur situation géographique comme par leurs origines et leurs aspirations. Et n'était-ce pas, en effet, le seul moyen de créer un état de choses durable? Puisque, au nom du principe des nationalités, et au nom de l'humanité, l'Europe ou du moins trois puissances, la France, l'Angleterre et la Russie assumaient la tâche d'organiser un État nouveau, du moins fallait-il remplir cette tâche jusqu'au bout et éviter d'exciter des aspirations déjà trop vives, pour n'y donner ensuite qu'une demi-satisfaction. Sinon c'était se créer des difficultés pour l'avenir; c'était organiser l'insurrection, en faire l'état normal de la Crète.

Les consuls d'Angleterre, de France et de Russie avaient promis, dès 1828, dans une dépêche confidentielle au gouvernement hellénique, de s'occuper sérieusement de cette question : « Quant aux îles de Samos et de Candie, dont l'une a depuis sept ans maintenu son indépendance,

---

situation insulaire, de l'invasion des barbares et du mélange de sang slave qui coule aujourd'hui dans les veines de la plupart des Grecs du continent et des îles. » Laurent. *La question crétoise* (Revue des Deux-Mondes, 1er juin 1877, page 636). Remarquons que « les musulmans n'appartiennent pas, comme on pourrait le croire, à la race turque; ils sont de même race que les chrétiens et pour la plupart, ils descendent de gens qui, au moment de la conquête, embrassèrent l'islamisme. » Castonnet des Fosses. *La Crète.* (Angers, 1886.)

et dont l'autre est actuellement encore en pleine insurrection, les représentants se feront un devoir d'exposer tous leurs titres à la haute protection de l'alliance et à l'application, en leur faveur, des principes du traité de Londres » (1). Ce sentiment fut partagé par un grand nombre d'hommes politiques et non des moindres. « Je me hasarderai à prédire, disait lord Palmerston à la Chambre des communes, que, si la Crète n'est pas réunie à la Grèce, nous serons en guerre avant peu d'années par rapport à cette même île » (2).

Mais la parole du noble lord ne fut pas écoutée. C'est en vain aussi que le comte Capo d'Istria s'efforça de son côté de faire triompher cette idée ; tous les arguments échouèrent devant l'opposition systématique du gouvernement anglais. Celui-ci qui, sans doute, regrettait déjà d'avoir soutenu une cause où le sentiment avait plus de part que l'intérêt, déclara qu'il fallait laisser la Crète à la Turquie pour donner à celle-ci le moyen « de tenir la Grèce sous son contrôle ». Le royaume de Grèce fut donc organisé dans ces conditions défectueuses, que depuis les Puissances ont toujours maintenues malgré les avertissements et les réclamations. Mieux inspiré, le prince Léopold de Saxe-Cobourg, quand on lui offrit la couronne, mit pour condition de son acceptation la réunion de la Thessalie et de Candie. Mais l'Angleterre avait décidé que Candie resterait irrévocablement turque, et le prince Léopold eut la sagesse de retirer sa candidature. Cepen-

---

(1) Dépèche confidentielle du 8 décembre 1828. Cf. La brochure *La Crète devant l'Europe chrétienne* (Athènes, 1866).

(2) V. *Annuaire encyclopédique*, 1866-67 (Discours du 16 février 1830).

dant, les trois cours garantes prises de remords, semble-
t-il, signèrent le protocole du 20 février 1830. « En vertu
d'engagements contractés d'un commun accord, les
Puissances se croient tenues d'assurer aux habitants de
Candie et de Samos une sécurité contre toute molestation,
en raison de la part qu'ils avaient prise dans les troubles
antécédents... Dans le cas où l'autorité turque serait
exercée d'une manière qui pourrait blesser l'humanité,
chacune des Puissances alliées, sans prendre toutefois un
engagement spécial et formel à cet égard, croirait de son
devoir d'interposer son influence auprès de la Porte, afin
d'assurer aux habitants des îles sus-mentionnées une protection contre des actes oppressifs et arbitraires » (1). Et
le 8 avril, les trois Puissances précisaient davantage
encore leur sentiment. « Les trois cabinets se plaisent à
croire que dans sa sagesse éclairée, la Sublime-Porte se
convaincra elle-même qu'attendu les rapports de proximité
et de religion qui unissent les Grecs de Samos et de Crète
aux sujets du nouvel Etat, une administration équitable et
douce est le moyen le plus certain d'y maintenir la domination sur des bases inébranlables (2). » Les Puissances
pensaient atténuer leur faute en promettant à la Crète un
régime spécial qu'elles s'engageaient solennellement à
obtenir.

Si nous avons cité ces textes, c'est qu'ils créent, en
faveur des Puissances et dans les affaires de Crète, un
droit particulier d'intervention qui vient s'ajouter aux
droits consacrés par les principes généraux du droit international et par les textes applicables à l'ensemble de

(1) Cf. de Clercq. *Recueil*, tome III, p. 563.
(2) De Clercq, t. III, p. 565.

l'Empire Ottoman ; ils leur imposent par contre, un devoir
plus strict encore que dans les autres affaires de la
Turquie.

La Porte adhéra sans restriction à la note du 8 avril.
Mais il aurait été imprudent de trop se fier à toutes ces
belles promesses. Samos, il est vrai, obtint, par firman du
11 décembre 1832, un régime particulier sous lequel elle
n'a cessé de prospérer, et un si heureux résultat, dû à
l'intervention des Puissances, est assez rare pour être
remarqué (1).

Mais le sort de Candie ne fut pas aussi heureux (2).
Dès 1824, elle avait été rattachée à la vice-royauté
d'Égypte et soustraite, en fait, à l'administration ottomane.
Par un firman du 20 décembre 1832, elle fut placée définitivement sous l'administration de Méhémet-Ali.

La guerre d'Égypte de 1840 fit retomber Candie sous
la domination directe du Sultan, et les soulèvements
recommencèrent (3).

---

(1) « Samos, dit Reclus, fait un commerce considérable, double de
celui de la France, proportionnellement au nombre des habitants.
C'est que la population jouit d'une autonomie presque complète et
n'a rien à craindre de la garnison turque de 156 hommes, troupe de
parade maintenue pour la forme au nom du Sultan. Un tribut annuel
de 47.006 francs libère les Samiens de toute autre sujétion ; le gouvernement est attribué à un certain nombre de notables que préside
un prince désigné par la Porte. Les insulaires ont leur pavillon, que
toute une flotte de chaloupes montre fièrement dans l'archipel. L'île
de Samos jouit d'une grande prospérité matérielle..... » Reclus. *Géographie universelle*, t. IX, p. 631.

(2) Sur l'historique de la question crétoise, Cf. l'article de M. Streit.
La question crétoise au point de vue du droit international (Revue
générale de droit international public, janv.-fév. 1897).

(3) A vrai dire la domination égyptienne n'avait pas ramené le

En 1848 d'abord, puis en 1857, les Crétois, désillusionnés par la manière dont étaient appliquées les réformes promises en 1839 et en 1856, formulèrent des plaintes contre le gouvernement de Vély-pacha, et protestèrent surtout contre l'augmentation et l'arbitraire des impôts.

Le Sultan envoya aussitôt des troupes, ce qui ne fit qu'augmenter l'effervescence et les insurgés s'adressèrent aux Consuls européens. La Porte se résigna à faire quelques concessions. Sami-pacha, nommé à la place de Vély-pacha, promit l'amnistie générale, l'observation stricte du Hatti-Humayoun, ce qui, à en juger par les précédents, n'était pas très compromettant, et s'engagea à laisser répartir par · les indigènes eux-mêmes l'impôt d'affranchissement pour le recrutement militaire (1). Moyennant ces nouvelles promesses, et grâce aussi à l'arrivée de 800 hommes sous les ordres d'Emin-pacha, le calme régna dans l'île, mais il ne devait pas durer plus que les mesures libérales qui en avaient facilité le rétablissement.

Dix ans à peine s'écoulèrent avant que de nouveaux désordres plus graves n'éclatâssent.

Les insurgés ne demandèrent d'abord que l'exécution des firmans, qui tous étaient restés lettre morte ; et firent

calme dans l'île ; on pourrait signaler plusieurs insurrections entre 1833 et 1840.

(1) *Proclamation de Sami-pacha* (Annuaire des Deux-Mondes 1857-1858).

On sait que les chrétiens sont exemptés du service militaire moyennant un rachat obligatoire. L'arbitraire avec lequel Vely-pacha faisait percevoir cette taxe avait été pour beaucoup dans l'insurrection de 1857.

preuve d'une très grande modération, en se réunissant
sans armes, pour rédiger une « supplique qui porterait à
la connaissance de S. M. le Sultan, l'exposé de leurs
besoins et le sujet de leurs plaintes ».

Dans cette pétition, ils demandaient la liberté religieuse,
une réforme des impôts et une réorganisation des tribunaux (1). Ces demandes paraîtront très modérées, si
l'on remarque qu'elles se réduisent, en somme, aux mesures déjà promises par le Hatt de la Sublime-Porte.

Le Sultan, au lieu de donner satisfaction à ces légitimes revendications qu'il eût pu, tout au moins, examiner sérieusement, les accueillit avec hauteur, répondit
que les impôts étaient moindres en Crète que dans les
autres Provinces de l'Empire, ce qui était une piètre con-
solation; que les routes, les écoles et les hôpitaux se
feraient petit à petit, ce qui laissait les Crétois avec la
perspective d'avoir à s'en passer longtemps encore, et
somma l'Epitropie de se dissoudre. « Si les personnes
réunies en ce moment, écrivait-il au gouvernement, se
soumettent, donnent des garanties par écrit de leur obéissance dans l'avenir, et si chacun retourne chez soi et
reprend ses travaux, tout sera oublié. Si, malgré tout ce
qui précède, elles persistent dans leur désobéissance, la

---

(1) Cette pétition est du 26 mai 1866. Voici en gros quelles étaient
les demandes des Crétois : 1º diminution des taxes et suppression de
la ferme de l'impôt; 2º Création de voies de communication ; 3º Mise
en vigueur des privilèges promis en 1858; 4º Établissement d'une
banque de crédit ; 5º Réforme des tribunaux devant lesquels la
langue grecque serait admise; 6º Respect de la liberté individuelle ;
7º Liberté de l'enseignement ; 8º Déblaiement des ports et liberté
d'importation et d'exportation ; 9º Tolérance religieuse ; 10º Amnistie
générale pour tous ceux qui ont pris part au mouvement patriotique
(Livre jaune 1867. Crète).

troupe marchera contre elles. (1) » Singulière façon de
faire droit aux réclamations des Crétois! les actes suivirent de près la menace; la Porte brusqua la situation
en envoyant une flotte dans les eaux de la Canée. C'était
donner aux événements une importance et une signification qu'ils n'avaient pas tout d'abord et que les Crétois
eux-mêmes n'avaient pas entendu leur donner. Les insurgés, puisque la Porte considérait les Crétois comme tels,
publièrent un nouveau manifeste : « Nous prenons les
armes, disaient-ils en terminant, non pas contre notre
Gouvernement, mais pour notre défense individuelle,
craignant la mauvaise foi d'Ismaïl-pacha..» (2). Puis, ils
s'adressèrent aux Consuls européens à la Canée et leur
rappelèrent les promesses des Puissances. Nous ne demandons, disaient-ils, que «le respect des droits que les
Puissances protectrices nous ont garantis par les traités et
les protocoles. » Ils « prenaient les Puissances à témoin »
des injures qui leur étaient faites, et « rendaient l'autorité
responsable de toutes les conséquences de son attitude
devant le monde civilisé ».

Qu'allait faire l'Europe ainsi prise à partie? Serait-elle
spectatrice impassible d'une lutte sanguinaire et barbare?
Résisterait-elle aux sollicitations de ceux qui voulaient lui
confier l'organisation de l'île, qui ne lui demandèrent
bientôt plus qu'une chose « intervenir pour sauver d'inno-
centes créatures? » (3)

(1) Livre jaune 1867, Crète.
(2) *Manifeste du 20 juillet 1866* (Livre jaune 1867, t. VIII,
p. 303.)
(3) Cf. pétition du 14-26 mai 1866 ; Annexe à la dépêche du consul
de France, du 26 août 1866. (Livre jaune 1867, t. VIII. Crète, et pétition du 2 fév. 1867).

Se déciderait-elle, au contraire, à s'interposer au nom de l'humanité méconnue et des traités violés?

Le concert européen, disons-le tout de suite, ne put se mettre d'accord, et les maux qui ont ravagé la Crète doivent être imputés au compte de la diplomatie, toujours hésitante et divisée au moment où il faudrait agir.

Quant à la Grèce, si elle assuma une part de responsabilité dans les évènements, qui pourrait la blâmer d'avoir cherché à secourir les Crétois?

La Russie se montra disposée dès le début à intervenir. « Malgré le désir de l'Empereur, déclara le prince Gorchakoff, d'éviter autant que possible les interventions collectives de l'Europe dans les affaires intérieures de l'Empire Ottoman, qui ont pour effet de déconsidérer et affaiblir le gouvernement turc sans amener de résultats qui puissent compenser ces inconvénients, » cependant « il est de l'intérêt et du devoir des Grandes Puissances de ne pas rester spectatrices inactives d'évènements qui peuvent avoir des conséquences aussi graves. L'intervention des Puissances pourrait prendre pour point de départ les engagements communs qu'elles ont contractés en 1830, puis le hatti-humayoun de 1856 qui a une valeur internationale par la mention qui en est faite dans les traités. » (1) Rendons justice à la Russie; sans doute cette attitude lui était dictée par l'intérêt, mais les idées qui l'inspiraient étaient conformes au droit et à l'humanité, et, si les autres gouvernements les avaient accueillies et adoptées comme ils auraient dû le faire, bien des malheurs auraient pu être évités.

(1) Dépêche du prince Gorchakoff du 20 août 1866. (Archives diplomatiques, année 1867. Tome II).

Malheureusement il n'en fut pas ainsi. La France se montra, il est vrai, disposée à entrer dans la même voie, et M. Drouyn de Lhuys, notre ministre des affaires étrangères envoya à l'ambassadeur de Constantinople des instructions dans ce sens. Après avoir rappelé les droits que donnent aux trois Puissances garantes le protocole de 1830, « le gouvernement ottoman, disait-il, ne saurait donc s'étonner si d'accord avec vos collègues représentants de ces deux Puissances, vous faisiez usage de vos bons offices pour obtenir de lui le redressement des griefs dont la réalité serait constatée. Il y a d'ailleurs un intérêt général à prévenir un mouvement insurrectionnel qui, s'il éclatait, risquerait d'avoir son contre coup dans d'autres parties de l'Empire Ottoman. » (1)

Mais déjà le gouvernement français avait fait des réserves, et s'il voulait bien empêcher les massacres et affirmait avec sincérité qu'il eût même été heureux d'obtenir pour la Crète quelques-unes des réformes promises, il ne voulait pas aller au delà, et ne semblait pas disposé à recommencer une expédition de Syrie. Cette inquiétude perce dans toutes les dépêches de M. Drouyn de Lhuys.

Il apprend avec anxiété que les insurgés ont pris les armes : l'attitude du Consul grec lui semble suspecte. Ne s'agit-il réellement que du redressement de quelques abus?

Le mouvement (2) ne tendrait-il pas plutôt à l'indépendance? Cette idée l'effraye et dans ces conditions il se ferait

---

(1) Lettre du 24 août 1861. (Livre jaune 1867.)

(2) Cf. entre autres, Dépêche du marquis de Moustier à l'Ambassadeur de France à Constantinople du 22 août 1866 (Livre jaune 1867. Crète).

scrupule d'encourager l'insurrection. Non seulement il ne
l'encourage pas ; mais il cherche à la décourager, et les
commandants français recevront bientôt l'ordre de cesser
le transport des chrétiens qui jusque là avaient trouvé un
refuge sur nos navires.

L'on voit ainsi ce fait nouveau et rare heureusement,
les marins français obligés de fermer les yeux pour ne pas
voir la misère affreuse des chrétiens, obligés de se bou=
cher les oreilles pour ne pas entendre les cris de ces
affamés, obligés enfin de par l'ordre du gouvernement,
d'abandonner au fanatisme des musulmans cette foule de
femmes et d'enfants qui tendaient vers eux des mains sup-
pliantes, croyant que sous le drapeau français les opprimés
trouvaient toujours asile et protection. D'ailleurs, on ne
saurait trouver une meilleure appréciation de la politique
embarrassée de la France que dans le résumé que l'Empereur lui-même en fit dans le discours d'ouverture de la
session législative de 1867 : « les Puissances se con-
certent, y est-il dit, pour amener une situation qui satis-
fasse aux vœux légitimes des populations chrétiennes,
réserve les droits du Sultan et prévienne des complications
dangereuses. » Les députés auraient pu se demander s'il
était possible de ménager le Sultan sans que ce fût au
détriment des chrétiens, mais ils se contentèrent de phrases
pompeuses.

Nous sommes loin déjà de 1860, et la différence est
grande entre l'attitude de la France dans les affaires de
Syrie, et sa conduite dans les événements de Crète ; elle
n'est pas moins considérable dans les résultats. Il semble
d'ailleurs que la Crète soit destinée plus particulièrement
à souffrir du désaccord des Puissances qui se manifeste si
douloureusement dès qu'il s'agit de cette malheureuse île.

L'Angleterre répondit froidement aux avances du prince Gorchakoff. Elle ne voulait pas faire de démarches qui pourraient être « interprétées comme une expression de sympathie pour la cause des insurgés. » Le fait eût été nouveau (1) en effet et nul ne songea à s'étonner de cette réponse. « Le principe de notre Gouvernement, dira lord Malmesbury, était le principe de la non intervention, cette règle à laquelle nous avons fermement adhéré et qui a été notre pensée directrice lorsque nous avons refusé de nous associer aux notes identiques des autres Puissances » (2). Non pas que l'Angleterre eût grand intérêt à défendre la Turquie, mais elle était avant tout l'ennemie de la Russie : elle soutenait l'une pour atteindre indirectement l'autre (3).

L'Autriche, au contraire, se montra disposée à entrer dans les vues de la Russie, car à cette époque l'Empire

(1) Même dans l'insurrection grecque, l'Angleterre s'était laissé entraîner on peut le dire, malgré elle. Cf. « Le déplorable malentendu » de Navarin.

(2) Séance du 20 mars 1868. *The annual register*, année 1868, p. 133.

(3) Nous croyons que l'opinion émise à cet égard par le duc d'Argyll à la Chambre des lords, dans la séance du 25 juin 1867, rend bien l'idée anglaise à cet égard. « The duke Of Argyll proceded to notice our interest in connexion with the Turkish Empire, an Empire, he said, stamped with the mark of decay and death. He justified the crimean war, not as having been undertaken in defence of Turkey, but against the designs of Russia upon Constantinople, and dwelt upon the interest which this country must take in the condition of the Christian population of Eastern Europe. » [*The annual Register 1867*, p. 150-151].

Dans le même discours, le duc d'Argyll « attributed the rising in Crete to the misgovernment of the Turkish Authorities, added to the natural discontent of a christian majority subjected to the rule of a musulman minority; and thought that the Cretans were hardly to be condemned after the contemptious manner in which their petition for redress or grievances had been received at Constantinople. »

Austro-Hongrois inaugurait sous le ministère de M. de Beust, une politique libérale, franchement favorable aux nationalités.

La Grèce, de son côté, faisait entendre de pressants appels et stimulait la bonne volonté des Puissances. Aux trois Cours garantes, elle rappelait leurs promesses et demandait « si ces engagements qui constituent pour elles le droit de surveillance et d'intervention collectives ont été remplis »; à toutes, elle rappelait les traités de 1841 et de 1856, qui, disait-elle, « sont un engagement moral envers les Crétois. » Elle les suppliait de donner à ceux-ci « une existence plus conforme à leur histoire et aux exigences de la civilisation et de la justice (1) ».

La discorde n'en subsistait pas moins dans le concert, et les Puissances, ainsi divisées, ne surent pas prendre de décision énergique ; elles se contentèrent de demander le remplacement d'Ismaïl-pacha, ce qui fut fait (2) et l'envoi d'un commissaire turc chargé d'examiner la situation et de proposer des remèdes. Mais, comme toujours, la Porte temporisait ; elle répondit aux reproches qui lui étaient faits par une accusation contre la Grèce, puis profita très habilement des discussions de l'Europe pour protester contre la note du Prince Gorchakoff ; « les affaires qui concernent la Crète, déclara Aali-pacha, sont purement du domaine de l'administration intérieure de l'Empire, et toute invocation d'intervention des Puissances ou de leur concours pour une solution ne saurait être qu'une violation des clauses expresses du pacte de 1856, de ce qu'il a

(1) Mémorandum du Gouvernement Grec du mois de septembre 1866 (Archives diplomatiques, année 1867.)

(2) Le nouveau gouverneur fut Mustapha-pacha, dit Kiritli.

justement prévu et interdit comme étant une ingérence étrangère » (1). Aali-pacha profitait des circonstances pour essayer de réduire à néant les dispositions de l'article 9, et il faut reconnaître que l'inertie des Puissances facilitait singulièrement sa tâche.

Les Crétois comprirent qu'ils n'avaient plus rien à attendre ni des Puissances ni de la Turquie. Celle-ci cependant se décida à envoyer un commissaire, Sever-Effendi, chargé d'obtenir la nomination de représentants crétois des deux religions qui se rendraient à Constantinople pour traiter directement avec le Sultan et établir, d'accord avec lui une organisation pour la Crète. Mais les Crétois pressentirent un piège ; ils répondirent par le manifeste du 2 septembre, dans lequel ils exposaient une dernière fois leurs vœux et leurs droits.

Ils y rappellent aux Puissances les engagements qu'elles ont pris et invoquent les droits que le sang versé tant de fois pour la liberté, a dû leur acquérir.

Enfin, ils concluent : « l'Assemblée crétoise, conformément à l'ordre qu'elle en a reçu et à la volonté du peuple, accepte et décrète :

1º Elle répudie pour toujours de l'île de Crète et de ses dépendances la domination ottomane.

2º Elle déclare l'union indivisible et éternelle de la Crète et de ses dépendances à la Grèce, sous le sceptre de S. M. le Roi des Hellènes, Georges Iᵉʳ.

3º L'exécution de ce décret est abandonné à la foi et à la valeur du généreux peuple crétois, à l'aide de tous ses coreligionnaires et des philhellènes, à la forte interven-

(1) Aali-pacha 16 octobre 1866, livre rouge turc sur les affaires de Crète 1866-1867 (Archives diplomatiques, année 1868).

tion des Puissances protectrices et garantes, et à la volonté de Dieu » (1).

Cependant, Omer-Pacha crut habile d'user d'intimidation. Dans une proclamation du 14 septembre 1866, il
exigea la soumission des insurgés dans les cinq jours;
« si non, déclara-t-il, je prendrai les mesures nécessaires
pour assurer la tranquillité de l'île et sauvegarder la vie,
l'honneur et les biens des sujets tranquilles ».

Au point où en étaient les choses, c'était une véritable
déclaration de guerre. La lutte continua avec plus d'acharnement que jamais. Dieu sait comment furent « sauve-
gardés la vie, l'honneur et les biens des sujets tranquilles ».

La Russie poursuivait sa tâche, elle ne cessait de faire
entendre des appels aux autres Puissances. Elle leur montrait quelles conséquences graves leur inertie avaient eues
déjà et pourraient entraîner encore. Enfin, elle leur proposait de nouveau un accord en vue d'une intervention
énergique, et s'efforçait de leur démontrer que le seul
moyen de rétablir l'ordre et d'assurer la tranquillité dans
l'île était d'en faciliter la réunion avec la Grèce : « Si les
Puissances, écrivait le prince Gorchakoff, veulent sortir
de la voie des expédients et des palliatifs, qui jusqu'ici
n'ont fait que grever l'avenir des difficultés du présent,
nous ne voyons qu'une issue possible, c'est l'annexion de
la Crète à la Grèce ». Mais prévoyant les objections et
sincèrement désireux avant tout de faciliter une solution,
le Chancelier russe ajoutait : « si cette combinaison paraissait trop radicale pour avoir des chances pratiques de

_____

(1) Proclamation du 2 septembre 1866. Cf. Livre jaune 1867, Crète.
V. aussi dépêche de M. Derché, 3 septembre 1866.

succès, au moins pourrait-on faire de l'île de Crète un
Etat autonome, lié à la Porte par un simple lien de vassa-
lité analogue à celui qui existe dans les Principautés-Unies.
Ce serait une transition vers l'annexion à la Grèce, solution qui tôt ou tard nous paraît inévitable » (1).

L'Autriche, qui cherchait à se relever de Sadowa, se
montra disposée à soutenir la Russie ; nous avons déjà signalé ce revirement dans sa politique. Dans une importante dépêche du 1ᵉʳ janvier 1867, M. de Beust laisse entendre qu'il ne reculerait pas devant même les concessions de la plus haute importance, pour obtenir l'alliance
russe (2).

La France cherchait aussi à se rapprocher du Cabinet
de Saint-Pétersbourg (3) et le marquis de Moustiers qui
avait déjà parlé d'une « consultation de médecins » et de

---

(1) Dépêche du 16 novembre 1866. *Annuaire des Deux-Mondes*,
année 1866-67, p. 551.

(2) M. de Beust proposait « une révision du traité de Paris du
30 mars 1856 et des actes subséquents. Les remèdes, disait-il, à
l'aide desquels on a cherché, dans le cours des dernières années, à
maintenir le statu quo, en Orient, se sont montrés insuffisants à
maintenir les difficultés que chaque jour est venu accroître. La phy-
sionomie de l'Orient, prise dans son ensemble se présente aujour-
d'hui sous un aspect essentiellement différent de celui qu'elle avait
en 1856, et les stipulations de cette époque, dépassées qu'elles sont
sur plus d'un point important par les événements survenus depuis, ne
répondent plus aux nécessités de la situation actuelle. » Beust proposait une enquête et au besoin une intervention collective dans
laquelle « il y aurait lieu de tenir compte dans une mesure conve-
convenable, du rôle naturel qu'assure à la Russie en Orient, la communauté des institutions religieuses. » Il parlait même de la nécessité
d'une revison des dispositions du traité de Paris, relatives à la mer
Noire.

Cf. Beer. *Die orientalische Politik Œsterreichs*, p. 59.

(3) Cf. Klackzko, *Deux Chanceliers*.

« remèdes héroïques », prononça enfin le grand mot et
mit en avant l'idée d'un plébiciste, mot magique qu'il suf-
fisait, semble-t-il, de prononcer pour mettre fin à toutes
les difficultés ; panacée universelle que la France et son
empereur offraient à tous les peuples. « En ne prenant les
faits que par leur côté purement matériel, disait notre
ministre des affaires étrangères. On ne peut s'empêcher
de penser que la Porte ferait un acte de haute sagesse, si
elle consultait les populations, non pour la forme, mais
d'une manière vraiment sérieuse, en les mettant à même
de se prononcer sur la cause de leurs maux et sur les remèdes à y appliquer » (1).

L'Angleterre repoussa formellement la proposition
française comme elle avait déjà repoussé la proposition
russe ; elle ne voulait intervenir à aucun prix ; tout au
plus lord Stanley se permit-il de donner quelques conseils. Ils suggérait l'idée que le Sultan pourrait peut-être
donner à la Crète un gouverneur chrétien, assisté d'un
conseil mixte, mais il se hâtait d'ajouter aussitôt qu'il
n'entendait pas imposer une solution ; Il se permettait
seulement de soumettre une idée à la Porte qui restait
bien entendu entièrement libre de l'adopter ou non.

« En offrant ce conseil, le gouvernement anglais répudie
absolument la pensée d'intervenir dans le droit de la Porte
d'exercer un jugement indépendant sur la direction de ses
affaires intérieures. C'est à la Porte, non à lui, qu'il
appartient de décider si elle veut agir d'après ses recommandations ou de les décliner. » On avouera qu'il est
impossible d'être plus respectueux des droits de souveraineté d'un État ; mais on sera forcé de reconnaître aussi

(1) Marquis de Moustier, 8 mars 1867.

que cette attitude est siguliòrement coupable quand elle autorise le pillage et le massacre.

La note française fut mieux accueillie par les autres puissances, et le 17 mai 1867, les représentants de la France, de l'Italie, de la Prusse et de la Russie remettaient au divan une note identique. L'ambassadeur d'Autriche fit de son côté, le même jour, une démarche dans le même sens. « Le moment nous semble venu, disaient les ambassadeurs, de rechercher sérieusement l'origine du mal et les remèdes qu'il comporte. Les populations seules, librement et sincèrement consultées pourraient l'indiquer. Cette consultation devrait avoir lieu sur place, et il serait important que les puissances fussent mises à même de s'éclairer directement sur l'état réel des choses. »

Aali-pacha répondit que le Gouvernement Turc était tout disposé à accepter l'idée, mais se réservait le droit de déterminer la forme et le but qui ne « devraient pas dépasser les limites naturelles de ses droits de souveraineté » (1). Après le commentaire anticipé de l'Angleterre, on pouvait prévoir que la Turquie entendait pousser très loin « les limites naturelles » de ses droits de souveraineté : d'ailleurs, si l'on reconnaissait au Sultan le droit de déterminer la forme et le but de l'enquête, on pouvait tenir pour certain que celle-ci serait conduite de manière à donner aux Crétois la moindre satisfaction possible.

En témoignage de son zèle, le Sultan envoya en Crète le Grand-Vizir, Aali-pacha, qui promit l'amnistie et fit cesser les hostilités tout en maintenant Candie en état de blocus. Mais les insurgés répondirent qu'ils n'admettraient

(1) 20 juin 1867.

que l'enquête d'une commission européenne (1), et la mission du Grand-Vizir échoua.

L'attitude de la Turquie n'avait eu d'autre résultat que de lui retirer définitivement l'appui moral des Puissances. Toutes, sauf encore l'Angleterre, le lui déclarèrent en rappelant qu'elles avaient voulu intervenir pour mettre fin à un état de choses « qui, non seulement blessait leurs sentiments d'humanité, mais dont le contre-coup parmi les populations chrétiennes de la Turquie pouvait mettre en danger le repos de l'Orient et les intérêts de la paix générale » (2). Mais en somme, ceux qui perdaient le plus à cette déclaration c'étaient les Chrétiens ; abandonnés de tous, ils durent faire leur soumission.

Aali-pacha, cependant, à la suite de son enquête, avait violemment pris à partie la Grèce et les Puissances qu'il accusait de partialité à l'égard des familles chrétiennes (3).

Nous avons fait aux Puissances un reproche tout opposé,

---

(1) 11 octobre 1867.

(2) Note remise au Ministère des affaires étrangères de Turquie, le 29 oct. 1867, par M. Outrey 1er drogman de l'ambassade de France. Dès le 3 octobre 1867 le prince Gorchakoff avait dit : « Les efforts de persuasion morale et de diplomatie sont épuisés. Les Puissances se trouvent dans l'alternative ou d'une acceptation de cette fin de non recevoir, ou de l'emploi de mesures de coercition. La première combinaison est incompatible avec leur dignité et les intérêts européens en Orient; la seconde a été jusqu'ici exclue de leurs prévisions. Il ne reste donc plus, selon nous, qu'à prendre une attitude qui dégage leur responsabilité et témoigne clairement de leurs dispositions en face des complications que peut faire naître l'aveuglement de la Porte. »

Cf. *Archives diplomatiques* année 1868.

(3) *Rapport du 1er mars 1868.* Livre rouge turc (V. Archives diplomatiques, année 1868).

puisque nous avons trouvé qu'elles n'avaient pas soutenu assez énergiquement la cause des chrétiens. Quant à la Grèce, nous ne pouvons être aussi affirmatifs. Certainement, nous aurions de la peine à la blâmer d'avoir encouragé les insurgés ; c'était de sa part un sentiment trop naturel ; mais peut-on, au point de vue du droit pur, en en dehors de toute question de sentiment, approuver en tous points sa conduite ? La question a été soumise, à la suite des plaintes de la Turquie, à une conférence européenne. Nous en parlerons plus loin. Pour le moment, il nous reste à faire l'étude du règlement donné à la Crète, en janvier 1868 (1).

Le firman contient d'abord quelques dispositions concernant les impôts : la dîme est suspendue pour deux ans ; pendant les deux années suivantes, elle sera diminuée de moitié et le produit en sera affecté « aux améliorations indiquées comme les plus favorables aux intérêts commerciaux et agricoles de l'île par l'assemblée générale, qui, élue par toute la population, doit se réunir chaque année au chef-lieu du vilayet ».

Quant à la contribution de rachat du service militaire, cause première des événements de 1866 et 1867, « tous nos sujets, est-il dit, ayant un égal titre à notre sollicitude, nous avons en outre décidé que les habitants chrétiens de la Crète seront exemptés de la contribution pour le rachat du service militaire, aussi longtemps que la population musulmane de l'île sera exempte de ce service ; et qu'il sera donné suite aux vœux exprimés concernant certains

(1) Firman impérial du 15 Ramazan 1284 (10 janvier 1868). Le texte se trouve dans le Livre jaune de 1897 sur les affaires de Crète de juin 1894 à février 1897.

impôts, dans l'adresse présentée par les délégués musulmans et chrétiens qui se sont réunis à la Canée, conformément aux dispositions de notre firman impérial émané
à ce sujet. »

Après ces fermes paroles, ces promesses alléchantes de
dégrèvements et ce témoignage inusité de respect pour les
vœux des populations, le firman entre, sans plus tarder,
dans des détails de la nouvelle organisation.

On est frappé du soin avec lequel le Sultan s'efforce de
ménager la représentation des chrétiens dans tous les
rouages de cette administration, mais nous verrons en y
regardant de plus près, qu'il ne faut pas trop se hâter
d'applaudir à la réforme.

Auprès du vali, nous trouvons deux conseillers choisis, « l'un parmi les fonctionnaires musulmans et l'autre
parmi les fonctionnaires chrétiens de l'Empire ». Mais
remarquons déjà que ces deux fonctionnaires, comme
le vali lui-même d'ailleurs, comme aussi (et pour ce dernier, c'est tout naturel), le commandant des forteresses
impériales et des troupes de l'île, sont nommés directement par le Sultan.

Si nous passons aux subdivisions administratives,
les sandjaks ou arrondissements seront administrés par
des mutessarifs, choisis parmi les fonctionnaires du gouvernement impérial — moitié parmi les musulmans et
moitié parmi les chrétiens; avec les premiers, des mouavins ou adjoints chrétiens, et les seconds, des mouavins
musulmans; tous, bien entendu, nommés par le gouvernement impérial.

Cette disposition qui, à première vue, a l'air très équitable, est au fond profondément injuste, puisque musulmans
et chrétiens ont la même représentation, bien que les musul-

mans soient loin d'être aussi nombreux que les chrétiens.

Une certaine place est faite aux Chrétiens dans l'administration des kazas ou cantons et dans l'administration des finances. De même, dans les conseils d'administration placés auprès du gouvernement général et auprès du gouverneur des sandjaks mixtes, il y a, en dehors des membres de droit, six membres élus, dont trois musulmans et trois chrétiens, bien que les chrétiens, au moins pour le gouvernement central, soient plus nombreux que les Musulmans.

Ce système d'égalité de nombre entre les Musulmans et les Chrétiens se retrouve dans l'organisation judiciaire où elle a des inconvénients peut-être plus graves encore : « ...Les tribunaux du chef-lieu du gouvernement général et des sandjaks et kazas mixtes seront composés de membres musulmans et chrétiens, élus par la population... tous les procès civils, criminels et commerciaux, entre chrétiens et musulmans et toute autre contestation mixte seront jugés par les tribunaux civils et commerciaux mixtes... » De même encore pour la composition du Conseil général, chargé d'étudier les questions relatives aux questions d'utilité publique : « 12° il sera institué au centre du gouvernemement général, un conseil général élu par la population et dans lequel chaque kaza sera représenté par deux délégués ; chaque kaza exclusivement musulman enverra au Conseil général des délégués musulmans ; il en sera de même des kazas exclusivement chrétiens ; enfin chaque kaza mixte sera représenté par un délégué musulman. »

Enfin, les impôts sont limitativement déterminés et l'examen des moyens propres à assurer la perception

intégrale des revenus de l'État et à fournir à la population de l'île, des facilités et des avantages dans le paiement
des dîmes et de l'impôt militaire, sera dévolu au Conseil
général..

Si, dans une appréciation générale du règlement organique, l'on remarque que, d'une part, le plus grand nombre
des districts sont mixtes, et que, d'autre part, la population
totale de la Crète est estimée d'après les documents de
l'époque, à 300.000 habitants environ, dont 70.000 musulmans seulement (1), l'on sera fondé à avoir des craintes
sur les résultats de cette organisation.

Les Crétois protestèrent et transmirent leurs doléances
aux Consuls européens : « les règlements concernant
l'administration et la justice, disaient-ils. ne sont pas équitables, parce que les musulmans, quoiqu'ils ne forment
qu'un quart de la population, ont le droit d'élire le même
nombre de conseillers et de juges que les chrétiens. Par
ce système d'élection, joint au droit qu'a le gouvernement
de nommer les chefs des administrations et les Présidents
des tribunaux qui sont pour la plupart des Musulmans
sans instruction, toute l'autorité administrative et judiciaire est concentrée dans les mains de l'autorité musulmane. »

Nous avons vu que cette plainte est fondée. « Il serait
oiseux, continue la protestation des Crétois, de citer les
faits où ce système a compromis la fortune, l'honneur et
la religion des habitants chrétiens ; il suffit de constater
qu'un chrétien obtient rarement justice contre un adver-
saire musulman » (2). Nous verrons en étudiant l'état

(1) V. *Annuaire des Deux-Mondes,* année 1866-1867.
(2) Brunswick. *Le Traité de Berlin annoté et commenté.* V. p. 90.

général de l'Empire Ottoman, ce qu'il faut penser de ceci.

On voit que le règlement organique, malgré de graves défauts, contenait en somme d'heureuses dispositions. Les Crétois se seraient montrés sensibles à la sévère réglementation du système fiscal qui en écartait tout arbitraire. Ils auraient été reconnaissants aussi à juste titre du « développement de voies de communication car dans ce malheureux pays, il n'y a plus une seule route, un seul chemin qui soit en état de viabilité, même mauvaise; de la « formation de caisses de crédit » du développement de l'instruction publique; des amélioration dans l'agriculture, l'industrie et le commerce, pour lesquels le gouvernement impérial promettait d'allouer sur les revenus de l'île, des fonds dont l'emploi devait être placé sous le contrôle du Conseil général. Et peut-être le règlement organique eût-il pu avoir l'heureux résultat d'amener un certain apaisement en Crète. Mais au moins aurait-il fallu en appliquer les dispositions avec loyauté; ce ne fut pas fait, et de plus, une foule de règlements de détail qui devaient en régler l'exécution, en modifièrent le sens et en annihilèrent l'effet; les réglements sur les finances et les travaux d'utilité publique furent violés, et malgré la promesse formelle qui en avait été faite, de nouvelles contributions furent prévelées; les travaux publics enfin, ne furent pas exécutés.

Voici comment, deux ans après la promulgation du règlement, un Consul anglais dépeignait la situation : « Le Conseil général a adressé au Gouvernement, d'année en année ses plaintes au sujet de la violation de la loi; la Porte s'y est montrée indifférente; un iradé impérial ordonnait la restitution du supplément de dîme dans tout

l'Empire; mais on n'a rien restitué aux contribuables de
l'île : » (1) Faut-il s'étonner que les Crétois ne se soient
pas tenus pour satisfaits ?

Ils essayèrent, depuis encore, de se faire rendre justice.
La Sublime-Porte prit de nouveaux engagements; elle
« appliquera scrupuleusement dans l'île le règlement organique de 1868, en y apportant les modifications qui seraient
jugées équitables » (2). Ces modifications contenues dans
le pacte de Halepa établissent un équilibre plus juste entre
les chrétiens et les musulmans ; mais elles ne furent pas
mieux appliquées ; un nouveau firman fut nécessaire
en 1889, et il ne semble pas, si l'on se reporte à la situation telle qu'elle a été en 1895-1897, telle qu'elle est encore
au commencement de 1898, que tous les firmans, hatts
ou iradés aient apporté des améliorations sensibles.

Entre la Turquie qui veut maintenir à tout prix sa
domination directe, et les Crétois qui veulent être grecs,
la question est insoluble si les Puissances ne se décident
pas à intervenir d'une manière énergique. En tout cas,
pour rendre la situation au moins plus acceptable il aurait
fallu que la Sublime-Porte se décidât à des concessions
plus larges que celles que nous avons étudiées et se
résolût à les appliquer loyalement et sans réticence.

« L'intérêt de l'Europe, écrivait M. Beulé, en 1867, est
de protéger efficacement la Crète, de la détacher de la
Turquie, promesse qui date de quarante ans, d'obtenir
pour les 200,000 chrétiens qui la peuplent, le droit de
disposer d'eux-mêmes, c'est-à-dire de s'annexer au
royaume de Grèce.

(1) Blue-book. Turkey n° 1, 1870.
(2) Article 23 du Traité de Berlin, 1878.

Le XIX⁰ siècle prétend faire triompher partout le principe des nationalités ; il n'en trouvera point de manifestation plus éclatante, puisque tous les Grecs ne font qu'un. Un Empire grec appelé à s'agrandir rencontrera donc une facilité d'assimilation et une force de cohésion merveilleuse. » (1)

(1) Beulé. *Revue des Deux-Mondes*, 1867.

Remarquons seulement qu'il faut se garder d'oublier les musulmans de Candie. Il ne faudrait pas, ainsi que nous en avons déjà fait la remarque d'une manière générale, renverser la situation, et, après avoir toléré l'écrasement des chrétiens, faciliter en Crète la persécution des musulmans.

VI. — Grèce.

Le règne d'Othon Ier. — La question financière et les trois Puissances
garantes. — Révolution de 1862. — Question de dynastie. — On
cherche un Roi. — Acceptation du prince George de Danemark. —
George Ier, 1863. — Cession des îles Ioniennes par l'Angleterre,
14 novembre 1863. — Les conditions « sinistres ». — Modifications
du 9 mars 1864. — Neutralisation des îles. — Adhésion de la Turquie, 8 avril 1865. — Attitude de la Grèce dans les affaires
de Crète. — Protestion de la Porte. — Ultimatum turc de
8 décembre 1868. — Rupture. — Intervention des Grandes Puissances. — Conférence de Paris, 1869. — Sa portée. — La Grèce
n'est admise qu'à titre consultatif. — La Turquie est admise avec
voix délibérative. — Déclaration des Grandes Puissances. — Acceptation de la Grèce. — Le conflit est évité. — Espoir que fit naître
pour l'avenir de la Question d'Orient cette procédure de médiation.

Nour avons eu l'occasion de signaler les agitations incessantes du peuple grec depuis son indépendance. A
maintes reprises, les Hellènes ont tenté de profiter des
embarras de la Sublime Porte, du progrès et de la vogue
des idées libérales en Europe, pour favoriser ou préparer
le soulèvement des populations Grecques encore soumises
au Turc.

Nous avons vu que pendant la guerre de Crimée, cette
attitude, tolérée sinon encouragée par le roi Othon et la
reine Amélie, était devenue assez inquiétante pour que les
Puissances crussent nécessaire l'envoi de troupes au
Pirée.

Au moment de la guerre d'Italie en 1859 ; pendant l'expédition de Syrie en 1860, de nombreuses manifestations
se produisirent. La Grèce espérait que la nation généreuse, dont les troupes passaient les Alpes et traversaient
la Méditerranée pour secourir des opprimés, n'abandon-
nerait pas le peuple hellène. Mais elle fut déçue dans son
espoir ; et peut-être cette déception fut-elle en partie la
cause de l'impopularité du Roi et de la Reine, et de la
Révolution de 1862. D'ailleurs la situation intérieure était
mauvaise ; l'état des finances déplorable. Les trois Puissances qui avaient présidé à la naissance du royaume de
Grèce et qui avaient en même temps garanti l'Emprunt de
1832, durent intervenir pour éviter une banqueroute. Une
commission, composée de représentants de la France, de
l'Angleterre et de la Russie se réunit à l'effet : « 1° de fixer
la portion des revenus de la Grèce qui devrait être affectée,
dès à présent au service de l'emprunt ; 2° de rechercher
les améliorations qui pourraient être introduites dans
l'administration de la Grèce, afin de permettre à ce pays
de tirer tout le parti possible de ses ressources et de remplir ainsi, de plus en plus ses engagements ».

La commission, après enquête, fixa à 900.000 fr. par
an, la somme à consacrer au service de l'emprunt, et déclara « que pour assurer cette augmentation progressive
des ressources de la Grèce, l'adoption de certaines réformes
administratives et financières serait indispensable et urgente.... »

Pour atténuer un peu la portée de leur ingérence, ou du
moins pour la dissimuler sous la forme ; les commissaires
ajoutèrent : « Quant au second point, en le signalant ins-
tamment à l'attention du cabinet d'Athènes, afin que, dans
la plénitude de sa souveraineté et de son indépendance, le

gouvernement du Roi en fasse l'objet de son initiative
éclairé et patriotique, le gouvernement de sa Majesté Impériale se croit d'autant plus autorisé à joindre aux vœux
sincères qu'il forme à ce sujet, ses représentations les
plus pressantes, qu'elles trouveraient au besoin une jus-
tification suffisante dans l'intérêt direct qu'a la France,
comme l'Angleterre et la Russie, à ce que le développement des ressources de la Grèce permette à ce pays de
faire face aux engagements que ces trois Puissances ont
garantis.... » (1)

En 1865, l'état des finances grecques se trouva plus
embarrassé que jamais et le gouvernement dut de nouveau s'adresser aux Puissances garantes de l'emprunt
de 1832 : il leur demanda : 1° « l'ajournement du paiement
des sommes que le gouvernement grec s'était engagé à
solder comme à compte dans les années 1861, 1862 et
1863, et qui sont encore en souffrance ; 2° l'acquiesce-
ment à la prolongation pour 5 ans encore de l'arrangement de 1859, par lequel le Trésor hellénique s'était
obligé à payer annuellement aux trois cours 900.000 fr.
en remboursement partiel de leurs avances pour l'emprunt
Rothschild ; 3° la consécration, devant découler de ce
sursis, d'un droit nouveau pour le gouvernement Grec, de
distraire une part de ses revenus pour satisfaire une autre
créance (celle de l'emprunt de 1824 et 1825) avant d'avoir
pourvu au service entier des intérêts de l'amortissement
de la dette de 1832, au paiement desquels les recettes
effectives du Trésor grec doivent être consacrées *avant
tout* ».

(1) Arrangement conclu à Athènes le 21 octobre 1859 entre la
France, la Grande-Bretagne, la Russie et la Grèce pour le paiement
des arrérages de 1832, Cf. de Clercq.

Les Cabinets de Paris, Londres et Saint-Pétersbourg, reconnaissant les difficultés auxquelles le gouvernement d'Athènes avait à faire face, acquiescèrent aux deux premiers points, demandant seulement qu'une branche du revenu fût désignée pour être spécialement affectée au paiement de l'annuité convenue (1).

Quant à abandonner leur droit de priorité, les trois Cours n'y voulurent pas consentir ; « elles n'entendent sacrifier, dans aucun cas, leurs intérêts à ceux des créanciers des emprunts de 1824 et 1825 » (2) déclara le ministre de France.

Nous tenions à signaler une intervention qui revêt ici un caractère de gravité exceptionnelle, puisqu'elle porte sur le budget et pèse par conséquent sur l'administration tout entière de l'Etat.

Reprenons maintenant le cours de l'histoire de la Grèce. Nous allons y trouver trois questions internationales : la question de dynastie ; la question des îles Ioniennes et le conflit avec la Turquie, auquel mit fin la conférence de 1869 (3).

En 1862, le roi Othon fut renversé à la suite d'une révolution, qui, d'après les rapports de M. Bourée, n'aurait

---

(1) Le Gouvernement hellénique offrit la moitié des recettes de la douane de Syra, ce qui fut accepté. (Cf. Boudouris au comte de Gobineau, le 15, 27 janvier 1865. Livre jaune, 1866, p. 76.)

(2) Cf. sur cette affaire, Livre jaune, 1866 (Grèce). Communications des ministres de France, d'Angleterre et de Russie au ministre des affaires étrangères d'Athènes, p. 73.

(3) En 1850 l'affaire connue sous le nom d'affaire Pacifico avait été réglée sur « les bons offices du représentant de la France. » A signaler encore le protocole du 20 novembre 1852 entre les Puissances garantes et la Bavière, établissant que l'héritier du trône devrait être orthodoxe.

pas rencontré une grande résistance. Les Grecs auraient seulement profité d'un voyage du roi et de la reine pour « faire semblant » de tirer les uns sur les autres ; toujours est-il qu'au retour du Roi, la Révolution était faite. Othon quitta la Grèce sans avoir, à proprement parler, abdiqué (1). Les Puissances ne crurent pas avoir à intervenir, puisque, dirent-elles, le peuple grec est indépendant et peut invoquer de justes motifs contre la dynastie régnante ; « le gouvernement de Sa Majesté, disait le comte Russel, ne saurait trouver aucune raison pour laquelle des Puissances étrangères interviendraient dans le but d'inviter les Grecs à revenir sur leur décision. » (2) Ce fut aussi l'avis des deux autres Puissances.

Il fallait cependant trouver un nouveau Monarque, et cette tâche incombait en partie aux Puissances qui avaient garanti la forme monarchique en même temps que l'existence même du nouvel État et dont l'adhésion était en tous cas nécessaire. Deux candidatures furent mises en avant, celle du duc de Leuchtenberg et celle du prince Alfred, second fils de la Reine d'Angleterre. Mais, à la suite d'un nouvel échange de vues entre les trois Cours, les Puissances rappelèrent le protocole de Londres qui exclut tout membre des familles régnantes dans un de ces trois Etats. (3) Le prince Alfred, élu par la presque

---

(1) Cf. Lettre de M. Bourée à M. Thouvenel, 7 novembre 1862. (L. Thouvenel. *La Grèce et le roi Othon.*)

(2) Archives, 1863.

(3) Cf. dans le Livre jaune de 1862 (Grèce) une dépêche de M. Drouyn de Lhuys du 4 décembre et une note identique remise au gouvernement provisoire d'Athènes le 13 décembre 1862 (Archives diplomatiques, année 1863).

unanimité du peuple grec, ne voulut pas se mettre en contradiction avec cette décision et refusa le trône qui lui était offert.

Le prince Ernest de Saxe-Cobourg refusa à son tour le Royaume de Grèce qu'on lui proposait mutilé. Il ne voulait pas « s'imposer à un peuple mécontent et attacher son nom dans l'esprit des Grecs à la mutilation de leur Patrie et à l'abandon de leurs frères, qui ayant combattu avec eux pour l'affranchissement de la Patrie, s'en voyaient maintenant exclus. » — « Ne pouvant point voir, disait-il, en quoi il est de l'intérêt de l'Angleterre de séparer cette île de la Grèce, je redoute que les motifs secrets qui dictent cette mesure ne fassent rien augurer de bon au nouvel État. L'exclusion de la Crète estropie l'État grec physiquement et moralement ; elle le rend faible et elle l'appauvrit ; elle l'expose à des dangers constants et créera, dès le début, des difficultés innombrables à celui qui sera à la tête de son gouvernement. » (1).

Enfin, les trois Puissances s'entendirent pour mettre en avant la candidature du prince Guillaume de Danemark ; les Hellènes s'empressèrent de l'accepter et le proclamèrent « Roi constitutionnel » sous le nom de George 1er, Roi des Grecs, à condition que ses légitimes héritiers seraient élevés dans la foi orthodoxe de l'Orient, (décret du 30 mars 1863). Le prince George accepta (5 juin) et, en acceptant, il se plut à reconnaître les droits des Puissances garantes ; « considérant que les Cours de France, d'Angleterre et de Russie, déclara-t-il, dans leur qualité de Puissances protectrices de la Grèce, ont fait acte

(1) Cf. Bikélas. *Formation de l'État Grec* (Revue d'histoire diplomatique, 1887, t. I).

d'adhésion à cette élection par l'organe de leurs représen
tants réunis en conférence à Londres. » Les trois Cours
maintinrent la garantie de la Grèce. « La Grèce, déclarè-
rent-elles sous la souveraineté du prince Guillaume de
Danemark *et la garantie des trois Cours* forme un État
monarchique, indépendant, constitutionnel. »

Comme contre-partie, la Grèce restait tenue de ses
anciens engagements envers les Puissances; « l'avènement
du prince George au trône hellénique n'apportera
aucun changement aux engagements financiers que la
Grèce a contractés par l'article 12 de la convention signée
à Londres le 7 mai 1832 envers les Puissances garantes
de l'Emprunt.

Il est entendu également que les Puissances veilleront
d'un commun accord à l'exécution de l'engagement pris
par le gouvernement hellénique au mois de juin 1860, sur
la représentation des trois Cours. » (1)

La nouvelle dynastie était donc établie, et le droit d'intervention des trois cours garantes était consacré. (2)
Le nouveau Roi recevait comme don de joyeux avènement
les îles Ioniennes.

Les îles Ioniennes, dont la possession complète très

---

(1) Convention du 13 juillet 1863. V. Livre jaune, 1863. Grèce.

(2) « Né et élevé dans un pays où l'ordre légal marche de front
avec la liberté constitutionnelle, déclara le nouveau Roi, j'emporterai
dans ma nouvelle patrie un enseignement qui ne sortira jamais de ma
mémoire..... Je jure, au nom de la sainte et indivisible Trinité, de
protéger la religion des Grecs, de conserver et de défendre l'indépendance et l'intégrité de l'État grec et de gouverner d'après ses lois. »
(*Annuaire des Deux-Mondes*, année 1862-1863). L'article 6 du traité
de Londres du 13 juillet 1863 dit : « Dans aucun cas, la couronne de
Grèce et la couronne de Danemark ne pourront se trouver réunies sur
la même tête. »

heureusement le royaume de Grèce, étaient, à cette époque et depuis les traités de 1815, « un Etat libre et indépendant sous la protection immédiate et exclusive de l'Angleterre. » (1)

Le gouvernement britannique les céda avec une apparence de désintéressement faite pour étonner. Il espérait ainsi affermir dans les îles une influence, que cinquante ans de protectorat n'avait fait qu'affaiblir et qui diminuait de jour en jour. « Il espérait..... que la générosité de sa résolution ne resterait pas stérile, que la gratitude du peuple ionien ramènerait à la vie publique les amis de la Grande Bretagne, et dans la Chambre de Corfou, puis plus tard parmi les députés que les sept îles enverraient à l'Assemblée constituante d'Athènes, qu'ainsi les représentants des îles Ioniennes pourraient devenir les premiers serviteurs de l'influence britannique en Grèce, au lieu d'être ses plus ardents adversaires » (2).

Dans cet espoir, le cabinet de Londres déclara dès le mois de décembre 1862, que « en vue de donner plus de force à la monarchie grecque », il serait disposé à lui céder les îles, si le gouvernement provisoire de son côté choisissait un Souverain contre lequel il n'y eût pas d'objection grave.

La nomination du roi George ayant agréé à Sa Gracieuse

(1) Les Iles Ioniennes, après avoir été successivement sous le protectorat de Rome, puis de Venise, furent occupées en 1797 par la France. En 1800, elles passèrent sous la suzeraineté nominale de la Sublime-Porte et sous le protectorat effectif de la Russie. Le traité de Tilsitt, en 1806, les rendit à la France. En 1809, l'Angleterre s'en empara; la suzeraineté britannique fut consacrée par les traités de Vienne, 1815.

(2) *La Grèce depuis la Révolution de 1862*. E. Lenormant. (Revue des Deux-Mondes, janvier 1864.)

Majesté, la cession des îles Ioniennes fut décidée. Elle fut opérée par un traité du 14 novembre 1863, signé à Londres, par les Puissances qui avaient été parties aux actes de Vienne, dont il s'agissait de reviser une des clauses, c'est-à-dire la France, l'Angleterre, la Russie, la Prusse et l'Autriche.

Le traité constate que l'assemblée légale des États-Unis des îles Ioniennes s'est prononcée unanimement en faveur de cette union; et l'on ne peut que louer ici l'application du principe, selon lequel la nationalité nouvelle ne peut être imposée de force aux habitants d'un pays annexé.

Après avoir prononcé la réunion, le traité ajoute dans son article 5 : « La réunion des îles n'invalidera en rien les principes établis par la législation existante de ces îles en matière de liberté, de culte et de tolérance religieuse... le principe de l'entière égalité civile et politique entre les sujets appartenant aux divers rites consacrés en Grèce par le même protocole, sera pareillement en vigueur dans les îles Ioniennes. »

Art. 6 : « Les cours de France, d'Angleterre et de Russie en leur qualité de Puissances garantes du royaume de Grèce, se réservent de conclure un traité avec le gouvernement hellénique sur les arrangements que pourra nécessiter la réunion. » (1)

_____

(1) Voici la marche qui fut adoptée : « 1° Le Roi prononcera la dissolution de la Chambre et ordonnera la convocation des électeurs pour l'élection des représentants. 2° Les élections se feront d'après les lois en vigueur aux sept îles, c'est-à-dire au scrutin secret, par le suffrage universel. 3° Le nombre des représentants sera double du nombre actuel des députés, c'est-à-dire qu'il y aura 84 représentants pour les sept îles ; 4° Les élections seront validées par les représentants eux-mêmes à Corfou. » (Règlement des îles Ioniennes.)

Mais l'Angleterre n'entendit pas faire un don gratuit. Malgré la vive opposition de la France (1), mais avec l'appui de l'Autriche, le gouvernement britannique parvint à faire insérer au traité des dispositions qu'un auteur grec qualifie de « sinistres » (2).

Les îles Ioniennes devaient rester soumises aux traités de commerce conclus par l'Angleterre et ainsi, non seulement les sept îles ne pourraient pas profiter de la situation commerciale de la Grèce ; mais, un régime commercial différent devait forcément entraîner l'établissement d'un réseau de douanes entre elles et la Métropole. Or, si l'union douanière a souvent servi à préparer l'union politique de différents États, il était au contraire difficile d'espérer une assimilation complète, sous un régime douanier différent.

Une autre condition du traité du 14 mars n'était pas moins fatale : l'Angleterre imposait la démolition des forteresses et la neutralité perpétuelle des sept îles, condition peu justifiée, puisque la Grèce eût été parfaitement capable de défendre ces îles ; mais condition « sinistre » elle aussi, car elle entravait la liberté d'action de la Grèce dans la mer ionienne. Le gouvernement du roi George refusa de signer le traité, et les cinq grandes Puissances se réunirent de nouveau à Londres pour remédier à cet état de choses.

Après deux protocoles du 25 janvier 1864, un traité fut signé le 29 mars 1864. — Par ce traité, la neutralité fut

---

(1) Cf. Livre jaune, 1864 (Annexion des îles Ioniennes à la Grèce).

(2) « L'Angleterre, dit encore M. Philarétos, offrait du poison à l'hellénisme dans une coupe d'or. » (George N. Philarétos. *Xénocratie et royauté en Grèce*, 1821-1897. Athènes, 1898.)

limitée aux îles de Corfou et de Paxos et à leurs dépendances (1); bien que très critiquables encore, ces conditions furent acceptées. Le 8 avril 1865, fut notifiée l'accession de la Turquie.

Nous avons dit quels rapports étroits unissent la Crète à la Grèce, et avec quel enthousiasme les Crétois ont toujours accueilli les progrès du continent.

Les Grecs, de leur côté, loin de décourager les soulèvements de Candie, les soutenaient souvent par l'envoi d'armes et de munitions et, par l'enrôlement de volontaires que le gouvernement ne chercha jamais à empêcher. Car la Crète est grecque : elle fait partie de ce que les Hellènes appellent la Grèce du dehors « ἡ ἔξω Ἑλλάς » qui leur est aussi chère que la Grèce du dedans : « ἡ ἔσω » (2).

Cette conduite, bien faite pour exciter les susceptibilités du gouvernement turc, prit des proportions inusitées pendant l'insurrection de 1866-1868.

Des Comités, installés à Athènes, organisèrent des souscriptions et enrôlèrent des volontaires ; des navires allèrent, en dépit de la flotte turque, ravitailler les insurgés, et recueillirent, pour les transporter en Grèce, les familles crétoises réduites à la plus affreuse misère; bien plus, le colonel Coroneos débarqua dans l'île et prit le commande-

---

(1) La neutralité de ces deux îles fut respectée lors du blocus de 1887.

(2) « La nation Grecque, disait Capo d'Istria, se compose des hommes qui, depuis la conquête de Constantinople, n'ont pas cessé de professer la religion orthodoxe, de parler la langue de leurs pères, et qui sont demeurés sous la juridiction spirituelle ou temporelle de leur Église, n'importe le pays qu'ils habitent en Turquie... » Cf. Gaston Deschamps. *La Grèce d'aujourd'hui*, Paris, 1892, p. 318.

ment de la défense (1) ; enfin, des corps de volontaires quittèrent Athènes, enseignes déployées, et passèrent avec affectation devant la légation turque, sans que le Gouvernement prit aucune mesure pour les en empêcher.

La Turquie déclara que la Grèce avait violé ses devoirs de neutre, et, après avoir rappelé son Ambassadeur, le 2 décembre 1868, menaça le roi George d'une déclaration de guerre s'il ne faisait pas droit aux réclamations contenues dans un ultimatum du 11 décembre.

Les plaintes des Turcs étaient fondées. La neutralité est « la non-participation à la guerre » (2), et l'État neutre doit s'abstenir de tout ce qui est contraire à ce principe, par exemple, de faire ou de laisser enrôler des troupes ; ou d'autoriser des engagements individuels, surtout lorsqu'il s'agit d'officiers.

Et il faut reconnaître que, si le gouvernement Grec n'avait pas fait procéder lui-même aux levées de troupes et de subsides, du moins il n'avait rien fait pour les empêcher et qu'il les avait encouragées par son silence bienveillant. Ces griefs sont relevés dans l'ultimatum turc qui les résume en 5 points et demande (3) :

« Que la Grèce assume l'obligation expresse de se « conformer à l'avenir, aux traités existants entre elle « et la Turquie et en général aux lois internationales...

---

(1) Tous ces faits offrent une analogie frappante avec les évènements qui ont amené la guerre turco-grecque de 1897.

(2) Cf. Renault. *Cours.*

(3) V. les doléances du gouvernement Turc dans de nombreuses dépêches de septembre à décembre 1868 et notamment dans une dépêche de Fuad-pacha du 15 septembre 1868. (Archives diplomatiques, 1869, t. 4).

« Que l'on punisse conformément aux lois ceux qui se
« sont rendus coupables d'attaques contre des soldats ou
« des citoyens ottomans et que l'on indemnise les victimes
« de ces crimes.

« Que les familles crétoises puissent s'embarquer
« librement pour rentrer dans leurs foyers et que le
« gouvernement grec protège efficacement leur rapatrie-
« ment.

« Que les bateaux l'*Enosis*, la *Crète* et le *Panhellénion*
« soient désarmés, ou qu'au moins les ports grecs leur
« soient fermés.

« Que les bandes de volontaires existantes soient
« dispersées et que la formation de nouvelles bandes soit
« prévenue. »

La guerre était imminente ; les Puissances résolurent
d'intervenir pour l'empêcher, s'il en était encore temps.
Elles étaient décidées à tout faire pour éviter la rupture.
Les dépêches échangées pendant le mois de décembre 1868. attestent des efforts faits en ce sens par les
représentants de la France, de l'Angleterre et de la Russie,
tant à Constantinople qu'à Athènes (1).

La Prusse, l'Autriche et l'Italie, sollicitées en tant que
signataires du traité de Paris « de faire entendre des paroles de conciliation à Athènes et à Constantinople » (2) s'y
joignirent volontiers.

---

(1) V. particulièrement dépêche de Safvet-pacha, 22 octobre 1868,
du Marquis de Moustier au Baron Baude, ministre de France à Athènes,
4 décembre 1868 ; de M. Bourée, 5 décembre 1868 ; du baron Baude,
7 décembre 1868. (Archives diplomatiques, 1869, t. 4). V. aussi dans
le Livre bleu grec sur le conflit Greco-Turc de 1868 notamment les
documents nos 11 et 22.

(2) Cf. dépêche du Marquis de Moustier, 9 décembre 1868; dépêche

Les Puissances entendaient se conformer ainsi au vœu, constaté dans le protocole du 14 avril 1856, d'offrir leur médiation dans le cas d'un conflit où serait engagé l'un des signataires. Sur l'invitation du Cabinet de Berlin, une conférence se réunit à Paris, le 9 janvier 1869.

Dans la première séance, les plénipotentiaires prirent soin de définir leur rôle et de fixer leur tâche. La question

du Duc de Gramont, 13 décembre. (Archives, 89, t. 4). La Russie propose de « circonscrire le conflit en proclamant le principe de non-intervention » (dépêche du prince Gorchakoff, 17 décembre 1868). Le gouvernement Anglais de même, lorsqu'eût été adoptée l'idée d'une conférence, pensa « que les membres de la Conférence devraient s'entendre clairement sur un point à savoir : que les recommandations ne devront en aucun cas être appuyées par une intervention de leurs forces navales. » (Dépêche de lord Clarendon, 29 décembre 1868. Archives, 1869, t. IV).

L'Autriche fit aussi tous ses efforts pour faciliter une solution amiable du différend. V. lettre du chevalier de Haymerle au comte de Beust, 12 décembre 1868 ; du comte de Beust, document n° 24, etc... L'Autriche se défend d'avoir favorisé le différend gréco-turc et affirme ses dispositions bienveillantes envers la Grèce. Voici, d'après M. de Beust l'exposé de la politique autrichienne. (Beust à Metternich, 15 décembre 1868) : « Nous avons toujours signalé les contradictions fâcheuses d'une politique qui, d'un côté, posait en principe le maintien du traité de Paris et de l'indépendance ainsi que de l'intégrité de l'Empire Ottoman et qui, de l'autre côté, souffrait que ce principe fût continuellement attaqué avec la plus complète impunité. Selon nous, il était utile d'exercer une action bienveillante sur les déterminations de la Porte pour l'amener à pratiquer sérieusement les réformes et à introduire en faveur des sujets chrétiens du Sultan de sensibles améliorations dans l'administration ; mais, par compensation, il aurait été essentiel de veiller avec soin à ce que l'Empire ne fût pas ébranlé par des attaques du dehors, et de réprimer avec vigueur tout acte hostile des adversaires de la Porte. C'est cette thèse que nous reproduisons aujourd'hui..... Nous n'en restons d'ailleurs pas moins prêts à nous unir avec empressement à toute action commune qui pourrait être concertée entre les Cabinets..... » Livre rouge autrichien pour 1868 et 1869. (Archives, 1869).

crétoise fut entièrement écartée, bien que les affaires de
Crête eussent été en définitive la cause des complications
auxquelles il s'agissait de mettre fin : « M. le plénipotentiaire de France a rappelé que, d'après l'entente établie, le but unique et précis tracé aux plénipotentiaires, était d'examiner dans quelle mesure il y avait
lieu de faire droit aux réclamations formulées dans
l'ultimatum adressé par la Turquie au gouvernement hellénique » (1).

Les Puissances cherchaient donc à amener une entente et
à faciliter une solution. Pour y arriver, d'une part elles
demandèrent à la Sublime Porte la suspension de l'exécution des mesures comminatoires de l'ultimatum ; et d'autre
part, elles invitèrent le gouvernement hellénique « à prendre les dispositions nécessaires pour empêcher sur son
territoire toute manifestation hostile ou toute expédition
armée, par terre ou par mer, qui pourrait faire naître un
conflit avec les forces ottomanes ».

Il s'agit d'une médiation, c'est-à-dire que les parties
restent libres de se conformer ou non à la solution proposée. Mais, chose étrange, des deux parties, l'une, la
Turquie siégeait dans la conférence avec voix délibérative, au même titre que les Grandes Puissances, tandis
que l'autre, la Grèce, se vit refuser le droit d'assister aux
séances autrement qu'à titre consultatif ; car, à l'application d'un vœu du Congrès de Paris, les Puissances seules
qui avaient signé le protocole de 1856 pouvaient coopérer :
telle fut du moins la raison donnée.

La situation n'en était pas moins anormale et injuste et
le représentant de la Grèce déclara que dans de telles

(1) Protocole 1 de la conférence. V. de Clercq, t. 10, p. 222.

conditions il ne pouvait consentir à siéger à la conférence.

Les plénipotentiaires des Grandes Puissances ne voulurent pas interrompre le cours de leurs travaux, malgré
l'absence du représentant de la Grèce ; mais la Russie se
résigna avec peine à cette mesure. Elle cherchait à cette
époque à reprendre la situation que lui avait fait perdre la
guerre de Crimée, et tout en fomentant dans les Balkans
un mouvement panslaviste, ne perdait pas une occasion
de prendre la défense de tous les chrétiens, dans l'espoir
de les tenir ensuite sous sa protection : « nous avons fait
parvenir à Athènes, écrivait le Prince Gorchakoff, le
conseil de ne plus insister sur la parité ; cependant nous
trouvons que la réclamation grecque est basée sur un principe élémentaire d'équité » (1); et, à la conférence, le
plénipotentiaire russe déclara « qu'il pourra se croire
obligé de prendre la défense de la Grèce dans des cas où
il eût gardé le silence si le gouvernement hellénique eût
été représenté » (2).

Avant d'entamer la discussion du texte de l'ultimatum,
le marquis de La Valette rappela de nouveau l'esprit et
le but de la réunion ; « les Puissances qu'elle représente
constituent, déclara-t-il, non pas un tribunal chargé de
rendre un arrêt, mais un conseil international dont les
appréciations ne sauraient engager les parties que par la
liberté même qu'elles leur laissent et l'absence complète
de toute autre sanction que celle qu'impliquent nécessairement dans l'ordre moral, une telle manifestation de

(1) 10 janvier 1869. Archives, 1869.
(2) Protocole 3.

l'opinion publique et en quelque sorte de la conscience
européenne » (1).

La conférence aborda alors l'étude de la question ; qu'y
avait-il de fondé dans l'ultimatum turc ? Rien répondait
le gouvernement grec, ou du moins bien peu de chose.

M. P. Delyanni essayait de le montrer en reprenant les
5 points de la note turque (2) : La Grèce, disait-il, s'est
toujours conformée aux règles du droit international ; si
quelqu'un y a failli, c'est au contraire la Turquie. On ne
voit pas d'autre part à quoi peut s'appliquer la demande de
punition pour des prétendues attaques contre des sujets
ottomans ; « ce point ne saurait avoir trait aux Grecs qui
se battent en Crète ».

Quant à permettre le retour en Crète des familles émi-
grées, le gouvernement hellénique y est tout disposé.

Les deux derniers points sont plus graves : la Turquie
demande le désarmement de plusieurs navires. A quel
titre le gouvernement grec le ferait-il ? ces navires n'appartiennent pas à l'État ; ce ne sont ni des pirates ni des cor-
saires ; ce sont des « blockade runners », agissant à leurs
risques et périls. Le gouvernement n'a rien à voir dans
leurs opérations qui n'engagent en rien sa responsabilité.
« La nation du pavillon du navire ne serait responsable
que si elle avait autorisé l'envoi des objets de guerre à
l'un des belligérants en le défendant pour l'autre. »

Le gouvernement turc demande encore le dispersement
des bandes de volontaires ? Mais il n'y en a jamais eu.
Quant à prendre à cet égard des engagements pour

---

(1) Protocole 3.

(2) Cf. annexe au protocole 6. Le gouvernement Grec communiquait
avec la conférence au moyen de notes écrites.

l'avenir, le gouvernement d'Athènes s'y refuse ; « le droit
des gens n'impose aucun devoir et ne donne aucun droit
au gouvernement grec pour empêcher ses sujets d'aller se
battre en Crète ou ailleurs pour tel parti qu'il leur plairait ». — « En résumé, et c'est par là que se termine la
note, des cinq points de l'ultimatum, les deux premiers ne
sont de nulle importance ; le troisième est entièrement et
sans restriction admis par la Grèce ; les deux autres sont
repoussés par les principes du droit des gens, aussi bien
que par la législation du pays ; par conséquent, la Grèce
ne pourrait s'y soumettre sans renoncer à ses droits et
sans fouler aux pieds la liberté de ses citoyens, sans
s'exposer enfin à des conséquences qui pourraient être
grosses de dangers pour elle et non moins pour les
autres » (1).

Les plénipotentiaires déclarèrent que leurs sentiments
n'étaient en rien modifiés par le mémorandum grec, et
résumèrent leur opinion dans une déclaration qu'il faut
faire connaître : ils reconnaissent le bien fondé des griefs
résumés dans l'ultimatum turc et déclarent le gouvernement grec tenu « d'observer, dans ses rapports avec la
Turquie les règles de conduite communes à tous les Gouvernements et de satisfaire ainsi aux réclamations formulées
par la Sublime-Porte pour le passé, en la rassurant en

_____

(1) Mémoire sur le conflit Greco-Turc, présenté à la Conférence de
Paris, par M. Rangabé, le 9 janvier 1869, annexé au protocole 6. V.
aussi annexe au protocole 5, dépêche adressée le 26 décembre et le
7 janvier 1869 par le ministre des affaires étrangères de Grèce au
ministre de Grèce à Paris et communiquée à la conférence dans la
séance du 16 janvier et annexe B au protocole 6, dépêche adressée par
le Ministre des affaires étrangères de Grèce, communiquée à la Conférence dans la séance du 20 janvier.

même temps pour l'avenir ». Et ils concluent : « la Grèce
devra donc s'abstenir désormais de favoriser ou de tolérer : 1° la formation sur son territoire de toute bande
recrutée en vue d'une agression contre la Turquie ;
2° l'équipement dans ses ports de bâtiments armés destinés à secourir, sous quelque forme que ce soit, toute
tentative d'insurrection dans les possessions de Sa Majesté
le Sultan ». Les représentants des Puissances prennent
acte des déclarations du cabinet d'Athènes sur les mesures
qu'il doit prendre pour le rapatriement des familles crétoises et l'engagent à procéder rapidement au jugement
des demandes de dommages-intérêts formulés par les
sujets ottomans. « La Conférence ne saurait douter que,
devant l'expression unanime de l'opinion des plénipotentiaires sur les questions soumises à leur examen, le gouvernement hellénique ne s'empresse de conformer ses
actes aux principes qui viennent d'être rappelés, et que
les griefs exposés dans l'ultimatum de la Porte ne se
trouvent, par le fait même définitivement écartés..... » (1)

Cette déclaration, rappelons-le, n'était qu'un conseil
donné à la Grèce, qu'une solution suggérée aux deux Puissances rivales, sans caractère obligatoire. Cette distinction
est essentielle ; mais, ajoutons-le, toute théorique. La
Grèce était libre en théorie de ne pas se soumettre à cette
décision, mais, pouvait-elle tenir tête au Concert européen? Il était certain qu'un refus lui attirerait l'inimitié
des Puissances, qui rejetteraient, certainement sur elle la
responsabilité des évènements. C'est la raison du plus
fort.

Le ministère s'efforça de le faire comprendre au peuple

(1) Protocole 6.

hellénique : « Nous ne pouvons pas omettre, dit-il, que, quelque douloureuse que soit pour la Grèce l'acceptation de ces deux conditions, elle ne saurait engager l'avenir de la Grèce, ni aller à l'encontre de ses espérances. Du reste, après notre refus d'adhérer aux décisions de la Conférence, il ne nous restait plus qu'à courir les chances de la guerre contre la Turquie. Malheureusement, tandis que tout préparatif sur mer nous fait défaut, nous trouvons que la nation n'est point non plus prête sur terre » (1).

La Grèce s'inclinait, et tout danger de conflit était désormais écarté. La Conférence de Paris avait encore, semblait-il, un autre résultat heureux. On pouvait croire qu'elle inaugurait une ère nouvelle, où les Puissances, s'érigeant en arbitre entre la Sublime-Porte et les populations chrétiennes de l'Empire Ottoman, renonceraient désormais, dans la question d'Orient, à leurs intérêts égoïstes, pour ne plus considérer que ceux des nationalités opprimées, et réaliseraient, dans ce coin du monde, le rêve d'un tribunal chargé de trancher pacifiquement, tous les litiges internationaux. « Depuis la Conférence, écrivait Saint-Marc Girardin, l'Europe a, en prenant son rôle de juge, proclamé son renoncement à tout intérêt et à toute ambition. C'est la signification la plus importante de la Conférence de Paris et son plus grand avantage pour la Grèce » (2). C'eût été un beau rôle en effet, et les plénipo-

(1) Proclamation au peuple hellénique (Annexe au protocole 5 de la Conférence de Paris 1869).

(2) Saint-Marc Girardin, *La Grèce depuis la Conférence de 1869* (Revue des Deux-Mondes, 1869). « La question d'Orient, dit encore Saint-Marc Girardin c'est-à-dire la question de savoir à quelle Puissance européenne appartiendra l'Orient ou Constantinople, qui pour l'Europe résume l'Orient, la question de savoir au profit de qui sera détruit

tentiaires réunis en 1869 avaient voulu en inspirer l'idée
à leurs gouvernements. Avant de clore la Conférence, le
marquis de la Valette se plut en effet à constater que
« les Cabinets sont parvenus à prévenir le conflit qui était
prêt d'éclater en Orient, et à écarter ainsi une cause de
complications pour l'Europe. » Puis il ajouta qu'il espérait en outre que « l'exemple donné par la Conférence ne
serait pas perdu et que l'œuvre pacifique accomplie en
vertu et dans l'esprit du protocole du 14 avril 1856 resterait
comme un précédent qui serait de plus en plus invoqué
dans les dissentiments qu'une délibération commune peut
aplanir ». Mais le marquis de la Valette comme M. Saint-
Marc Girardin avaient trop préjugé du bon sens et de
l'énergie du Concert européen. La question d'Orient n'était
pas finie ; et avant comme après 1869, la Turquie a été le
théâtre de conflits redoutables et d'interventions incessantes ; avant comme après, le conflit des intérêts a amené
les mêmes difficultés, et les passions se sont déchaînées
avec autant de violence.

La question d'Orient en est encore au même point
trente ans après la Conférence de Paris. Qui pourrait dire
quand et comment elle sera réglée ?

l'équilibre européen, cette question est finie, nous l'espérons. Au lieu
de la question d'Orient il n'y a plus que la question de l'Orient débat-
tant ses intérêts et son avenir sous les yeux et sous le contrôle de
l'Europe. »

CHAPITRE II

Nous avons étudié jusqu'ici des cas d'intervention, provoqués par la situation particulière d'une région ou d'une nation déterminée de l'Empire Ottoman.

Là n'en est pas restée l'ingérence des Grandes Puissances, et l'on peut dire qu'il n'est pas un point de l'administration turque dans lequel ne se soit fait sentir l'action de la diplomatie européenne.

L'intervention des Puissances, limitée d'abord aux affaires de leurs nationaux, puis étendue aux Chrétiens et enfin aux Musulmans eux-mêmes est entrée dans le droit international et a reçu une consécration officielle, par la mention qui est faite du Hatti-Humayoun dans l'article 9 du traité de Paris.

Le Hatti-Humayoun de 1856 n'est pas le seul acte de la réforme, mais il en est le plus important en même temps qu'il est pour les Puissances la source du droit d'intervention dans les affaires intérieures et dans l'administration tout entière de la Turquie : c'est pourquoi nous le prendrons comme base de notre étude de la Réforme.

Nous exposerons successivement dans trois paragraphes, l'état de la réforme avant 1856, les dispositions générales du Hatti-Humayoun de 1856, et l'exécution de cet acte.

I. — Historique.

L'Empire Ottoman, bien qu'il soit en partie européen
par sa situation géographique, n'a de l'Europe ni les
mœurs ni la civilisation.

Puissamment organisés pour la conquête (1), les Turcs
ont dominé tant qu'ils n'ont trouvé devant eux que des
masses peu cohérentes et peu nombreuses. Incapables
d'organiser et d'administrer le pays conquis, ils n'ont pas
assimilé leurs nouveaux sujets et dès le jour où ils ont
dû reculer devant des armées solidement disciplinées,
a commencé, nous l'avons vu, l'œuvre de l'émancipation
des nationalités demeurées intactes.

Mais beaucoup de peuples chrétiens sont restés longtemps soumis au joug ottoman : quelques-uns le sont

(1) « Achevez mon œuvre, dit Mahomet, Etendez la maison de
l'Islam (Dar-ul-islam) par toute la terre. Dieu vous donne la maison
de la guerre (Dar-ul-Harb). »

aujourd'hui encore et pour ceux-la les Puissances ne peuvent pas tolérer une domination qui s'exerce au mépris
des droits les plus élémentaires de l'humanité (1).

Et puisque les Turcs ne sont pas seulement, comme dit
un mot célèbre, « campés » en Europe, il faut les rendre
dignes d'y rester. D'ailleurs il s'est trouvé parmi les Sultans mêmes des hommes de valeur et de sens élevé, qui
ont compris la nécessité de transformer des institutions
surannées et de mettre fin à un régime où se retrouvent
la cruauté et l'arbitraire du moyen-âge sans la loyauté et
le courage. De cette double impulsion est né le mouvement de la réforme ou Tanzimat.

Le premier Sultan digne d'être honoré du titre de réformateur fut Sélim III (2). Sélim malheureusement ne sut
pas éviter l'écueil habituel : il voulut opérer trop brusque-
ment la réforme et chercha à l'imposer à une nation mal
préparée. « Comme la mort exceptée, disait-il, il y a remède à tous les maux, la guérison des nôtres est l'objet
de nos profondes réflexions. Nous méditons et nous pré-
parons les moyens éloignés que nous devons employer
dans le temps prédestiné » (3). Le premier de ces moyens
lui sembla être la réforme de l'armée qu'il voulut organiser sur le modèle des troupes européennes, et soumettre à la stricte discipline de celles-ci. Mais cette réforme
était trop contraire à toutes les traditions, trop contraire

---

(1) Mais nous pouvons remarquer dès maintenant que toute réforme
en faveur des chrétiens seuls sera fatalement vouée à l'insuccès parce
qu'elle irrite l'orgueil musulman.

(2) Mustapha III (mort en 1774), avait essayé déjà quelques réformes
avec l'aide du Baron de Tott.

(3) Cf. Th. Lavallée. *Histoire de l'Empire Ottoman*, p. 418.

aussi aux habitudes de pillage et d'indiscipline des hordes de janissaires; ceux-ci se révoltèrent et le Sultan déposé ne tarda pas à être assassiné dans sa prison du Séraï.

Du moins, Sélim, avait eu le temps de former son neveu Mahmoud et de lui inspirer le désir de poursuivre l'œuvre de régénération du peuple turc. Mahmoud, qui monta sur le trône, après le règne éphémère de Mustapha IV, fut un ardent réformateur.

Comme Sélim, Mahmoud s'attaqua d'abord à l'organisation militaire et cela n'est pas pour nous étonner. Nous savons assez que l'Empire Ottoman est fondé sur la conquête, pour comprendre que l'armée en est l'institution essentielle et fondamentale, celle qu'il faut saper dans ses bases avant de pouvoir s'attaquer aux autres parties de l'édifice, celle d'ailleurs qui représente le plus fidèlement la vieille Turquie. Rien de plus curieux que cette armée, rien de plus sauvage que ces « janissaires » dont le mode de recrutement est un vestige inouï de la barbarie musulmane.

Le corps de janissaires, en effet, était composé de chrétiens, arrachés tout enfants à leurs familles et à leur pays, élevés dans la religion musulmane, sans autre père que le Sultan, sans autre patrie que leur drapeau, sans autre loi que leurs instincts sanguinaires. Cette troupe, capable des plus grands exploits, devenait dans l'inaction, aussi dangereuse pour son maître qu'elle avait été redoutable à ses ennemis (1).

_____

(1) « Ces coursiers fougueux, disait Essad-pacha (*Histoire de la destruction des Janissaires*) bondissant en liberté dans les pâturages du désordre, se considéraient comme les rois du pays, entretenaient

Mahmoud essaya d'abord de les discipliner et de mettre fin aux abus qui, depuis longtemps, en faisaient une horde sans consistance et sans valeur. Mais les janissaires se révoltèrent à plusieurs reprises. En 1826, enfin, Mahmoud fit publier un projet d'ordonnance. Les janissaires, y était-il dit, ont perdu leur valeur militaire; « Les éléments de force résident aujourd'hui dans l'étude et la pratique des arts militaires; leur connaissance est indispensable pour lutter contre un ennemi discipliné. Le Koran nous a tracé notre devoir; ne dit-il pas : employez pour vaincre les infidèles tous les moyens qui sont en votre pouvoir..... Certain d'obéir aux prescriptions de la religion, le Gouvernement animé de l'esprit du prophète, a résolu, pour affirmer la puissance Ottomane et rendre au nom musulman tout son lustre, de créer un nouveau corps d'akindjis tirés de l'odjak des janissaires (1) ».

A la nouvelle de cette ordonnance, les Janissaires se soulevèrent et, réunis sur l'Et-Meidani, se mirent en pleine révolte. Sans hésiter, sans vouloir même écouter leurs doléances ni consentir à entrer en pourparlers, Mahmoud déploya contre eux l'étendard vert du Prophète et ralliant ainsi tous les fidèles attaqua les rebelles.

En quelques heures, les balles et l'incendie eurent raison des Janissaires. Dix mille d'entre eux, dit-on, périrent: « On jeta tous ces cadavres à la mer, dit Théophile Gautier, et pendant plusieurs mois les poissons putréfiés de chair humaine ne furent pas mangeables ».

Mahmoud, à la faveur de la terreur inspirée par cet acte

le feu sous la chaudière de la sédition et limaient le collier de l'obéissance. »

(1) Cf. De la Jonquière. *Histoire de l'Empire Ottoman*, p. 475.

énergique, publia une ordonnance, qui constatait la
déchéance des Janissaires et consacrait l'organisation
nouvelle des troupes destinées à les remplacer (1). Puis le
Sultan entreprit d'autres réformes.

Les derviches bektachis furent supprimés (2). Une
école militaire fut créée; une nouvelle monnaie frappée à
l'effigie du Sultan et le portrait du descendant du Prophète
affiché dans les casernes, bien que cela fût essentiellement
contraire aux prescriptions religieuses; enfin, un code
fut préparé. Mais tant de réformes soulevèrent des protestations. Après l'opposition des Janissaires, Mahmoud se
heurta à celle des Oulémas; les représentants de la religion
après l'armée se levaient contre lui et le flétrissaient du
nom de Sultan ghiaour. « Ce duel gigantesque entre un
homme et toute une nation, dit un historien (3), dura tout
le règne de Mahmoud : l'homme ne faillit pas un instant.»
C'est Mahmoud qui prononçait ces belles paroles : « nos
intentions, disait-il, c'est que les musulmans ne soient
considérés comme tels que dans les mosquées; que sous le
même point de vue les chrétiens ne soient chrétiens que
dans leurs églises et que les israélites ne soient israélites
que dans leurs synagogues. Je veux que hors de ces lieux
où tous rendent également hommage à la divinité, ils
jouissent uniformément des mêmes droits politiques et de
ma protection paternelle. » Le succès fut médiocre cependant; aussi bien une réforme de cette importance ne

(1) Lavallée, p. 497.

(2) Les Derviches sont des sortes de moines. Il en existe encore
plusieurs ordres dont les derviches hurleurs et les derviches tourneurs
sont les plus connus.

(3) De la Jonquière, p. 482.

peut-elle être l'œuvre d'un seul règne, surtout quand ce règne est troublé par des insurrections comme celles de la Grèce et de l'Egypte, par des soulèvements comme ceux qui eurent lieu en Serbie et par plusieurs guerres avec la Russie.

Abd-ul-Medjid continua l'œuvre de Mahmoud. Quatre mois après son avènement il promulga le Hatti-Chérif de Gulhané (5 novembre 1839) qui est le premier acte d'ensemble sur la réforme et inaugure réellement l'ère du Tanzimat.

Il faut, y est-il dit, donner à l'Empire une nouvelle administration, « les institutions doivent principalement porter sur trois points, qui sont :

1° Les garanties qui assurent à nos sujets une parfaite sécurité, quant à leur vie, à leur honneur, à leur fortune ;

2° Un mode régulier d'asseoir et de prélever les impôts:

3° Un mode également régulier pour la levée des soldats et la durée de leur service. »

Et après avoir énuméré les principales dispositions émises en conformité de ces principes, le firman ajoute : « Ces concessions impériales s'étendant à tous nos sujets de quelque religion ou secte qu'ils puissent être, ils en jouiront sans exception. » Ces quelques mots constituent à eux seuls toute une révolution.

Mais l'égalité des raïas avec les musulmans est contraire à toutes les prescriptions du Coran; dans leur mépris pour les infidèles, les musulmans ne pouvaient considérer cette disposition que comme un non sens, comme une chose ridicule : « c'est, dit M. d'Avril, comme si l'on eut décidé que les nègres soient blancs » (1).

Un Conseil de réforme devait se réunir pour réglementer les points indiqués. Enfin, après avoir pris les engagements les plus formels, et avoir « fait serment par le nom de Dieu » d'observer les dispositions du firman, le Sultan promet une loi rigoureuse contre le trafic de la faveur et des charges (richvet) que la loi divine repousse et qui est une des principales causes de la décadence de l'Empire. »

Et pour lui donner encore plus de solennité : « ce rescrit impérial, est-il dit, devra être communiqué officiellement à tous les ambassadeurs des Puissances amies résidant à Constantinople, pour qu'ils soient témoins de l'octroi de ces institutions, qui, s'il plait à Dieu, dureront à jamais. »

On ne pourrait qu'applaudir à ces dispositions empreintes des idées les plus élevées et des sentiments les plus nobles, si l'on n'était tenté de rester un peu sceptique à leur égard, même avant de s'être confirmé dans ce scepticisme par l'étude des suites de la réforme.

En effet, non seulement elles devaient exciter le mécontentement des Musulmans pour les raisons que nous avons indiquées tout à l'heure ; mais on se vouait fatalement à l'impuissance en voulant importer en bloc, dans un monde d'une civilisation essentiellement différente, une organisation faite pour d'autres pays et pour d'autres mœurs. C'est à cet écueil que pour vouloir trop faire à la

(1) D'avril. *Négociations relatives au traité de Berlin*. Introduction, p. 17.

fois, les réformateurs turcs se heurteront toujours par la suite et se sont heurtés dès les premiers essais.

Cependant des mesures ne tardèrent pas à être prises en exécution du Hatti-Chérif : organisation d'un Conseil d'État, suppression de la ferme des impôts, promulgation d'un recueil de lois pénales dont les dispositions sont applicables à tous les sujets musulmans ou raïas et « sans égard au crédit ni à la considération des délinquants, » préparation d'un code civil, tel est le bilan de la première année d'exécution du Hatt. Mais la guerre d'Egypte provoqua une réaction ; le peuple musulman vit d'un mauvais œil l'alliance du Padischah avec les Chrétiens, et Rifaat-pacha, successeur de Reschid, apporta au grand vizirat des idées opposées à la réforme. Heureusement cette réaction ne dura pas : Une loi du 6 septembre 1843, réorganisa l'armée qui fut mise ainsi en état de prendre une part honorable à la guerre de Crimée. (1) La même année, Riza-pacha prononçait ces paroles : « Musulmans, Chrétiens, Israélites, vous êtes tous les sujets d'un même Empereur, les enfants d'un même père... Musulmans ou Chrétiens, riches ou pauvres, fonctionnaires civils, militaires ou religieux ; que tout sujet ottoman ait donc pleine confiance dans le Souverain qui tient la balance égale pour tous ; que tout coupable tremble ; que tout homme de bien, tout bon serviteur attende sa récompense. » (2)

---

(1) L'armée est divisée en trois parties : hommes du service actif (nizam), de la réserve (rédif), auxiliaires et troupes irrégulières. D'après les renseignements fournis par le maréchal de Saint-Arnaud et par le général Williams, les troupes turques étaient solides, mais les chefs incapables et le service d'intendance déplorable.

(2) Cf. Engelhardt. *La Turquie et le Tanzimat,* t. I, p. 69.

En 1846 fût promulguée une série d'ordonnances, désignées sous le nom de « Talimatio moumich », qui
fixe les droits et les devoirs des fonctionnaires et déter-
mine la nature de leurs attributions. Un firman de 1845,
organise l'instruction publique, avec les trois degrés :
instruction primaire, secondaire, supérieure. Enfin notons
un firman de 1852 sur l'administration des Provinces, la
création, en 1853, d'une banque ottomane subventionnée
par l'État, et la promulgation d'un Code de commerce
en 1856.

Le Hatti-Chérif de Gulhané avait il eu en somme d'heureux résultats ?

L'idée d'une Turquie réformée excita en Europe un
grand enthousiasme, et c'est avec confiance que la presse
salua presque unanimement l'ère nouvelle qui semblait
s'ouvrir pour l'Empire Ottoman. « Le gouvernement turc
a donc pris au sérieux toutes ses promesses, est-il écrit
dans un recueil de 1850. Les peuples chrétiens de l'Empire lui tiennent compte de ce qu'il a déjà fait, et c'est
avec la plus grande confiance qu'ils envisagent l'avenir.
Hellènes, Roumains, Arméniens ou Slaves, tous se ren-
contrent dans le même sentiment, ils ne désirent que la
consolidation de l'Empire Ottoman » (1).

Malgré ces accès de lyrisme qui devinrent plus fréquents et plus pathétiques, lorsque le Sultan fut l'allié de
la France et de l'Angleterre, malgré cette peinture tou-
chante du bonheur des peuples de l'Empire Ottoman, nous
avons peine à y croire. Nous n'en voulons pour preuve
que l'état dans lequel se trouvait encore la Turquie, dix-

---

(1) *Annuaire des Deux-Mondes*, année 1850.

sept ans après la promulgation du Hatti-Chérif, et dans lequel elle est encore de nos jours.

D'ailleurs, si la réforme, depuis qu'elle est garantie par l'Europe, a été appliquée avec assez peu de loyauté pour que l'on ait à déplorer des faits comme les récents massacres d'Arménie ; il est difficile de croire qu'elle l'ait été avec plus de succès lorsque la Turquie était livrée à elle-même.

La Porte, d'ailleurs, était bien obligée de reconnaître elle-même que la situation n'était pas encore en tous points satisfaisante ; « il est bien vrai que les principes de la réforme se sont consolidés, dit un firman du 7 septembre 1854, mais les règlements qui en sont la conséquence se trouvent encore affectés d'incertitude » (1). « Nous prenons acte de cette déclaration. Qu'importe que les principes soient consolidés, s'ils ne sont pas appliqués ? Et quant à contester la valeur des principes énoncés dans le Hatti-Chérif, nous n'y avons jamais songé.

Il ne semble pas d'ailleurs que les Gouvernements européens aient fait grand fond sur les promesses de la Turquie, car les notes de Vienne signalent comme condition essentielle du rétablissement de la paix, l'amélioration du sort des Chrétiens. Ce fut l'objet du quatrième point des préliminaires (2).

---

(1) Cf. *Annuaire des Deux-Mondes*, 1854-1855, p. 685.

(2) Rappelons-le : « Les immunités des sujets raïas de la Porte seront consacrées, sans atteinte à l'indépendance et à la dignité de la couronne du Sultan.

Des délibérations ayant lieu entre l'Autriche, la France, la Grande-Bretagne et la Sublime-Porte afin d'assurer aux sujets chrétiens du Sultan, leurs droits religieux et politiques, la Russie sera invitée, à la paix, à s'y associer. » Projets préliminaires du 1er février 1856, de Clercq. *Recueil*, t. VII, p. 21.

II. — Le Hatti-Humayoun de 1856.

Part qu'ont pris les représentants des Puissances à son élaboration.
— Mention qui en est faite dans l'article 9 du traité de Paris. —
Dispositions principales. — Considérations préliminaires. — Dispositions concernant la religion, la justice, les finances, l'administration. — Le Hatti-Humayoun établit l'égalité de tous les sujets
de la Porte sans distinction de religion ni de classes. — Il forme
une véritable Charte des droits des Chrétiens. — Appréciation.

Nous avons expliqué ailleurs (1) la genèse de l'article 9
du traité du 30 mars. Bien que le Hatti-Humayoun fût
déclaré « spontanément émané de la volonté souveraine
de S. M. I. le Sultan », en réalité les Ambassadeurs de
France, d'Angleterre et d'Autriche à Constantinople avaient
largement coopéré à son élaboration, et le soin avec lequel
les représentants des grandes puissances aux conférences
de Vienne et au Congrès de Paris, traitèrent la question
des immunités des raïas montre quelle importance ils y
attachaient et nous autorise à penser que l'Europe était
décidée à obtenir ces immunités avec ou sans l'assentiment de la Porte.

Nous avons donné les raisons pour lesquelles nous con-
sidérons que l'article 9 consacre au profit des Puissances un
droit d'intervention dans les affaires de l'Empire Ottoman.
On ne nous contestera pas en tout cas, le droit de répéter
avec le duc d'Argyll : « Ce ne serait pas seulement une

(1) Cf. 2e partie. Le traité de Paris.

extravagance ; ce serait un crime (1) que de vouloir soutenir que l'article 9 consacre le renoncement des Puissances à tout droit d'intervention dans les affaires de la
Turquie ».

Donc les Puissances ont le droit de veiller à l'exécution
du Hatt, et la Réforme prend un nouveau caractère. Il ne
s'agit plus maintenant de quelques transformations rêvées
par un Sultan réformateur, et approuvées platoniquement
par l'Europe : désormais, la Réforme est un acte du droit
international ; les Puissances ont le droit et le devoir d'en
surveiller l'exécution ; elles peuvent demander compte de
la situation des chrétiens de l'Empire tout entier. Elles
étendent même leur protection et leur intervention aux
Musulmans, puisque certaines dispositions du Hatti-
Humayoun sont applicables à tous les sujets de la
Porte.

Le Hatti-Humayoun de 1856, promulgué quelques jours
avant la signature du traité de Paris, pour donner au
Sultan les apparences et le bénéfice de la spontanéité-
reproduit, en les complétant, les dispositions du Hatti,
Chérif de Gulhané (2) ; il affirme de nouveau l'égalité de
tous les sujets de la Porte sans distinction de religion et
de croyance et contient des dispositions concernant l'administration, les finances et la justice. Nous allons en

(1) Le noble duc pense que les Puissances ont pu renoncer à tirer
un droit d'intervention, de la communication même de la Porte ;
mais qu'elles n'ont pu renoncer aux droits qu'elles pourraient avoir
par ailleurs. Page 101. « As a member of the cabinet which was res-
ponsible for that article (art. 9), I must express my opinion that any
such admission would have been not only a folly but a crime. The
duke of Argyll *Eastern question.*

(2) Ce qui prouve du reste que le Hatti-Chérif de 1839 n'avait pas
été exécuté.

énumérer rapidement les 24 articles. « Mes efforts incessants, commence par dire le Sultan, ont déjà porté des
fruits utiles et nombreux. De jour en jour le bonheur de
la nation et la richesse de mes États vont en augmentant. »

Nous savons ce qu'il faut penser de ces compliments de
rigueur que le Grand Seigneur s'octroie à lui-même.
Heureusement le Sultan annonce aussitôt qu'il veut continuer et compléter la réforme pour mettre son Empire au
niveau de la nouvelle position qu'il occupe et dont il a,
« par le concours bienveillant et amical des Grandes Puissances » reçu « une consécration qui doit être le commen-
mencement d'une ère nouvelle. »

Il est bon de noter ce paragraphe qui fait ressortir la
corrélation étroite qui existe entre la promulgation du
Hatt et l'admission de la Turquie dans le Concert européen, et fait de l'un la condition de l'autre. C'est du
moins ce que nous avons admis et ce que le Sultan
semble lui-même reconnaître ici.

Après ce préambule, viennent les 24 articles :

L'article 1 consacre les garanties promises par le Hatti-
Chérif de Gulhané à tous les sujets Ottomans, « sans distinction de classe ni de culte, pour la sécurité de leur
personne et de leurs biens, et pour la conservation de leur
honneur. »

L'article 2 confirme « tous les privilèges et immunités
spirituelles accordées *ab antiquo*... à toutes les communautés chrétiennes où à d'autres rites non musulmans
établis dans l'Empire. »

Nous verrons en effet que les communautés ont toujours
conservé des privilèges très étendus ; les Musulmans, qui
n'ont jamais songé à leur appliquer leurs lois civiles con-

fondues avec la loi religieuse, n'ont jamais cherché non plus, et cela par mépris, à faire pour les populations chrétiennes des règlements spéciaux, et à organiser l'administration de l'Empire.

Les articles 3, 4 et 5 règlent la nomination des patriarches, le traitement à leur allouer, les questions de réparation ou de construction d'édifices relatifs au culte. « Des mesures énergiques seront prises par ma Sublime-Porte, dit l'article 6, pour assurer à chaque culte, quelque soit le nombre de ses adhérents, la pleine liberté de son exercice ».

« Toute distinction ou appellation tendant à rendre une classe quelconque des sujets de mon Empire inférieure à une autre classe, à raison du culte, de la langue ou de la race, sera à jamais effacée du protocole administratif ». (Article 7). L'emploi de termes méprisants contribue en effet et pour une grande part, à maintenir les différences sociales.

« Vu que tous les cultes sont et seront librement pratiqués dans mes États, aucun sujet de mon Empire ne sera gêné dans l'exercice de la religion qu'il professe et ne sera d'aucune manière inquiété à cet égard. Personne ne pourra être contraint à changer de religion ». Cette disposition est excellente, mais incomplète. Sans doute, la liberté dans l'exercice des cultes et la défense formelle d'opérer des conversions par force, constituait un grand progrès ; cette disposition strictement appliquée devait mettre fin à des abus du caractère le plus odieux ; car les conversions forcées à l'islamisme n'ont été que trop fréquentes, et ont trop souvent servi à dissimuler le rapt de jeunes filles chrétiennes ou à lui donner une apparence de légitimité. Mais le droit de conserver le culte que l'on professe, n'est que la moitié de la liberté de conscience, qui, pour être entière, doit comprendre aussi le droit de changer librement de religion. Or, si les Chrétiens ont toujours été libres d'embrasser l'islamisme, au contraire l'abjuration d'un Musulman était (1) punie de mort, même si ce Musulman avait été converti par force à l'islamisme, et cherchait seulement à retourner à la foi de ses pères. A maintes reprises, les Consuls européens ont fait entendre de vives protestations à ce sujet.

« Tous les sujets de mon Empire, sans distinction de nationalité, seront admissibles aux emplois publics et indistinctement reçus dans les écoles civiles et militaires ». Il y avait déjà eu, et par la force des choses, une certaine application de cette mesure libérale. Les Turcs, indolents et peu instruits, avaient été obligés de recourir souvent aux Chrétiens, et les Grecs principalement ont fourni de hauts dignitaires de l'Empire Ottoman. Il suffit de rappeler que les Principautés de Moldavie et de Valachie ont été longtemps administrées par des Princes Grecs (2).

L'article 10, qui donne à chaque communauté le droit d'avoir des écoles publiques sous le contrôle d'un Conseil mixte nommé par le Sultan, termine l'énumération des dispositions relatives à la religion. Viennent ensuite les dispositions concernant l'administration de la justice entre musulmans et non musulmans.

« Toutes les affaires commerciales, correctionnelles et

---

(1) Telle est actuellement encore la loi du Chéri : Le Musulman qui se convertit est aujourd'hui encore mis à mort. Et les Turcs ont fait une large application de ce principe aux malheureux Arméniens convertis par force pendant les massacres de 1896.

(2) Cf. Chapitre I. Moldo-Valachie. « L'époque phanariote. »

criminelles entre des musulmans et des chrétiens ou autres, de rites différents, seront déférées à des tribunaux mixtes » (Article 11). « L'audience de ces tribunaux sera publique; les parties seront mises en présence et produiront leurs témoins, dont les dépositions seront reçues indistinctement, sous un serment prêté selon la loi religieuse de chaque culte » (article 12).

Ce dernier paragraphe doit nous arrêter. Il faut savoir, en effet, que devant les tribunaux ottomans, le témoignage des chrétiens n'était pas admis, et que pour ne pas être condamné, il fallait avoir pour soi le témoignage d'un Musulman. Il est vrai que le Chrétien achetait facilement un témoin Musulman ; l'article 12 n'en apporte pas moins une disposition bienfaisante. Après avoir reconnu aux Conseils des Patriarches ou des Communautés (Article 13) le droit de juger certains procès spéciaux entre non musulmans dont ils seraient saisis par les parties, le firman promet la codification, « traduite dans toutes les langues en usage dans l'Empire » des « lois pénales, correctionnelles, commerciales et des règles de procédure à appliquer dans les tribunaux mixtes ». (Article 14).

On ne peut qu'applaudir à une décision destinée à mettre fin à tout arbitraire dans l'application des lois.

L'abolition de la torture (article 15) et la promesse d'une réorganisation de la police (article 16) terminent les dispositions relatives à la justice. Puis le Hatt passe à la question des impôts, que la réforme a pour but de faire peser également sur tous les sujets de la Porte.

L'impôt le plus lourd et en même temps le plus honorable est l'impôt du sang; il est injuste que les Musulmans le paient seuls ; et cela contribue à maintenir les Chrétiens

en état d'infériorité vis-à-vis d'eux. Les Chrétiens y seront donc soumis désormais. « Le principe du remplacement ou du rachat sera admis. Il sera publié, dans le
plus bref délai possible, une loi complète sur le mode
d'admission et de service des sujets Chrétiens et d'autres
rites non musulmans dans l'armée ». Avant 1856, l'impôt
du kharadj, payé par les non-musulmans, était considéré
comme le rachat du service militaire : mais ce rachat
était obligatoire. Le Hatti-Humayoun le rend facultatif ;
c'est en cela qu'il innove.

La disposition de l'article 17 souleva cependant de
nombreuses controverses. Dans quelles conditions les
Chrétiens seront-ils admis dans l'armée ? Seront-ils versés
dans les mêmes corps que les Musulmans ? Mais ce seront
alors des conflits perpétuels, et il faudra interdire aux
Chrétiens l'accès des grades ; car il est impossible de
croire qu'un Musulman consentira jamais à obéir à un
raïa. Formera-t-on alors un corps spécial composé uniquement de Chrétiens ? Mais ce système, en créant des
inimitiés entre les différents corps de troupe, serait le
prélude de la guerre civile! Nous verrons comment la
question a été tranchée.

L'article 17 annonce ensuite une réforme administrative. Mais voici une conséquence inattendue de l'égalité de
tous devant la loi : « Comme les lois qui régissent l'achat,
la vente et la disposition des propriétés immobilières sont
communes à tous les sujets de mon Empire, il pourra être
permis aux étrangers de posséder des propriétés foncières
dans mes États, en se conformant aux lois et aux règlements de police, en acquittant les mêmes charges que les
indigènes, et après que les arrangements auront eu lieu

avec les Puissances étrangères ». Ces arrangements intervinrent en effet, et nous aurons à parler à ce propos des
efforts de la Sublime-Porte pour supprimer le système des
capitulations; nous en voyons ici le premier essai. Pour
terminer la question des impôts, le Hatt énonce des dispositions générales, qui en établissent l'égalité pour tous,
substituent au régime de la ferme le système de la perception directe, et promettent de calculer les impositions
locales de façon à ne pas affecter les sources de la pro-
duction ni à entraver le mouvement du commerce intérieur. (Article 19).

Le Sultan promet ensuite de s'occuper des Travaux
publics (article 20) de créer des routes et des canaux, de
prendre toutes les dispositions propres à faciliter le développement de l'agriculture et du commerce (article 24); il
annonce la création de « banques et autres institutions
semblables pour arriver à la réforme du système moné-
taire et financier, ainsi que la création de fonds destinés à
augmenter les sources de la richesse matérielle de l'Empire ». Il s'engage à publier chaque année, comme cela
avait été promis déjà, le budget des dépenses et des recettes de l'État (article 21) pour permettre le contrôle de
l'emploi des fonds publics. Enfin, après une disposition
concernant l'admission au Conseil suprême de justice de
représentants des communautés chrétiennes, il est dit :
« Les lois contre la corruption, la concussion ou la mal-
versation, seront appliquées, d'après les formes légales, à
tous les sujets de mon Empire, quelles que soient leur
classe et la nature de leurs fonctions. »

On le voit, les dispositions du Hatti-Humayoun de 1856
sont empreintes de la plus grande équité. Elles sont dignes
d'un État civilisé et constituent la Charte des populations

ottomanes en même temps qu'elles posent les principes théoriques de leur droit public (1).

Mais seraient-elles appliquées? Après l'expérience du Hatti-Chérif de 1839, on pouvait en douter. D'ailleurs, en lui-même, le Hatti-Humayoun n'est qu'un exposé de principes ; il renvoie à des règlements dont dépendait en définitif la réforme. Ce sont ces règlements qu'il nous faut maintenant faire connaître.

---

(1) « On connaît aujourd'hui ce règlement *si remarquable par une netteté de formes et une élévation de vues* qui attestent l'influence sous laquelle il a été rédigé. » *Le traité de Paris* par un ancien diplomate (1856).

III. — Application du Hatti-Humayoun de 1856.

I. — *Armée*. — Question de l'admission des Chrétiens. — Loi de 1869.

II. — *Religion*. — Les différents cultes. — Le clergé latin et la France. — Le clergé orthodoxe et la Russie. — Affaire de la coupole du Saint-Sépulcre, 1862. — Protocole du 5 septembre 1862. — Affaire du sanctuaire de Jérusalem, 1873. — Rétablissement du *statu quo*. — Les différentes Églises. — Églises-unies. — Églises dissidentes.

III. — *Justice*. — Différentes catégories de tribunaux. — Juridiction des communautés. — Tribunaux du Chéri. — Juridiction consulaire. — Loi accordant aux étrangers le droit de posséder des immeubles en Turquie. — Les dénationalisations. — Loi sur la nationalité, 1869. — Mémoire de 1869. — Question des Capitulations.

IV. — *Finances*. — Les ressources de l'Empire ottoman. — Différents impôts. — Les emprunts amènent l'intervention européenne. — Commission franco-anglo-autrichienne, 1859. — Cour des Comptes. — Banque ottomane avec un directeur européen. — Le budget. — Hatts de 1863. — Loi sur les biens dits Vakoufs, 1867.

V. — *Administration*. — Loi des Vilayets. — Ses dispositions essentielles. — Son importance. — Critiques. — L'élément musulman reste prédominant. — Modifications en 1870.

VI. — *Instruction publique*. — Le collège français de Galata-Seraï.

VII. — *Politique des Puissances à l'égard de la réforme*. — Intervention en 1860. — L'enquête du Grand Vizir. — Le rapport de Kyprili-pacha. — L'enquête de 1867. — L'état de la réforme à cette époque. — Politique des Puissances en 1867. — La France se tient au Hatti-Humayoun dont elle demande l'exécution loyale. — La Russie : « autonomie ou anatomie. » — Politique hésitante de l'Angleterre. — Ce qu'il faut penser de la Réforme en Turquie.

Le Hatti-Humayoun de 1856 embrasse l'ensemble de l'administration Ottomane ; pour en bien suivre l'exécution, il faudrait étudier cette administration dans le détail de tous ses rouages. Mais une telle étude sortirait de notre cadre. Nous nous contenterons d'en décrire très succintement les caractères généraux ; nous insisterons seulement un peu plus sur les questions dans lesquelles l'action des gouvernements européens ou de leurs consuls s'est plus particulièrement fait sentir.

Pour plus de clarté, nous allons voir, dans des paragraphes différents, ce qui a trait à l'armée, aux affaires religieuses, à la justice, aux finances, à l'organisation administrative et enfin à l'instruction publique.

Nous jeterons ensuite un coup d'œil sur l'ensemble de la Réforme ; nous verrons quelle a été la politique des Puissances à l'égard du Tanzimat, quels en ont été les résultats et ce qu'il faut en penser.

I. — De l'armée nous avons peu de chose à dire. La question importante en ce qui la concerne, était celle de l'admission des Chrétiens ; elle fut tranchée dans un sens négatif malgré le texte formel du Hatti-Humayoun (1).

---

(1) Le Sultan, au contraire, fit tous ses efforts pour faire accepter la réforme. Témoin ce firman impérial du 9 mars 1855 antérieur par conséquent au Hatti-Humayoun..... « En faisant participer de cette manière et d'après leurs facultés et leur position toutes les classes de sujets au service militaire, qui réunit les peines et les fatigues à l'honneur du service, la Sublime Porte a eu pour but d'alléger la charge du service, qui pesait exclusivement sur les musulmans et de faire aussi participer les autres classes des sujets de l'Empire à l'honneur et à la gloire de servir l'État et la Patrie. Ceci étant une nouvelle preuve de la générosité et de la sollicitude que Sa Majesté Impériale n'a cessé de

Mais la faute en est en partie imputable aux Chrétiens qui témoignèrent aussi peu d'enthousiasme à accourir sous les drapeaux que les Musulmans se montrèrent peu disposés à les y accueillir.

D'ailleurs, le Grand Vizir ne sentait pas la domination du Sultan assez fermement établie sur les nationalités de l'Empire pour mettre beaucoup d'empressement à leur donner des armes : « Ce serait vouloir former l'avant-garde des armées du Tsar, » (1) disait en 1856 le séras-kier Namyk-pacha.

Une nouvelle loi militaire fut promulguée en 1869 ; elle apporta quelques modifications à celle de 1843. L'armée se composera dorénavant du service actif, (mohazzaf) dont la durée est réduite à quatre ans ; du service de réserve (iktyat) auquel sont soumis, pendant un an, les soldats du service actif, après leur libération ; du service de la garde nationale des premier et second bans (rédif) par lequel passent les hommes libérés des services précédents ; enfin des irréguliers et troupes locales (bachi-bozouks).

II. — Les affaires religieuses doivent tenir ici une place spéciale. Elles ont en Turquie une importance capitale, et ce sont elles qui ont le plus souvent provoqué l'intervention des Puissances. Les Chrétiens, en effet, peu satisfaits de la domination Ottomane, se sont faits les clients des

---

prodiguer à l'égard de tous ses sujets en général, nous ne doutons pas que chacun n'en soit pénétré de satisfaction et de reconnaissance. » Une des particularités de la Réforme en Turquie est qu'elle fut entreprise par les Sultans et que l'opposition vint au contraire des populations.

(1) Engelhardt. *La Turquie et le Tanzimat.* Tome II, p. 39.

Etats européens de même culte, et la Porte, oublieuse de
ses devoirs et peu consciente de ses intérêts, a facilement
concédé à des pays étrangers des droits sur le clergé
(capitulations) et même dans une certaine mesure sur tous
les fidèles (le traité de Kutchuk-Kaïnardji, par exemple)
« Travaille, paie et prie comme tu voudras » voilà ce que
les Musulmans demandaient aux peuples conquis. « La
conversion des âmes, dit le Koran, n'appartient qu'à
Dieu ; » et M. Ubicini à qui nous empruntons ces cita-
tions ajoute : « par là, l'Islamisme, manqua, même à son
début, de la force d'expansion que le christianisme puisa
dans l'inflexibilité de son dogme, tempérée par la douceur
et le désintéressement de sa morale » (1).

Les Puissances se sont efforcées d'accroître ces droits
déjà exorbitants et d'augmenter leur influence sur les
nations chrétiennes. C'est ainsi, nous l'avons vu, que la
question des Lieux-Saints, débattue à l'origine entre
latins et orthodoxes a pu entraîner une guerre européenne ;
car la France a pris la défense des Latins ses protégés
séculaires, (2) et la Russie a voulu affermir sa tutelle sur
les Orthodoxes, en combattant pour eux.

L'Angleterre, depuis le milieu de ce siècle a cherché à
se créer par le même moyen une clientèle en Turquie.
Mais les missionnaires anglicans qui parcourent les provinces des Balkans et de la Syrie font peu d'adeptes et ne
peuvent lutter contre le long passé de services rendus qui
fait la situation considérable des religieux latins en
Orient.

(1) Ubicini. *Lettres sur la Turquie*, 2ᵉ partie (les Raïas), p. 7 et 10.
(2) Voir sur le rôle de la France en Orient, le remarquable discours prononcé le 29 février 1888, par M. Deschanel à la Chambre des
députés (*Journal Officiel* du 1ᵉʳ mars).

En 1862, l'affaire des Lieux-Saints, c'est-à-dire, la question des droits respectifs des Latins et des Orthodoxes, assoupie depuis la guerre de Crimée, menaça d'entrer dans une nouvelle phase.

La Coupole du Saint-Sépulcre s'était effondrée. La France et la Russie, désireuses d'éviter toute complication, s'entendirent pour demander à la Turquie la permission de la faire reconstruire à frais communs. La Turquie y consentit, mais émit l'avis de rétablir le *statu quo*, c'est-à-dire de refaire la coupole telle qu'elle était. Alors reparut l'éternel désaccord. Le Gouvernement français s'opposait formellement au rétablissement des inscriptions grecques, mises sans droit, disait-il, par les Orthodoxes, et contre lesquelles les Latins n'avaient cessé de protester.

Les Puissances parvinrent cependant à s'entendre, et le 5 septembre 1862 un protocole fut signé à Constantinople : il fut décidé que la France, la Russie et la Turquie contribueraient à la reconstruction, chacune pour un tiers ; et qu'il « sera prescrit aux architectes (un russe et un français) d'éviter dans la décoration de la nouvelle coupole, toute inscription ou tout emblème qui serait de nature à provoquer les susceptibilités d'aucune des communions chrétiennes. » Un article additionnel disait : « il est entendu que le présent arrangement ne confère aucun droit nouveau aux différentes communions chrétiennes, ni à aucune des parties signataires de ce protocole, et ne porte atteinte à aucun des droits qui leur étaient précédemment acquis » (1).

Les difficultés ne devaient pas tarder à renaître. En 1869, la grotte de la Nativité fut dégradée par les Orthodoxes ;

(1) Livre jaune 1862. (Coupole du Saint-Sépulcre).

les Latins obtinrent la promesse du *statu quo*, mais le
règlement définitif se faisait attendre, et, en 1873, le vol
d'objets appartenant au clergé latin amena de nouvelles
complications ; des rixes s'en suivirent et le Consul de
France à Jérusalem intervint « en qualité de Consul de
France, déclara M. Crampon, défenseur en Terre-Sainte
des intérêts et des droits de toute la chrétienté, responsable de la personne de mes protégés, mise en péril par de
tels forfaits. » (1) M. Crampon demanda qu'une enquête
fut faite par une commission mixte. Sur les instances du
comte de Vogué, (2) la Porte y consentit ; elle nomma un
commissaire chargé avec le commissaire de la France de
procéder : « 1° au rétablissement complet et intégral du
statu quo violemment détruit dans la grotte de la Nativité
par la coupable agression du 25 avril ; 2° à une enquête
sur les événements du 25 avril ».

La France recevait ainsi satisfaction. Notre ambassadeur
à Constantinople en prit acte, mais eut soin de déclarer
que « le rétablissement du *statu quo* est un fait d'ordre
matériel qui ne préjuge en rien les droits de chacun et
particulièrement ceux que les Latins tiennent de l'article 33 des capitulations conclues entre la France et la
Turquie, lesquels droits demeurent réservés. » (3)

---

(1) Lettre du 29 avril 1873. Livre jaune pour 1873. (Affaires du
sanctuaire de Jérusalem).

(2) « L'Ambassadeur français ne faillira pas au devoir qui lui in-
combe, de défendre des intérêts sacrés que les traités en vigueur et une
tradition trois fois séculaire ont confiés à sa protection exclusive. »
Lettre du comte de Vogüe à Safvet-pacha, 1er mai 1873.

(3) Réponse du comte de Vogüe, 17 juillet 1873. — Livre jaune
1873.

Voici l'art. 33 des Capitulations de 1740 : « Les religieux francs, qui,

Les gouvernements, instruits par l'expérience, ont donc gardé, dans les dernières affaires relatives aux Lieux-Saints, une attitude réservée et prudente qu'ils n'avaient pas toujours su observer. Le situation n'en reste pas moins pleine de périls, par suite du contact journalier des chrétiens de cultes et de rites différents.

D'ailleurs, l'inimitié qui règne entre les diverses communautés, peut d'autant moins disparaître que chacune d'entre elles a conservé une certaine autonomie, même dans l'ordre civil et temporel, et se trouve être une petite puissance, un État dans l'État. Un certain nombre, toutefois, s'est rattaché au Saint-Siège de Rome, et ce mouvement tend à s'accentuer de jour en jour. De là, les deux groupes suivants : Églises unies et Églises dissidentes. Les Églises unies comprennent les Chaldéens unis, les Syriens unis, les Maronites, les Arméniens unis, les Grecs unis, les Coptes. (1)

---

suivant l'ancienne coutume, sont établis dedans et dehors de la ville de Jérusalem, dans l'Église du Saint-Sépulcre, appelée *Kamama*, ne seront point inquiétés pour les lieux de visitation qu'ils habitent et qui sont entre leurs mains, lesquels resteront encore entre leurs mains, comme par ci-devant, sans qu'ils puissent être inquiétés à cet égard, non plus que par des prétentions d'impositions; et s'il leur survenait quelque procès qui ne pût être décidé sur les lieux, il sera renvoyé à ma Sublime-Porte. »

(1) 1° Les Chaldéens unis au nombre de 30.000 avec onze évêques et pour chef suprême le patriarche de Babylone (qui réside à Mossoul) ;

2° Les Syriens unis au nombre de 30.000 ont pour chef le patriarche d'Antioche, qui réside à Mardin ;

3° Les Maronites au nombre de 300.000 avec le patriarche d'Antioche qui réside près de Beyrouth ;

4° Les Arméniens unis sont au nombre de 450.000 avec le patriarche de Cilicie résidant à Constantinople ;

Parmi les Églises dissidentes, citons les Nestoriens, les Syriens jacobites, les Arméniens, les Grecs non unis et les Coptes non unis (1). Enfin, à ces deux groupes s'ajoutent les Églises nationales telles que celle de Bulgarie.

En 1862, des Constitutions furent données aux Communautés grecque, arménienne non unie et israélite. Nous n'avons pas à entrer dans le détail de leur organisation. « Les statuts, dit M. Engelhardt, portent à des degrés différents l'empreinte d'une même pensée, celle de la sécularisation partielle du gouvernement concentré jusqu'alors entre les mains des patriarches et des rabbins; des Conseils civils sont créés dans chaque nation avec des attributions qui leur confèrent la gestion des affaires temporelles, soit dans l'ordre administratif proprement dit, soit dans l'ordre judiciaire » (2).

5º Les Grecs unis au nombre de 120.000, ont pour chef le patriarche d'Antioche résidant à Damas ;

6º 25.000 Coptes, dont le patriarche réside à Alexandrie. Cf. Abbé Pisani. *A travers l'Orient* (leçons faites à l'Institut catholique) et ouvrage de Michel sur les églises d'Orient.

(1) 1º Les Nestoriens sont au nombre de 200.000 et ont pour chef un patriarche (catholicos) qui réside à Kotchanès. Une partie des Nestoriens est en fait indépendante du gouvernement Ottoman, à tel point que les Turcs n'osent s'aventurer sur leur territoire dans les environs de Mossoul ;

2º Les Syriens au nombre de 500.000 avec un patriarche qui réside à Lag-Farane ;

3º Les Arméniens qui ont pour chef spirituel, le patriarche d'Eschmiadzin et pour chef civil le patriarche de Constantinople ;

4º Les Grecs non unis au nombre de 5.000.000 dont 300.000 en Syrie et en Palestine sous l'autorité du patriarche de Constantinople ;

5º Les Coptes non unis, au nombre de 400.000, sous l'autorité du patriarche d'Alexandrie.

(2) Engelhardt. *Turquie et Tanzimat.*

III. — Le but de la Porte, en posant dans le Hatti-Humayoun les principes concernant la justice, était de préparer une réforme complète qui non seulement s'appliquerait à tous les sujets ottomans, mais porterait même atteinte au système capitulaire. (1)

Il y a en effet, en Turquie, plusieurs catégories de tribunaux.

Les tribunaux du Chéri, c'est-à-dire ceux qui jugent selon la loi musulmane et auxquels les musulmans sont seuls soumis; les tribunaux ecclésiastiques et civils, établis dans chaque communauté non-musulmane, et enfin la juridiction consulaire pour les sujets des Puissances européennes.

Les tribunaux ecclésiastiques ont été conservés, et la réforme a été dirigée surtout de façon à remplacer la loi du Chéri par des dispositions copiées sur les codes européens. Ce fut aussi la cause de son échec.

Un code pénal en 1858; plus tard, un code de commerce, imités du code français furent importés en Turquie; ils ne purent être appliqués, et le seul résultat fut de mettre le désarroi dans l'administration.

Les réformateurs, absorbés par des questions de textes, négligèrent en outre de remédier aux abus les plus graves, tels que la vénalité des juges, poussée en Orient jusqu'aux extrêmes limites. « Si la Turquie veut nous imiter, dit M. Van den Berg, qu'elle nous imite dans ce que nous avons de supérieur à ce qu'on trouve chez elle; qu'elle nous emprunte l'intégrité de notre magistrature et de notre administration; mais qu'elle n'oublie pas que les

---

(1) Nous avons signalé ce point sous l'article 18 du Hatti-Humayoun.

principes fondamentaux de justice et de gouvernement,
tout en étant des vérités dans le monde entier, doivent
nécessairement se manifester sous des formes qui diffèrent
selon les temps et les climats. » (1)

Quant à la juridiction consulaire, établie, on le sait, par
les capitulations (2) elle portait ombrage à l'amour-

(1) Van den Berg, *Les réformes législatives en Turquie* (Revue
de Droit international), 1897.

(2) Voici les principaux articles des capitulations de 1740 qui règlent
la juridiction consulaire :

Article 15 : « S'il arrivait quelque meurtre ou quelque autre désordre entre les Français, leurs ambassadeurs et leurs consuls en décideront selon leurs us et coutumes, sans qu'aucun de nos officiers
puisse les inquiéter à cet égard. »

Article 26 : « Si quelqu'un avait un différend avec un marchand
français et qu'ils le portassent chez le kadi, ce juge n'écoutera point
leur procès si le drogman français ne se trouve présent..... Et s'il
arrive quelque contestation entre les Français, les Ambassadeurs et
les Consuls en prendront connaissance et en décideront selon leurs
us et coutumes, sans que personne puisse s'y opposer. »

Article 52 : « S'il arrive que les consuls et les négociants français
aient quelques contestations avec les consuls et les négociants d'une
autre nation chrétienne, il leur sera permis, du consentement et à la
réquisition des parties, de se pourvoir par devant leurs ambassadeurs
qui résident à ma Sublime-Porte..... »

Article 65 : « Si un Français ou un protégé de France commettait
quelque meurtre ou quelque autre crime, et qu'on voulût que la justice
en prît connaissance, les juges de mon Empire et les officiers ne pourront y procéder qu'en présence de l'Ambassadeur et des Consuls ou de
leurs substituts, dans les endroits où ils se trouveront ; et, afin qu'il ne
se fasse rien de contraire à la noble justice ni aux Capitulations Impériales, il sera procédé de part et d'autre, avec attention, aux perquisitions et recherches nécessaires. » (En pratique, cet article n'est pas
appliqué. Le coupable, dans le cas ici prévu, est déféré à la juridiction consulaire.)

Article 70 : « Les gens de justice et les officiers de ma Sublime-
Porte, de même que les gens d'épée, ne pourront sans nécessité entrer
par force dans une maison habitée par un Français ; et, lorsque le

propre (1) de la Sublime Porte qui, à plusieurs reprises, chercha à obtenir des Puissances la suppression de ce régime spécial.

Au Congrès de Paris, Aali-pacha attaqua vivement les Capitulations. « Les privilèges qui en découlent, déclara-t-il (2), nuisent à leur propre sécurité (des Européens) et au développement de leurs transactions, limitant l'intervention de l'administration locale ;..... la juridiction dont les agents étrangers couvrent leurs nationaux constitue une multiplicité de Gouvernements dans le Gouvernement et, par conséquent, un obstacle infranchissable à toutes les améliorations. » Et les plénipotentiaires reconnurent unanimement « la nécessité de réviser les stipulations qui fixent les rapports commerciaux de la Porte avec les autres Puissances, ainsi que les conditions des étrangers résidant en Turquie ; et ils décidèrent de consigner au présent protocole, le vœu qu'une délibération soit ouverte à

cas requerra d'y entrer, on en avertira l'Ambassadeur ou le Consul, dans les endroits où il y en aura, et l'on se transportera à l'endroit en question, avec les personnes qui auront été commises de leur part, et, si quelqu'un contrevient à cette disposition il sera châtié, »

Cf. Le texte des Capitulations dans le Recueil des actes internationaux de l'Empire Ottoman, de Gabriel Effendi Noradounghian, t. I.

Un Hatti-Chérif de 1856 a institué, d'accord avec les légations étrangères à Constantinople et dans la plupart des grandes villes de l'Empire Ottoman, des tribunaux correctionnels et de commerce *mixtes*, composés d'indigènes et d'étrangers. Remarquons qu'il existe actuellement en Égypte, toute une juridiction mixte régulièrement organisée.

(1) En elles-mêmes, les capitulations ne portent aucunement atteinte à la dignité du Sultan. Quelques-unes sont de véritables traités, avec concessions réciproques.

(2) Protocole 14 du Congrès de Paris. De Clercq. Recueil, t. VII, p. 47.

Constantinople, après la conclusion de la paix, entre la
Porte et les représentants des autres Puissances contractantes, pour atteindre ce double but, dans une mesure
propre à donner satisfaction à tous les intérêts légitimes. » Il s'agissait, en effet, selon les expressions du
baron de Bourquency, de conserver les garanties nécessaires aux étrangers et de « les proportionner aux réformes
que la Turquie introduit dans son administration. »

Cependant, les Puissances ne crurent pas pouvoir abandonner les avantages précieux et les garanties nécessaires
que leur donnait la juridiction consulaire. Celle-ci fut con-
servée ; mais la Porte de son côté, ne renonça pas à l'espoir d'en obtenir la suppression. Elle aborda de nouveau
et très habilement la question, à propos de l'extension du
droit de propriété foncière en Turquie.

Ce droit, réclamé par les Puissances, était jusqu'alors
formellement refusé aux étrangers. La terre, considérée à
l'origine, par les Musulmans, comme une chose sainte ne
pouvait être possédée, en effet, que par des Musulmans ;
il y avait là en quelque sorte l'exercice d'un droit religieux réservé aux croyants seuls. Le Hatti-Humayoun
promettait de modifier ce principe ; nous avons déjà vu à
quelles conditions. Aali-pacha, en 1862, y revint de lui-
même et montra dans cette affaire un empressement proportionné au désir qu'il avait d'obtenir la suppression des
Capitulations : « Le Gouvernement du Sultan, dit-il dans
une note aux représentants des Grandes Puissances (1),
veut agir vis à vis des autres nations selon les principes
des peuples civilisés. En retour, il est en droit et il doit à
sa propre dignité, comme à sa propre conservation, d'in-

(1) Note du 9 octobre 1862.

voquer ces mêmes principes à son égard ».... Il faut bien reconnaître que les Puissances, en admettant la Turquie dans le Concert européen, lui avaient donné le droit de se croire leur égale. « Tout a donc changé, dit encore Aali-pacha, excepté ces Capitulations surannées qui sont souvent mises en avant pour justifier des prétentions incompatibles avec la situation actuelle et de nature à rendre impossible la marche régulière du Gouvernement..... En effet, comment pourra-t-elle (la Sublime-Porte) accorder le droit de venir s'établir, comme propriétaires, à des populations qui ne relèvent pas de son autorité, qui ne reconnaissent pas ses lois, qui ne se soumettent pas aux obligations auxquelles les sujets de Sa Majesté Impériale le Sultan se trouvent assujettis, qui ne sont justiciables que de tribunaux étrangers ?.... Du reste la nécessité et la légimité de la modification des Capitulations ont été solennellement reconnues par les Hautes Puissances signataires du traité du 30 Mars 1856 et consignées dans un des protocoles du Congrès de Paris » (1).

Les ambassadeurs se mirent à la disposition d'Aali-pacha pour discuter les bases de cette réforme, mais l'entente fut difficile ; elle ne fut complète qu'en 1867.

La loi du 18 juin 1867 accorde aux étrangers le droit de posséder des immeubles « en se soumettant aux lois et règlements qui régissent les sujets ottomans eux-mêmes ». (article 1er). En conséquence, les étrangers propriétaires sont assimilés aux sujets ottomans pour ce qui concerne leurs biens immeubles ; ils devront se conformer aux règlements qui les régissent et acquitter les charges et contributions auxquelles ils sont soumis. Enfin, et c'est là le

(1) Cf. Protocole 14 cité plus haut.

point capital : « Cette assimilation a pour effet légal......
3° de les rendre directement justiciables des tribunaux
civils ottomans » (1). Un protocole (2) constata l'acceptation de cette loi par les Puissances et chercha à en déterminer nettement la portée : « La loi qui accorde aux
étrangers le droit de propriété immobilière ne porte
aucune atteinte aux immunités consacrées par les traités
et qui continueront à couvrir la personne et les biens
meubles des étrangers devenus propriétaires d'immeubles..... la demeure du sujet étranger est inviolable.....
conformément aux Traités, et les agents de la force publique ne peuvent y pénétrer sans l'assistance du Consul
ou du délégué du Consul dont relève cet étranger ».....
Toutefois, si le Consul est à plus de neuf heures de marche,
des perquisitions peuvent être faites sans son assistance.
De plus : « Ces dispositions ne sont applicables qu'aux
parties de la propriété qui constituent la demeure..... En
dehors de la demeure, l'action de la police s'exercera librement et sans réserve » (3)..... Pour les petites contestations dans les localités éloignées de plus de neuf heures de
marche des Consuls, les tribunaux ottomans seront seuls
compétents ; ils le seront dans les localités moins éloignées
si les parties le demandent. L'appel cependant suspendra
toujours l'exécution et ne pourra être jugé qu'avec l'assistance du Consul. Enfin, la publicité des audiences est

---

(1) Cf. Loi du 18 juin 1867 concédant aux étrangers le droit de
propriété immobilière (Archives diplomatiques, 1867, p. 1419).

(2) La Russie y adhéra en 1873. Cf. Protocole du 8-20 mars,
Annuaire diplomatique de l'Empire de Russie pour l'année 1874,
p. 221.

(3) Sauf seulement transmission au consul du procès-verbal de la
visite.

garantie et la liberté de défense assurée (1). Par la mention qui en est faite dans ce protocole, dit. M. Bourée, ces deux grands principes prennent « le caractère d'un engagement international ».

Les étrangers devenaient donc, dans certains cas, justiciables des tribunaux locaux ; mais ces cas étaient strictement déterminés et limités par des garanties spéciales. « On ne saurait trop le répéter, disait encore M. Bourée (1), le protocole n'a pas dérogé aux Capitulations ; il a suppléé à ce qu'elles auraient eu de vain et d'inexécutable pour des circonstances non prévues par elles, c'est-à-dire pour les cas où il n'y aurait ni consul ni drogman et où pourtant, à raison même des distances et de leur isolement, les étrangers propriétaires d'immeubles ne pourraient vivre en dehors de toute autorité judiciaire et de toute loi. »

La nouvelle loi, si bien accueillie par notre ambassadeur, avait, en réalité, de grands inconvénients ; elle donnait pour la première fois à l'autorité turque, le droit de pénétrer, sans le concours des Consuls. dans le domicile

(1) Circulaire de M. Bourée, 17 août 1868. Cf. Livre jaune : « Le paragraphe 18 donne, non pas seulement aux étrangers, mais à tous les sujets ottomans, la publicité des audiences et la liberté de la défense assurées par le Hatti-Humayoun, mais que le Gouvernement du Sultan avait laissées à l'état de promesses. Ces actes considérables n'ont pas besoin d'être commentés ; il faut toutefois remarquer que l'insertion de ces deux grands principes dans le protocole les rend désormais indiscutables et leur imprime le caractère d'un engagement international dont les Puissances signataires sont en droit de demander l'exécution, aussi bien pour les sujets ottomans que pour leurs nationaux. Nous devons nous en applaudir et féliciter la Turquie d'être entrée dans la voie des réformes qui, si elle y marche résolument, doivent la régénérer. » Cf. Etudes pratiques sur la question d'Orient. *Réformes et capitulations.* Paris 1869, sans nom d'auteur.

(1) *Loc. cit.*

des étrangers ; et, quelles que fussent les précautions et
les garanties prises pour limiter ce droit et en éviter les
abus, il n'en portait pas moins atteinte aux immunités séculaires des Européens en Orient.

La Sublime Porte le comprit ainsi et n'entendit pas en
rester là ; après avoir diminué les [privilèges en eux-
mêmes, elle voulut limiter autant que cela était en son
pouvoir, le nombre de ceux auxquels ils s'appliquaient.
Et il faut reconnaître qu'en prenant des mesures contre
les dénationalisations, elle agissait dans la plénitude de ses
droits, et portait remède à un abus évident (1).

En 1841, la Turquie obtint, de concert avec les Puissances, la revision des listes des protégés (2). En 1860, il
fut décidé que tous les sujets qui abandonneraient leur
nationalité devraient quitter le pays et vendre leurs
immeubles. En 1863, un règlement élaboré d'accord avec
les représentants des Puissances, limita le nombre des indigènes employés aux Consulats, et définit la nature,
l'étendue et la durée de la protection dont ils jouissent.
Enfin, en 1869 (3) fut promulguée une loi sur la naturali-
sation qui exige de tout sujet ottoman désireux d'acquérir une nationalité étrangère, l'autorisation préalable du

---

(1) Un grand nombre de sujets ottomans échappaient à leurs
juges naturels en acquérant une nouvelle nationalité au moyen
de formalités que la Russie et l'Autriche rendaient trop faciles.

(2) Si l'Autriche et la Russie peuvent avoir quelque intérêt politique à augmenter le nombre de leurs protégés, il n'en est pas de
même de la France, dont la protection est trop souvent recherchée par
des individus désireux seulement de se réclamer d'elle dans des
affaires véreuses.

(3) Loi du 19 février 1869 sur les dénationalisations. Cf. Nicolaïdès,
t. I, p. 7, circulaire du 26 mars 1869.

gouvernement turc et établit la présomption de nationalité ottomane pour tout individu habitant la Turquie (1).

Ces mesures visaient directement les sourdes menées de la Grèce, mais elles atteignaient aussi la Russie qui fit entendre des protestations ; la France parut aussi s'émouvoir, mais la loi ne portait en aucune manière atteinte aux traités existants, et les Puissances durent s'y soumettre (2).

(1) Cf. Sur les motifs de cette loi, le mémorandum du gouvernement Ottoman (Livre jaune 1869, t. X, p. 63).

(2) Cf. Livre jaune présenté à la session des Chambres de 1869-70. Il est dit dans l'exposé général des affaires politiques : « Un moment, on put croire que le débat appellerait une nouvelle intervention des Puissances. Toutefois, l'étude faite de la loi ottomane par les soins du Gouvernement de l'Empereur a eu pour résultat de mettre hors de doute qu'elle était d'accord avec les principes généraux du droit.

Cf. Dans le Livre jaune de 1869, t. XIII, p. 69, l'avis du comité du contentieux institué auprès du Ministère des affaires étrangères : « le Comité, consulté sur la question de savoir si la loi ottomane sur la nationalité, publiée le 19 janvier 1869, est contraire dans tout ou partie de ses dispositions au droit international en général et particulièrement si elle porte atteinte aux droits et privilèges reconnus par nos capitulations avec la Porte :

Considérant....... que de ce qui précède il faut conclure que la nouvelle législation ottomane sur la nationalité est, dans son ensemble et dans toutes ses parties, en harmonie avec les règles et les dispositions consacrées par la législation des nations civilisées ; que, par conséquent, il est impossible d'y voir une atteinte quelconque aux principes du droit international.

Considérant....... que, pour qu'il résultât de la loi nouvelle une atteinte aux droits et privilèges conférés par les capitulations et les usages, il faudrait ou que cette loi, en reconnaissant la qualité d'étrangers à certains individus, leur enlevât, en tout ou en partie, les privilèges qui leur sont actuellement attribués, ou bien que, par une disposition rétroactive, elle retirât la qualité d'étrangers à ceux qui l'auraient régulièrement obtenue en vertu de la législation antérieure.

Qu'on devrait également considérer comme une atteinte indirecte

La Sublime Porte résolut alors de porter aux Capitulations un coup décisif. Dans un mémorandum du mois
d'avril 1869, Aali-Pacha exposa les abus qui, d'après lui,
auraient été commis sous le couvert de ces textes. Il est
contraire à la justice et aux traités, déclara-t-il, que les
sujets étrangers ne payent pas les mêmes impôts que les
sujets du Sultan (1) ; et que les Consuls et leurs drogmans
se soustrayent à la justice des tribunaux ottomans ; En
matière judiciaire, ajoutait-il, le Consul, contrairement à
ce qui se pratique « n'a pas à examiner le degré de justice
du jugement rendu ! » et le drogman n'est que le « défenseur du sujet étranger intéressé dans la cause » ; sa présence n'est donc pas indispensable, comme le prétendent
les Puissances européennes. Inutile de dire que les prétentions émises dans le mémorandum, sont contraires à plusieurs siècles de tradition, en même temps qu'au texte
même des Capitulations.

Les dernières phrases de ce factum en dévoilent d'ailleurs le véritable objet, qui n'était pas tant la suppression

---

aux capitulations toute disposition qui aurait pour effet d'imposer à
certaines catégories d'étrangers la nationalité ottomane contrairement
à leur volonté.

Considérant qu'aucune disposition de ce genre ne se trouve dans la
loi du 19 janvier 1869.......

Qu'ainsi les capitulations et les usages conserveront, après la publi-
cation de la loi du 19 janvier 1869, toute l'autorité qu'ils avaient précédemment.

Est d'avis :

Que la loi du 19 janvier 1869 n'a rien de contraire au droit international en général, et qu'elle ne porte aucune atteinte aux droits
et privilèges reconnus par les capitulations et consacrés par les
usages. »

(1) Voir cependant les art. 13, 24, 25, 63, 67 des capitulations françaises de 1740.

d'abus problématiques que l'abolition des Capitulations elles-mêmes.

« Nous avons maintes fois démontré, est-il dit, combien l'existence même des capitulations porte d'entraves au fonctionnement régulier des institutions et à la marche progressive de la civilisation dans l'Empire, A plus forte raison, le gouvernement impérial manquerait-il à ses devoirs et à sa dignité, en laissant perpétuer ces abus qui aggravent encore les inconvénients des Capitulations » (1).

Grâce aux efforts de M. de La Vallette, notre ambassadeur à Constantinople, il ne fut pas donné suite à ces déclarations. La Porte n'obtint aucune restriction aux droits des Puissances et il ne semble pas qu'elle doive en obtenir, car la justice ottomane n'offre pas assez de garanties pour permettre aux États de l'Europe de lui confier le soin de la vie et de l'honneur de leurs sujets. « Ami sincère de la Turquie, écrivait en 1866 le baron de Testa, nous ne pouvons pas nous dissimuler que suggérer aujourd'hui à la Sublime Porte de chercher à supprimer les Capitulations, ce serait lui donner un conseil marqué au coin d'une insigne perfidie. ». Ce serait en tous cas ouvrir l'ère des dénis de justice et préparer des interventions incessantes ; ce serait aggraver outre mesure une situation déjà pleine de difficultés.

IV. — La question financière a été pour la Turquie une cause d'embarras continuels.

Il y a en Turquie trois impôts directs : la dîme sur tous

(1) Cf. *Etudes pratiques sur la question d'Orient*. Paris 1869.

les produits, le *vergu* qui pèse sur la fortune mobilière et immobilière, un peu à la façon de l' « income tax, » et la capitation ou kharadj que les non-musulmans seuls ont à payer et qui, nous l'avons vu, est considérée comme le rachat du service militaire.

Les impôts indirects sont les patentes, le timbre, les octrois et péages, les douanes... Si à ces deux catégories d'impôts l'on ajoute les tributs que payaient à la Porte l'Égypte, la Moldavie, la Valachie et la Serbie, l'on arrivera à un chiffre de recettes qui aurait dû suffire largement à faire face aux dépenses courantes d'un État bien administré. Mais elles ne suffisent pas au Gouvernement turc qui les reçoit du reste très diminuées et la Porte, après avoir usé des procédés habituels en cas de détresse financière, tels que l'altération des monnaies et la création d'un papier monnaie, eut recours à des emprunts. Les Puissancs intervinrent alors pour prendre des mesures de garantie, en faveur des prêteurs, leurs nationaux pour la plupart. Des commissaires anglais, français et autrichiens furent désignés pour faire partie du conseil suprême du trésor chargé d'examiner la situation financière, de préparer la refonte des lois sur les impôts et de prendre des mesures pour ramener l'ordre dans l'administration. Mais les trois membres européens eurent peu d'influence au sein de la commission ; ils ne pouvaient traiter le malade « que comme fait le médecin appelé dans un harem : la dame lui tend un bras de dessous ou de derrière un rideau et c'est tout » (1).

Les mesures financières, prises en exécution du Hatti-Humayoun furent la création d'une cour des comptes et

---

(1) Brunswick. *Réformes*, p. 112.

d'une banque ottomane dont le gouverneur doit être alternativement un anglais et un français.

En 1863, un Hatt vint affirmer la nécessité « d'établir une exacte balance des recettes et des dépenses » (1) c'est à dire de faire un budget. Cette réforme est des plus importantes, car la publicité du budget de l'Etat est la condition essentielle d'une bonne administration, s'il n'en est pas la condition suffisante. Hâtons-nous de dire qu'elle eut peu d'application et qu'après la confection d'un ou deux budgets, l'usage s'en perdit totalement.

Plein de bonnes dispositions cependant, Abd-ul-Aziz promulgua peu après un nouveau Hatt dans lequel il recommande, afin de remédier au mauvais état des finances, de réduire les traitements excessifs, de recouvrer les impôts exactement et sans vexation, (2) et consent, pour donner l'exemple, à la suppression de ses 5000 bourses mensuelles et à la réduction des sommes allouées aux Sultanes. (3)

Mais ces réformes touchaient à des intérêts trop considérables et s'attaquaient à des abus trop invétérés pour être exécutées et il fallut encore recourir à la voie des emprunts.

A la réforme financière, peut être rattachée la réforme du régime foncier, destinée à soumettre à l'impôt un certain nombre de terres qui en étaient exemptées.

(1) Hatt impérial de janvier 1863. (Archives diplomatiques, 1863.)

(2) Ceci fut peu observé. On lit en effet dans un manifeste « des patriotes musulmans, » du 9 mars 1876: « Si l'Europe pouvait savoir ce que ces mots, qu'on lit parfois dans les journaux : le vilayet de..... vient d'envoyer au ministère des finances la somme de..... racontent de misères, de désespoirs et de mauvais traitements, elle serait épouvantée. »

(3) Hatt du 21 février 1863.

La propriété immobilière en Turquie se compose de biens Mulks et de biens Vakoufs. (1)

On désigne par Mulks « les biens qui se transmettent dans la famille sans restrictions et peuvent être vendus pour le paiement des dettes. » Par Vakoufs, (2) on désigne des biens consacrés à des Mosquées ou à des établissements religieux auxquels le propriétaire abandonne la nue propriété ne conservant qu'un droit d'usufruit, (3) soit pour lui seul, soit pour lui et ses descendants directs.

L'usufruitier acquiert ainsi l'immense avantage de jouir paisiblement de son immeuble à l'abri des avanies et sans payer d'impôt, car son bien est devenu chose sainte. (4).

Ce régime accroissait démesurément les biens de mainmorte ; il portait un grave préjudice à l'Etat qu'il privait d'une notable portion de ses revenus.

Sur les instances des cabinets de Londres et de Paris (5),

_____

(1) Il est bien entendu que nous n'entendons pas exposer en détail l'organisation foncière de l'Empire Ottoman.

(2) L'administration de ces biens est centralisée au ministère de l'Evkaf.

(3) Actuellement, les biens Vakoufs comprennent environ le tiers du territoire. (Reclus. *Géographie universelle.* « L'Europe méridionale. »)

(4) Ce sont les Vakoufs coutumiers.

(5) Cf. Livre jaune (1867), t. IX, p. 152 et s., note du 22 février 1867, sur le Hatti-Humayoun de 1856. — Le Gouvernement français demandait, entre autres : « le libre exercice du droit de propriété pour les étrangers ;

La réforme des biens vakoufs et la généralisation du système des propriétés mulks ;

Une réforme dans le régime hypothécaire et l'établissement d'un mode de transmission de la propriété offrant toutes les garanties de liberté et de sécurité ;

La suppression des interdictions qui déprécient entre les mains des

un rescrit impérial sur les Vakoufs fut édicté le 18 juin 1867(1), « pour en étendre la transmission héréditaire, sans préjudice des dispositions relatives aux fondations pieuses et sans porter atteinte aux stipulations des fondateurs de ces œuvres. » En compensation, la redevance périodique fut augmentée, mais ces mesures déjà insuffisantes en elles-mêmes, avaient de plus le grave défaut de rester facultatives, sauf pour les Vakoufs fondés par la famille régnante.

Ce régime anormal subsiste encore (2).

V. Dans l'ordre administratif, la réforme eut pour but d'établir l'égalité des races. C'est dans ce sens que la « loi des vilayets » consacra une organisation nouvelle, limitée d'abord à titre d'essai, au vilayet du Danube ; étendue ensuite à toutes les provinces de l'Empire.

Après avoir été au XVIᵉ siècle, divisé en petits gouvernements ou Livas, répartis entre les deux gouvernements d'Anatolie et de Roumélie, le territoire ottoman avait reçu sous Mahmoud un régime différent, destiné à amoindrir les pouvoirs exorbitants des gouverneurs ; mais les abus ne tardèrent pas à renaître, et c'est encore en partie contre les gouverneurs que fut dirigé le Tanzimat dont le double but fut d'augmenter les pouvoirs des Med-

---

Musulmans leurs propriétés, en les empêchant de vendre leurs terres ou d'en disposer avec une entière liberté comme les chrétiens peuvent le faire..... »

(1) Cf. Archives diplomatiques, 1867, p. 1591.

(2) En 1873, cependant, une loi prononça la sécularisation des Vakoufs ; elle resta sans exécution.

jlis et d'assurer aux non-musulmans une représentation plus équitable dans ces conseils.

Ces mesures étaient conformes aux promesses du Hatti-Humayoun dont l'article 17 *(in fine)* contenait la disposition suivante : « Il sera procédé à une réforme dans la composition des conseils provinciaux et communaux pour garantir la sincérité des choix des délégués des communautés musulmanes, chrétiennes et autres, et la liberté des votes dans les conseils. Ma Sublime-Porte avisera à l'emploi des moyens les plus efficaces de connaître exactement et de contrôler le résultat des délibérations et des décisions prises ». La loi des vilayets mit cette promesse à exécution (1).

L'Empire est divisé en Vilayets, administrés par des Valis, le Vilayet en Sandjaks, administré par des Mutessarifs ; le Sandjak en Cazas avec des Caïmacams ; puis en communes avec des Mudirs et des Mouktars (2).

Le Vali est assisté d'un conseil qui comprend, en dehors d'un certain nombre de fonctionnaires, membres de droit, « quatre autres membres dont deux sont élus par la population musulmane et les deux autres par la population non musulmane » (3). Il est assisté aussi d'une haute cour, présidée par le chef de la magistrature et composée de conseillers (Mumeïz) dont trois musulmans et trois non musulmans (4).

(1) Loi de 1864.

(2) Les communes (nahiés) sont administrées par un mudir de qui relèvent les mouktars, administrateurs des villages, élus par les habitants.

(3) Titre I, chapitre Ier, article 13.

(4) Titre I, chapitre II, article 19.

De même qu'auprès du Vali, il y a auprès du Mutessarif, du Caïmacam et du Mouktar, des conseils administratifs et des tribunaux dont la composition repose sur les mêmes bases à tous les degrés.

L'élément non musulman est donc représenté dans des proportions qui semblent équitables. Encore faut-il que le système électoral assure la sincérité et l'égalité dans le vote. Nous allons montrer qu'il n'en est rien malheureusement. Le système est le même pour les diverses circonscriptions. Nous nous contenterons donc de l'expliquer en ce qui concerne le Caza (1).

« Tous les deux ans, le caïmacam du Caza, le Cadi, le Mufti, les chefs religieux de toutes les communautés non musulmanes et les secrétaires du Caza, se réunissent en comité électoral. Le comité, sur la liste des sujets ottomans payant annuellement 150 piastres de contributions directes et âgé de trente ans accomplis... choisira... » Remarquons en passant que le système adopté est le système censitaire et non le suffrage universel. « Le comité, dit la loi, choisira : 1º Pour le conseil d'administration, un nombre de candidats égal au triple de celui des membres du conseil dont la moitié appartenant à la population non musulmane, ces derniers devant être répartis, s'il y a lieu, entre les différentes communautés non musulmanes ; 2º Pour le tribunal du Caza, des candidats en même nombre et dans les mêmes conditions ».

La liste ainsi formée est transmise à l'assemblée des conseils d'anciens dans chaque commune du Caza — « L'assemblée élit, sur cette liste, un nombre de personnes égal au double des membres à nommer au conseil

(1) Cf. art. 67 à 72 du Titre V. Chapitre II de la loi.

d'administration et au tribunal du Caza. » La liste est
renvoyée au Caza où elle est réduite aux deux tiers « en
retranchant, pour chaque communauté, les noms qui
auront obtenu le moins de voix dans les communes » (1).

Enfin, « le mutessarif nomme parmi les personnes élues
par le Caza, les conseillers communaux d'administration
et les mumeïz du tribunal de la commune. »

Cette organisation a un défaut primordial, sa complication extrême qui la rend inaccessible à la plupart des électeurs. Mais ce n'est pas tout, et il nous est facile de montrer
que, malgré les apparences, la représentation des non
musulmans n'est pas proportionnée à celle des musulmans.

Elle ne l'est pas, cela est de toute évidence, dans les
circonscriptions où les non musulmans sont plus nombreux que les musulmans ; dans les autres même, les
comités électoraux, bien qu'ils comprennent les chefs des
communautés, sont en majorité composés de Musulmans.
Dès la première opération, la machine est donc faussée.
Enfin, l'inégalité reparait encore au moment du triage
définitif qui est confié à un fonctionnaire musulman, placé
sous la dépendance de l'autorité communale, le mutessarif
dans la catégorie que nous avons étudiée.

Voici du reste un exemple des résultats de la loi : dans
le Sandjak de Janina, le Conseil d'administration comprenait 11 mahométans, 2 chrétiens et 1 israélite, alors que
la population totale de cette circonscription se serait compo-

---

(1) Donc : la liste primitive pour les membres du tribunal porte
18 noms, l'assemblée communale en choisit 12, le comité électoral du
Caza, 8, le mutessarif, 6.

séc de 4.250 mahométans, 61.150 chrétiens et 1.500 juifs (1).
Dans certaines provinces, où l'élément musulman est en
infime minorité, cette loi permit d'implanter une administration mixte, c'est-à-dire, comme nous venons de le voir,
en majorité musulmane (2).

« En somme, dit M. Engelhardt, telle qu'elle était
conçue, la première loi des vilayets associait à des clauses
d'un libéralisme relatif, des réticences autoritaires qui
dévoilaient la constante préoccupation du pouvoir central
de maintenir la prééminence de l'élément musulman et
de s'arrêter dans ses concessions au point où il pouvait
craindre qu'elles ne fournissent à la classe inférieure des
armes contre lui ·» (3).

La loi des vilayets fut légèrement modifiée en 1870 (4).

VI. — L'instruction publique s'est ressentie en Turquie
de la séparation nettement marquée entre les raïas et les
Musulmans et du caractère religieux qui est l'âme de l'organisation entière. Tandis que les communautés chrétiennes donnaient librement un enseignement conforme à
leurs croyances, le soin d'instruire les Musulmans fut
confié aux Ulémas (5).

---

(1) Chiffres cités par M. Brunswick *(Réformes)*, d'après le *Levant-
Hérald* du 27 février 1868.

(2) Brunswick *(Réformes)* cite à l'appui de cette assertion un rapport du consul anglais de Monastir.

(3) Engelhardt. Tanzimat, T. 1, p. 198.

(4) Simplifiée par une loi du 5 janvier 1876, elle a été refondue en
1880.

(5) « Par son esprit d'immobilisme et de rigidité fanatique cette cor-
poration est devenue pour l'Empire Ottoman une des causes les plus
actives de destruction: Cf. Morel. *La Turquie et ses réformes*.

Ceux-ci interprétèrent le Coran d'une manière étroite et plus conforme à leurs intérêts qu'à l'esprit véritable de cette loi et au bien de l'État; (1) et sous leur direction l'instruction publique ne fit aucun progrès, malgré une tentative de réforme de Mahmoud en 1846.

L'enseignement, confiné dans des études arides et bornées ne comprenait que deux degrés : l'enseignement primaire et l'enseignement supérieur complété par des écoles spéciales. Le Gouvernement français insista auprès de la Porte pour obtenir la création d'écoles destinées à combler cette lacune; et, grâce à l'entente de M. Bourée et de M. Duruy avec Fuad-pacha, on adopta un projet d'ensemble qui marque un premier pas vers la sécularisation de l'enseignement.

Le résultat le plus saillant de ce projet fut la création du lycée de Galata-Séraï, ouvert le 1er septembre 1868. Ce lycée, où les élèves musulmans devaient coudoyer des camarades chrétiens, fut dirigé par des Français qui y professèrent en français. Malgré les méfiances des Musulmans et les difficultés que le Saint-Siège lui suscita au début, le lycée de Galata-Séraï progressa sous l'égide de la France.

---

(1) Voici, au contraire, comment Fuad-pacha, caractérise la doctrine musulmane : « Ceux qui prétendent, au nom de cette religion, enchaîner la marche de notre société, loin d'être des musulmans ne sont que des mécréants insensés. Et il ne faut pas croire que la science musulmane soit différente de celle des étrangers. Non, la science est une. C'est un même soleil qui éclaire le monde des intelligences. Et comme, d'après notre croyance, l'Islam est l'expresssion universelle de toutes les vérités et de toutes les lumières, une découverte utile, une connaissance nouvelle, quelque soit le lieu de sa manifestation, chez les païens comme chez les musulmans, à Médine ou à Paris, appartient toujours à l'Islam. » Testament politique de Fuad-pacha, daté du 3 janvier 1869. (Revue de Paris, 1er novembre 1896.)

C'est seulement depuis 1870 que son déclin a commencé.

Il nous reste à signaler la création, en 1868, d'un Conseil d'État et d'une Haute Cour de justice; (1) et nous avons ainsi terminé le rapide aperçu que nous nous proposions de donner sur l'état des différentes branches de l'administration ottomane.

VII. — Nous terminerons l'étude de la réforme en signalant des faits généraux : l'enquête du grand Vizir en 1860 et celle des Consuls européens en 1867.

Les Puissances, vite désillusionnées sur l'efficacité de la réforme, prirent en 1859 l'occasion d'un complot contre le Sultan pour faire à celui-ci de vives remontrances sur l'état de l'Empire.

Au nom de leurs gouvernements, les ambassadeurs exprimèrent « le regret de voir que la Turquie ne s'aidait pas

(1) Cf. Rescrit impérial. Livre jaune 1869. T. IX. Page 145. Rescrit. P. 150. Voici l'histoire de ces deux conseils : aussitôt après le Hatti-Chérif de 1839 avait été créé un conseil de réformes. Il fut scindé en 1854 en grand conseil de justice et conseil du Tanzimat chargé des œuvres législatives. Ils furent réunis de nouveau en 1861, sous le nom de Grand-Conseil de justice jusqu'en 1868. La distinction de ce Conseil d'État et de la Haute-Cour pourrait faire croire à une séparation, nettement marquée entre l'autorité administrative et l'autorité judiciaire. « L'organisation nouvelle, déclara le Sultan, a pour base la séparation du pouvoir exécutif et du pouvoir judiciaire, religieux et civil. » Il n'en était rien. Jusqu'en 1880, les agents de l'administration intervinrent, comme ministère public et furent chargés du commandement et de l'exécution des sentences.

Le Conseil d'État fut ridiculisé du nom de corps des « Evet Effendim » c'est-à-dire : « Oui, Monsieur », ce qui ne donne pas une haute idée de son indépendance.

par elle-même, qu'elle ne procédait pas à une application graduelle et soutenue des réformes, qu'une impulsion suffisante ne se manifestait pas pour atteindre le but marqué par le Firman de 1856 » (1). La Porte s'empressa de répondre par de nouvelles promesses, par des assurances réitérées de son bon vouloir.

« Comme ce n'est que par l'adoption de mesures énergiques, déclara le Sultan, que nous pouvons nous tirer de l'abîme où nous sommes et sauver encore la foi et l'Empire, il faut abandonner ou transformer les habitudes, les actes qui occasionnent toutes ces dépenses ; il faut réorganiser, avec l'aide de Dieu, l'administration générale du pays sur un pied propre à lui rendre la confiance du monde » (2).

Les Puissances, cette fois, ne furent pas dupes ; la Russie, tout au moins, ne voulut pas se payer de bonnes paroles et s'autorisant du traité de Paris, demanda une enquête sur la situation des Chrétiens et l'état de la réforme. Bien que d'après les termes mêmes de la demande du Prince Gorchakoff, l'enquête dût être faite conjointement par les cinq Puissances, (3) l'Angleterre qui n'avait pas

---

(1) Memorandum du 5 octobre 1859.

(2) Hatt du 15 octobre 1859.

(3) La Russie demandait : « 1o Déclaration immédiate de la part des cinq grandes Puissances, qu'elles ne pourront tolérer plus longtemps l'état de choses actuel dans les provinces chrétiennes de l'Empire Ottoman ; 2o Création d'une organisation, ayant pour but de donner aux provinces chrétiennes de la Porte des garanties efficaces, propres à faire droit aux griefs légitimes des populations et à rassurer en même temps l'Europe sur la probabilité des complications qui touchent à ses intérêts généraux comme à ceux de la Turquie. » Cf. d'Avril, *Négociations relatives au traité de Berlin*. P. 63.

oublié les tentatives d'empiètements de 1854, craignit de voir tourner au profit de sa rivale, une démarche qu'elle ne pouvait pas croire entièrement désintéressée ; peut-être, au fond, n'avait-elle pas tort.

Sur la proposition du marquis de Moustier, l'enquête, pour ménager la susceptibilité de S. M. Britannique, fut confiée au grand Vizir lui-même.

La mission de Kyprili-pacha fut interrompue par les événements de Syrie. Le Grand Vizir avait eu le temps cependant de préparer un rapport qu'il nous faut faire connaître.

Il commence comme de juste par un éloge de l'administration ottomane. « Il est complètement faux, dit-il, que vos sujets chrétiens aient eu à se plaindre de la moindre persécution systématique de la part de leurs concitoyens musulmans. »

Mais certains abus sont trop criants pour qu'il puisse les passer sous silence et nous pouvons recueillir comme sincères, des aveux qui prennent dans la bouche d'un haut fonctionnaire ottoman, une valeur particulière ; « la collection des dîmes, ajoute-t-il, l'organisation de la police rurale et l'état des routes donnent de justes sujets de plaintes à tous vos sujets, sans distinction.

La création de quelques tribunaux criminels offrant plus de garanties aux accusés est l'une des réformes qui répondraient le mieux aux vœux du pays. Les règlements qui régissent aujourd'hui la perception de l'impôt foncier et des contributions indirectes, demandent aussi quelques réformes. »

En réponse à ce rapport, le Prince Lobanof exposa de nouveau la nécessité de faire un plan de réforme à l'élaboration duquel participeraient les cinq grandes Puissances.

Le Divan s'y refusa et se contenta de communiquer un projet dont les dispositions principales étaient : abolition de la ferme des contributions indirectes ; établissement d'un contrôle sur la perception des impôts directs ; organisation de la gendarmerie dans les provinces ; création de cours criminelles qui admettraient le témoignage des Chrétiens. (1)

L'état des provinces en 1860, à ne s'en tenir qu'aux documents officiels de la Porte, était, on le voit, assez mauvais ; bien minimes étaient les progrès réalisés.

Mais le temps avait peut-être manqué. Quatre ans sont bien peu de chose pour une œuvre aussi considérable que celle du Tanzimat. Faisons donc aux réformateurs le crédit de quelques années encore, et passons immédiatement à l'année 1867. Quel était à cette époque, l'état de l'Empire Ottoman ? Nous avons pour nous renseigner sur ce point, une série de rapports rédigés par les consuls des différentes Puissances. Nous trouvons aussi des indications précieuses dans les documents diplomatiques publiés à l'occasion des événements de Crète ; car il est à remarquer qu'alors, comme de nos jours, la question de la Crète a donné une recrudescence à l'élaboration des projets de réforme générale.

---

(1) Projet d'Aali-pacha, 27 mai, 1861. Cf. Annuaire des Deux-Mondes, 1861. Pendant les années 1863-1864, des commissaires spéciaux furent chargés de continuer l'enquête du Grand-Vizir. A signaler aussi dans le Hatt impérial, promulgué par le Sultan Abd-ul-Azis à l'occasion de son avènement le 1er juillet 1861, le passage suivant : « je tiens à proclamer que mon désir pour la prospérité de mes sujets n'admettra aucune distinction, et que ceux de mes peuples qui sont de différentes religions ou de différentes races trouveront en moi la même justice, la même sollicitude et la même persévérance à assurer leur bonheur. » (Archives 1861).

Les rapports des consuls, tout en signalant de notables améliorations, furent unanimes à reconnaître que la réforme était restée inexécutée dans presque toutes ses parties. C'est ce que nous avons pu constater à propos de chaque branche de l'administration, et s'il faut reconnaître que de louables efforts ont été faits pour rapprocher les raïas des Musulmans et pour améliorer la condition des Chrétiens ; s'il faut noter, malgré les nombreux échecs, des progrès sensibles dont la loi sur les vilayets est le plus notable, combien n'avons-nous pas, d'autre part, à signaler de réformes inachevées ou totalement oubliées. Nous savons que rien n'a été fait pour l'instruction publique, que la justice n'a pas acquis l'impartialité désirable, que les impôts pèsent inégalement sur les différentes classes de sujets, lourdement sur tous (1).

Nous avons montré le côté dangereux de la loi sur le droit de propriété immobilière accordée aux étrangers. Enfin, rien ou à peu près rien n'a été fait en ce qui concerne l'industrie, l'agriculture, ou les travaux publics (2).

La situation était donc peu rassurante ; les Puissances s'en inquiétèrent.

Toutes reconnurent la nécessité d'imposer des réformes à la Turquie, mais chacune apportait son projet ; les dissidences reparurent au sein du Concert européen.

La France, malgré les résultats peu encourageants du Hatti-Humayoun de 1856 en demandait la stricte exécution, sans vouloir chercher d'autres bases de réformes. Elle croyait que l'élément musulman avait encore assez

(1) On se rappelle que le soulèvement de la Crète a été provoqué par l'abus des impôts.
(2) Cf. Engelhardt. Tanzimat chap. 23 et 24. Brunswick, Réformes.

de vigueur pour tenir groupées les diverses populations de
l'Empire Ottoman et que seul, il était capable d'une pareille tâche. Elle voulait préparer et provoquer une fusion
des diverses nationalités sous le gouvernement de la
Porte.

Aussi les encouragements, voire même les remontrances
ne furent pas ménagées à la Turquie (1).

Dès le mois de février 1867 (2), notre ministre des
affaires étrangères adressait à la Porte un projet complet
de réformes qu'il la pressait d'adopter et d'exécuter sans
tarder, et cette intervention amicale du cabinet des Tuileries donna une nouvelle impulsion au mouvement réformateur. Mais le marquis de Moustier n'était-il pas trop
confiant lorsqu'il écrivait : « Je suis heureux de constater
les dispositions favorables des ministres ottomans dans la
question des réformes. Ils ne se sont pas mépris sur le caractère amical des avertissements que nous avons dû leur
faire entendre ? » Peut-être surtout les Turcs considéraient-
ils le « caractère amical » de ces remontrances, comme
le gage de l'inertie du cabinet de Paris, et pensaient-ils
pouvoir, sous prétexte de soi-disant réformes, continuer
leurs errements à l'abri de la protection de la France.

Le gouvernement russe exposa des vues opposées à
celles du gouvernement français.

La Russie, peu confiante dans la bonne volonté du
Sultan et peu édifiée sur la force de son gouvernement,

---

(1) Cf. Archives 1867. Dépêches du marquis de Moustier.

(2) Le Mémoire du 22 février 1867 (Livre jaune 1867. T. X.
Page 152) passe en revue les principales réformes promises par le
Hatti-Humayoun de 1856 et expose ce qui manque encore à leur exé-
cution.

considérait l'épreuve des dix dernières années comme décisive. Pour elle, le Turc, définitivement reconnu incapable de s'assimiler les chrétiens, devait être déclaré déchu de sa domination sur les nationalités non mulsumanes auxquelles serait accordée une large indépendance, sans quoi le démembrement de l'Empire ottoman s'imposait. « Le terrain sur lequel nous nous sommes toujours placés, écrivait Gorchakoff et qui semble aujourd'hui être aussi celui de Vienne, c'est-à-dire, le développement du bien-être intérieur des populations chrétiennes sous la domination du Sultan et même leur autonomie avec un lien de vasselage, cette autonomie étant la seule garantie qui inspirerait de la confiance à ces populations nous a toujours semblé la meilleure voie pratique pour résoudre le problème oriental, sans conflit hostile, sans conflagration générale et en même temps sur une base d'humanité et d'équité (1). » « Autonomie ou anatomie (2) », telle est la façon brutale dont le général Ignatieff résumait la politique du Tsar, pour en faire ressortir en l'exagérant, le caractère net et décisif.

« Le Hatti Humayoun, disait le Chancelier, en répon-
« dant au projet français, ferait bien peu pour l'améliora-
« tion des Chrétiens ; d'ailleurs, il est resté assez long-
« temps inappliqué pour qu'on puisse le considérer comme
« tombé en déshérence.

« Nous croyons que les promesses faites jusqu'à ce
« moment, ont été à tel point illusoires que leur simple

(1) Cf. Dans les Archives 1868, t. 2, les dépêches du prince Gorchakoff de l'année 1867.

(2) Gorchakoff au baron de Brunnow à Londres. (Dépêches du 2 décembre 1866.) Archives 1867, t. II.

« reproduction serait sans aucun effet, et que le gouver-
« nement ottoman s'est mis par là lui-même dans la né-
« cessité d'accorder des garanties nouvelles qui feraient
« accueillir ses paroles par des sujets chrétiens (1). »

Quelques jours plus tard, il disait encore : « aucune de
ces garanties judiciaires n'a été observée et ne peut l'être
tant que les Turcs seront Turcs, c'est-à-dire, tant qu'ils
n'auront pas renoncé à la doctrine du Coran qui trace
une ligne de démarcation infranchissable entre eux et les
Chrétiens. Un magistrat turc qui voudrait même appliquer
les clauses du Hatti-Humayoun ne pourrait pas le faire
sans violer les lois fondamentales de la Société musulmane (2). »

Enfin, le Cabinet de Pétersbourg expose toute sa politique dans un mémoire du 13 avril : « Le Cabinet impérial, y est-il dit, est d'avis que l'expérience a surabon-
damment démontré l'insuffisance de ces réformes, leur
impossibilité pratique ainsi que les funestes conséquences
des demi-mesures adoptées jusqu'à présent. » Voici ce que
demande la Russie : « Créer un ordre de choses social,
politique et administratif approprié aux exigences respectives des chrétiens et des mulsulmans de l'Empire
Ottoman ; organiser leur coéxistence parallèle sans les
sacrifier les uns aux autres et en assurant leur sécurité et
leur développement sous l'autorité commune du Sultan (3). »

---

(1) Le prince Gorchakoff au baron de Brunnow, 4 et 16 mars 1867.
(Archives 1868, T. 2, p. 637.)

(2) Cf. Mémoire du 24 mars 1867.(Archives diplomatiques,1868, T.2.)

(3) Voir mémoire russe sur la Réforme en Turquie : 6-18 avril 1867.
(Archives 1868, t. II, p. 650.

On le voit, deux systèmes diamétralement opposés étaient en présence, centralisation et décentralisation.

Entre les opinions extrêmes de la France et de la Russie, quel parti prenaient l'Autriche et l'Angleterre?

Nous avons signalé, à propos des événements de Crète, le revirement qui a rapproché l'Autriche de la Russie et l'a portée à soutenir la cause des nationalités. Le Gouvernement de Vienne se montra disposé à s'entendre avec les autres Puissances pour contraindre la Porte à entrer dans la voie des réformes. Nous ne saurions mieux faire connaître ses vues qu'en donnant encore quelques extraits de l'importante dépêche du 1er janvier 1867 : « Il est im-
« possible, dit M. de Beust, de se dissimuler que les
« remèdes à l'aide desquels on a cherché dans le cours
« des dernières années, à maintenir le *statu quo* en
« Orient, se sont montrés insuffisants à maîtriser des diffi-
« cultés que chaque jour est venu accroître.

« En effet, la marche des événements qui ont ensan-
« glanté l'île de Crète semble dénoter un certain amoin-
« drissement dans la force de résistance dont dispose le
« Gouvernement du Sultan... »

D'autre part, il s'est produit un réveil chez les nationalités. Donc, la situation est changée : « Il y a là plus de
« motifs qu'il n'en faut pour faire faire aux Cabinets de
« sérieuses réflexions et pour les engager à demander ce
« qu'il y aurait à faire dans le but de préserver l'Europe
« des convulsions où la jetterait l'écroulement subit de la
« domination ottomane, et si le moment n'est pas venu
« de procéder à une revision du traité de Paris du
« 30 mars 1856 et des actes subséquents... » Les Puissances devraient donc se réunir en Conférence, décider
en commun des moyens à employer, puis « le résultat

serait présenté à la Sublime-Porte avec toute l'autorité qui appartient à un avis unanime de l'Europe (1) ».

Enfin, le 22 janvier, M. de Beust écrivait : « Le besoin d'arriver à une entente entre les Puissances en vue de prévenir le danger d'une conflagration générale par une intervention, est irrécusable (2) ».

L'Autriche défendait donc le système de l'autonomie des Provinces chrétiennes sous la suzeraineté de la Porte et faisait tous ses efforts pour ménager une entente entre les Puissances. Toutefois le Cabinet de Vienne ne tarda pas à revenir en arrière et à reprendre une politique moins libérale, c'est-à-dire plus conforme à ses traditions : dès l'année suivante, M. de Beust s'employa à raffermir l'autorité du Sultan ; il exigeait seulement en échange l'exécution loyale des réformes (3)..

Quant à l'Angleterre, désireuse avant tout d'empêcher ou au moins de retarder la chute de l'Empire ottoman, elle se contentait d'exhorter les Puissances à une grande réserve et évitait même d'insister trop vivement pour obtenir des réformes, de peur de contribuer, en le faisant, à ébranler la puissance chancelante de l'Empire des Sultans.

« Il ne sera pas de notre politique, disait lord Derby à la Chambre des Lords, d'accélérer une issue qu'il ne sera pas possible, en définitive, d'éviter, je veux dire la ruine de l'Empire turc, car si cela doit arriver, notre devoir

---

(1) Livre rouge Autrichien de 1868, document n° 89.
(2) Dépêche du 22 janvier 1867. Archives 1868, T. 2, p. 480.
(3) Cf. Livre rouge autrichien 1868. Entre autres, les dépêches du Sultan du 5 et du 24 mars 1868.

sera de veiller à ce que cela se fasse aussi graduellement que possible et avec le moins de danger (1) ».

L'Italie et la Prusse, sans manifester d'avis bien tranché, accueillaient favorablement l'idée d'une conférence. Les Grandes Puissances ne s'entendaient pas sur les moyens à adopter ; mais elles étaient unanimes à réprouver l'état de choses existant dans l'Empire ottoman et à demander des réformes. Nous avons signalé leurs griefs ; pour être tout à fait impartial, il nous faut citer la réponse de la Porte.

Dans un mémoire du 25 mai 1867, Fuad-pacha essaya, en effet, de prouver que les Puissances exagéraient le péril de la situation ; et, qu'en réalité, la réforme était en bonne voie ; « le principe de l'égalité est admis, disait-il ; il a pénétré et pénètre chaque jour davantage dans les mœurs de la nation, comme une conquête pour les uns, comme un acte de justice pour les autres. » Puis, après avoir étudié l'exécution du Hatti-Humayoun, en en reprenant les dispositions une à une, il conclut : « De l'examen qui précède, il faut conclure que sur certains points, notamment en ce qui touche la tolérance religieuse, la réforme est entièrement accomplie ; que sur d'autres, tels que les principes d'égalité civile, elle a fait un pas seulement, mais assurément le plus difficile, en triomphant de répugnances et de préjugés qui semblaient être un obstacle invincible à l'établissement des institutions nouvelles ; et qu'enfin le succès des travaux auxquels se voue actuelle-

_____

(1) Extrait d'un discours de lord Derby, cité par le prince Gorchakoff dans une lettre au baron de Brunnow des 4 et 16 mars 1867. (Archives 1868, p. 637.)

ment le gouvernement impérial a « pour gage les conquêtes du passé » (1).

On nous permettra de trouver ce gage un peu illusoire.
Cependant, jusqu'en 1870 la réforme se continua avec
plus ou moins de hâte et avec plus ou moins de sincérité
sur les bases du Hatti-Humayoun et sous l'égide de la
France. Nous verrons qu'il y eut en 1870 une violente
réaction contre la France et le système qu'elle défendait.

En résumé, que faut-il penser du Tanzimat ?

L'idée du Tanzimat a pris naissance dans le désir de
la Turquie de mettre fin à son isolement et d'entrer dans
le système européen ; mais quand la Porte pensa avoir
gagné la confiance des Grandes Puissances, elle chercha a
traîner l'œuvre de la réforme en longueur et elle y
a si bien réussi, que la question est encore pendante
actuellement.

Il serait quelque peu ambitieux de notre part de vouloir
indiquer une solution sur un sujet qui divise les diplomates
et les écrivains (2). Cependant, nous ne pouvons nous
empêcher de dire que nous avons peu confiance dans la
réforme, car elle suppose avant tout la laïcisation du gouvernement et l'émancipation du raïa, qui sont essentiellement contraires au génie mahométan.

« L'Orient, disait M. Paul Deschanel, est le pays de la
tradition par excellence ; il a gardé, à travers les siècles,

---

(1) Considérations sur l'exécution du Hatti-Humayoun de 1856,
(25 mai 1867). Archives 1868, T. 3. p. 974.

(2) Les ambassadeurs de Constantinople ont, en 1897, présenté des
plans de réformes : on ne saurait dire quel en sera le sort.

son caractère indélébile ; et l'un des traits essentiels de ce caractère, c'est le mélange, la confusion des choses religieuses avec les affaires civiles. »

Et avec une connaissance approfondie des choses de l'Orient, l'orateur ajoutait ces paroles dont on nous permettra de faire une large citation : « C'est ce qui « explique les difficultés insurmontables auxquelles se « sont heurtés tous les réformateurs ottomans, et en der- « nier lieu l'avortement des fameux projets de réformes « de Midhat-pacha et du parti de la jeune Turquie, dont « on a pu dire avec raison qu'ils furent le plus grand « effort intellectuel dont les Turcs aient jamais donné le « spectacle, justement parce qu'ils tendaient à séculariser « la politique ottomane ; et c'est ce qui explique aussi les « erreurs, les mécomptes des politiciens occidentaux, « pourtant fort avisés, mais qui demandaient à l'Empire « Turc, des mesures, des réformes incompatibles, je ne « dis pas seulement avec son organisation, mais avec son « existence même, parce qu'ils paraissaient croire qu'ils « avaient affaire à un état politique comme le nôtre, tan- « dis qu'en réalité ils se trouvaient en présence d'une « théocratie guerrière, d'une féodalité religieuse, d'une « orthodoxie immuable » (1).

Nous ne pouvons nous empêcher, quand on parle de la régénération de la Turquie, de nous rappeler cette réponse du chef des Derviches hurleurs, à M. Thouvenel, au sujet de l'avenir de l'Empire Ottoman : « Si c'est la fin du monde, comme il faut l'espérer, tout s'arrangera forcé-

(1) Discours de M. Deschanel à la Chambre du 29 février 1888. *Journal Officiel* du 1er mars.

ment, si ce n'est pas la fin du monde, tout ira de mal en pis » (1).

Pour terminer, nous emprunterons à M. Thouvenel lui-même ces paroles peut-être un peu dures, mais significatives : « Pour réformer le Turc il faudrait d'abord l'empaler (2). »

(1) Thouvenel, *Trois années de la Question d'Orient*, p. 362.

(2) Croire, disait en 1858, Saint-Marc Girardin, qu'avec le Hatti-Humayoun la Turquie pourra faire en quelques années ce qu'elle a travaillé pendant 400 ans à ne pas faire, c'est, selon moi, ressembler à ceux qui croient avancer la marche du temps en avançant avec le doigt la marche de l'aiguille sur le cadran d'une pendule... La Turquie n'est pas à l'heure de l'Europe. Proclamer et pratiquer l'égalité de toutes les races qui habitent le sol de la Turquie, c'est faire plus que de détruire les janissaires : c'est changer la base fondamentale de la société musulmane... Je crois l'opération nécessaire, mais le malade peut périr dans l'opération. » (p. 968) : « J'ai lu bien des livres sur la question d'Orient, ajoute Saint-Marc Girardin et plus je l'ai étudiée, plus je me suis convaincu que la question d'Orient n'était pas un nœud gordien qu'on puisse trancher d'un seul coup ; c'est un chapelet qu'il faut défiler grain à grain. » p. 973. Saint-Marc Girardin. *Les voyageurs en Orient*. (Revue des Deux-Mondes, 15 avril 1858.)

M. Choublier est également de cet avis : « La conclusion s'impose, dit-il. L'Islam est immuable, la masse des Turcs lui est fidèle, le reste est profondément corrompu ; ni les uns ni les autres ne veulent sauver leur pays ; il périra plutôt que de changer. Une expérience de 50 années ajoute son évidence à la certitude qu'en 1840 exprimait M. Guizot : « Il n'y a rien à espérer du monde musulman, ni pour sa propre réforme, ni pour les Chrétiens que le malheur a placés sous ses lois. » (Choublier. Question d'Orient, p. 50.)

Contra : Eug. Morel. *La Turquie et ses réformes* (Paris 1866). L'auteur croit que le gouvernement Turc « est entré sincèrement et sans arrière-pensée dans la voie des réformes. »

QUATRIÈME PARTIE

RÉACTION CONTRE LE TRAITÉ DE PARIS

Après la guerre de Crimée et le Congrès de Paris, la France, qui venait de reconquérir la première place parmi les Puissances, avait eu en Orient une influence prépondérante. C'est sous la pression du Cabinet des Tuileries que furent décidées la plupart des interventions en faveur des nationalités ; et c'est aussi d'après ses conseils et selon ses vues que la Réforme fut entreprise.

Mais la Russie s'était résignée avec peine à la situation qui lui était faite dans la mer Noire et n'avait jamais perdu l'espoir de reconquérir sa liberté d'action.

La Turquie, d'autre part, subissait avec impatience l'intervention incessante de l'Europe qui avait fini par ôter toute indépendance au gouvernement de la Porte. Les uns et les autres étaient prêts à réagir contre cette situation.

Les événements de 1870 leur fournirent l'occasion qu'ils attendaient, et le désastre de la France leur permit, grâce à la connivence ou à l'inertie des autres Puissances, de porter un coup fatal à l'œuvre du Congrès de Paris.

I. — Conséquences de la guerre franco-allemande au point de vue de la Réforme.

L'Influence de la France, prépondérante jusque-là, subit le contre-coup de la guerre franco-allemande. — Réaction contre le Tanzi-mât. — Essais de centralisation. — Rêves d'unité islamique. — L'Europe cherche à se partager les dépouilles de la France. — Résultats fâcheux.

I. — L'exécution du Tanzimat était entrée dans une période active sous le ministère de Fuad-pacha. Mais après la mort de cet homme d'État, en 1869, Aali-pacha, son successeur, bien que partisan sincère de la réforme, voulut avant tout secouer le joug de l'étranger et, secondé par les événements, il y réussit à peu près complètement. « Les Prussiens triomphent, nous allons donc nous débarrasser de la civilisation », disait-on alors à Constantinople.

Réformer la Turquie, mais la réformer par elle-même et par l'islam, rejeter l'ingérence étrangère et remanier l'Empire Ottoman sur les bases d'une centralisation fortement organisée, tel était le programme du Divan, qui, en cela, secondait les vues du parti de la « jeune Turquie. » Alors se produisit une violente réaction.

La Porte chercha à reprendre sur les pays tributaires ou vassaux, les droits qu'elle avait perdus ; elle eut des velléités de ramener les Principautés Danubiennes et même l'Égypte sous son obédience directe ; elle s'efforça, en un mot, de détruire l'œuvre de décentralisation qui s'était poursuivie pendant les quinze dernières années.

Les fonctionnaires chrétiens, admis à faire partie des

Conseils administratifs ou des tribunaux ; et, parmi eux
les membres chrétiens du Conseil d'État et de la Haute
Cour de justice eux-mêmes, furent révoqués sans respect
pour l'inamovibilité qui leur avait été promise. Les ins-
tructeurs français de l'armée furent renvoyés ; le directeur
français du lycée de Galata-Seraï remplacé par un directeur
grec, sujet ottoman.

La question des Capitulations, qui depuis longtemps,
comme nous l'avons vu, tenait à cœur à la Porte, fut
reprise avec ardeur, et l'on trouve dans les journaux
officieux de Constantinople des assertions du genre de
celle-ci :

« Les Capitulations ont été accordées par Suleyman à
l'apogée de la puissance turque. Loin d'offrir le caractère
de concessions arrachées à la faiblesse du Sultan, elles
sont et restent un don purement gracieux que le Gouvernement ottoman est en droit de reprendre, et qu'il
reprendra si les bénéficiaires ne renoncent pas spontanément à leur situation privilégiée. » Il ne fut pas difficile
aux Puissances de montrer que les Capitulations sont,
comme d'autres traités, des conventions synallagmatiques,
qu'il ne peut dépendre de la Turquie seule de faire dispa-
raitre (1). De telles paroles n'en sont pas moins un signe
des temps.

Pendant que la Turquie prenait ainsi la France à partie,
les Puissances européennes, de leur côté, profitaient de
notre affaiblissement pour essayer de substituer leur

(1) Les capitulations ne seraient-elles pas par elles-mêmes des conventions synallagmatiques, elles auraient cependant revêtu ce caractère par la mention qui en est faite dans les traités subséquents.

influence à notre influence traditionnelle et séculaire, et de recueillir la clientèle de « l'Etat déchu ».

L'Empereur d'Autriche pensa qu'elle lui revenait de droit, et chercha toutes les occasions d'imposer sa collaboration à la France.

L'Italie, qui venait à la faveur du désarroi général, d'occuper Rome, crut bon, de son côté, d'affirmer de prétendus droits à la possession des documents concernant les sujets pontificaux.

La Russie, tout en préparant le coup décisif qu'elle allait bientôt porter à la neutralité de la mer Noire, encourageait de plus en plus ouvertement le mouvement panslaviste.

Si l'on ajoute qu'en Syrie, l'Angleterre et la Prusse, dont la haine n'était pas assouvie encore, s'employaient à miner l'influence française par des encouragements habilement donnés à nos ennemis, l'on aura une idée de la réaction universelle qui se produisit contre la France, et qui permit à la Porte de retomber dans ses anciens errements et de s'y enfoncer plus profondément que jamais (1). « La Porte sous le coup des événements qui venaient d'ébranler l'Europe, semblait prise du même vertige qu'après la guerre de Crimée. Alors les victoires de la France avaient exalté le vieil orgueil musulman ; cette fois c'étaient ses défaites » (2).

On rêva de reconstituer un vaste Empire musulman et de fonder l'unité islamique. « Cette utopie, dit encore M. Engelhardt, avait le caractère d'une protestation contre

---

(1) Cf. Sur tout ceci : Engelhardt la Turquie et le Tanzimât t. II, ch. VIII, IX, X et XI.

(2) Engelhardt, T. II. p. 98.

les institutions empruntées aux États chrétiens et elle mettait ainsi en danger les rares conquêtes obtenues au nom de la civilisation moderne.

Disons plus : elle était la négation du principe de sécularisation sans lequel la réforme ne pouvait aboutir. Le peuple turc revenait sur ses pas, en consacrant à nouveau, comme inséparable de sa souveraineté, le pouvoir spirituel du Padischah (1). »

L'accès d'amour-propre de la Porte et l'essai de « self-governement » qui en fut la conséquence, ne lui furent pas profitables. A la suite de cette expérience funeste, des troubles se produisirent en Bosnie et en Herzégorine, et le Congrès de Berlin consacra l'intervention des Puissances en Turquie plus étroitement que jamais (2). Mais la guerre de 1870 allait avoir des conséquences d'une bien autre portée.

(1) Engelhardt, *loc. cit.*, p. 117
(2) « Lorsqu'après 1870 la main stimulatrice de la France se fut retirée, le vernis européen se détacha d'un seul coup ; les abus, des abus sans nom et sans nombre, suivant le mot d'un de nos agents, s'étalèrent de nouveau au grand jour, si bien que dès 1875 éclatait, en Bosnie et en Herzégovine, une nouvelle insurrection, plus tenace et plus grave que toutes les précédentes. » Conférence Vandal du 2 février 1897, p. 29.

II. — Revision du Traité de Paris.

La note du prince Gorchakoff. — Réponse des Puissances. — Conférence de Londres, 1871. — La France doit y être représentée. — Difficultés soulevées par M. de Bismarck pour empêcher Jules Favre de s'y rendre. — La question du sauf-conduit et le bombardement de Paris. — Traité du 13 mars signé au nom de la France par le duc de Broglie. — Nouveau régime de la mer Noire. — Le Danube.

« Je ne lis jamais la correspondance de Constantinople », disait M. de Bismarck. Le chancelier voulait ainsi faire entendre qu'il se désintéresserait volontiers des affaires d'Orient, si en échange la Russie ne mettait pas d'entrave à sa politique occidentale; et qu'il verrait sans jalousie les conquêtes du tsar en Turquie, pourvu qu'on ne s'opposât pas à des conquêtes de la Prusse sur la rive gauche du Rhin. Le Tsar y avait trop d'intérêt pour ne pas comprendre à demi-mot. Aussi bien préparait-il depuis longtemps dans le « recueillement » une revanche qui, pour être pacifique, n'en serait pas moins féconde.

Assurée de la neutralité de la Prusse, et de la bienveillance de l'Autriche (1), la Russie crut le moment venu d'obtenir la suppression des articles du traité de Paris qui

---

(1) Dans sa fameuse dépêche du 1er janvier 1867, M. de Beust disait qu'il n'y avait dans cette affaire qu'une « question d'amour-propre » à laquelle l'Europe ne devait pas s'arrêter.

lui portaient un grave préjudice : des deux Puissances le
plus directement intéressées à s'y opposer, en effet, l'une,
la France était dans l'impossibilité matérielle de le faire ;
l'autre, l'Angleterre avait, par son attitude indifférente
dans la guerre franco-allemande, perdu tout crédit au
sein du Concert européen.

Telles étaient les dispositions de l'Europe, lorsque fut
connue la lettre que le prince Gorchakoff écrivait le
19/31 octobre au baron de Brunnow, ambassadeur à
Londres. Dans cette lettre, le chancelier du Tsar dénonce
de sa propre autorité, les articles 11, 13 et 15 du traité de
Paris et la convention des Détroits. Voici quels motifs il
en donne : « Tandis que la Russie désarmait, dans la mer
« Noire, dit-il, la Turquie conservait le droit d'entretenir
« des forces navales illimitées dans l'archipel et les détroits;
« la France et l'Angleterre gardaient la faculté de concen-
« trer leurs escadres dans la Méditerranée.

« En outre, aux termes du Traité, l'entrée de la mer
« Noire est formellement et à perpétuité interdite au
« pavillon de guerre soit des Puissances riveraines, soit
« de toute autre Puissance; mais en vertu de la conven-
« tion dite « des Détroits », le passage par ces détroits
« n'est fermé aux pavillons de guerre qu'en temps de
« paix.

« Il résulte de cette contradiction que les côtes de l'Em-
« pire russe se trouvent exposées à toutes les agressions,
« même de la part des États moins puissants, du moment
« où ils disposent de forces navales auxquelles la Russie
« n'aurait à opposer que quelques bâtiments de faibles
« dimensions. »

Cette première partie de la dépêche ne saurait prêter à
critique. La Russie subissait, cela est certain, des condi-

tions onéreuses ; et l'on ne saurait s'étonner qu'elle ait profité des événements pour chercher à en obtenir la suppression. Mais le prince Gorchakoff motivait la résolution de son gouvernement sur des considérations soi-disant juridiques tout au moins contestables.

« Le traité de 1856, disait-il, a été violé notamment en ce qui concerne les Principautés danubiennes, dont l'union avait été formellement prévue et interdite ; il a été violé sur un autre point encore : l'accès des détroits et de la mer Noire a été ouvert à « des escadres entières. » Cette dernière assertion était au moins hasardée (1) et la Porte n'eut pas de peine à prouver que les navires de guerre qui avaient pénétré dans la mer Noire l'avaient fait dans des circonstances de nature à excuser la tolérance dont ils avaient bénéficié.

Quant à la Roumanie, il est certain que son existence en tant qu'État un et indépendant était contraire au Traité ; mais la Russie n'ajoutait pas que cette situation avait été consacrée de l'accord unanime des signataires ; ce qui la légitimait certainement. Admettons, cependant, qu'il y ait eu de véritables infractions au Traité, on ne pouvait se fonder sur ce motif pour en commettre de nouvelles ; et, si l'une des Puissances Contractantes se trouvait lésée par la non-exécution de certaines dispositions, elle devait em-

(1) La Turquie, il est vrai, s'était montrée assez tolérante ; mais on n'avait contre elle sur ce point aucun grief sérieux. D'ailleurs, à la suite de récriminations des Puissances, la Sublime-Porte avait dit dans une circulaire du 28 septembre 1868 que « désormais il n'y aura absolument d'autre exception que pour celui des bâtiments de guerre sur lequel se trouverait un Souverain ou le chef d'un État indépendant. » Cf. (Recueil des traités de la Porte Ottomane du baron de Testa. t. V. p. 181.)

ployer les moyens légaux, c'est-à-dire provoquer la réunion d'une nouvelle Conférence. Mais le prince Gorchakoff avait cru pouvoir se mettre au-dessus de la légalité,
et si sa note souleva d'unanimes protestations, il faut en
accuser la forme, bien plus que le fond même de sa demande.

Le Chancelier russe, en effet, insistait sur le caractère
unilatéral de sa dénonciation par une déclaration de principes qui ne tendait à rien moins qu'à nier le caractère
obligatoire des engagements internationaux. « Notre Auguste Maître, disait-il, ne saurait admettre en droit, que
les traités enfreints dans plusieurs de leurs clauses essentielles et générales demeurent obligatoires dans celles qui
touchent aux intérêts directs de son Empire. » La déclaration était claire. La Russie tenait la dénonciation du
Traité de Paris pour indispensable à sa sécurité en Orient;
et elle la prononçait. Mais, et Gorchakoff insiste sur ce
point, la Russie n'a, vis-à-vis de la Turquie, aucune disposition malveillante; elle croit au contraire que la situation actuelle crée un danger permanent (1), auquel il est
de l'intérêt de tous de mettre fin.

Aussi « Sa Majesté se croit en droit et en devoir de dé-
noncer à Sa Majesté le Sultan la convention spéciale et
additionnelle audit traité qui fixa le nombre et la dimen-
sion des bâtiments de guerre que les deux Puissances riveraines se réservent d'entretenir dans la mer Noire; elle
en informe loyalement les Puissances signataires et ga-

(1) Voir cette lettre dans le Recueil de documents sur le traité de
Paris de d'Aneberg : N° 1. C'est à ce recueil que renvoient les cotes
des documents que nous citons dans cette partie.

rantes du Traité général, dont cette Convention spéciale
fait partie intégrante. »

La déclaration du prince Gorchakoff produisit, malgré
les événements qui absorbaient l'attention de l'Europe,
une vive impression sur les différents Cabinets qui ne se
tinrent pas pour satisfaits d'en avoir été « loyalement in-
formés. »

« La question soulevée, disait le comte Granville, n'est
donc pas de savoir si le désir exprimé par la Russie doit
être examiné avec soin dans un esprit amical par les
Puissances co-signataires, mais bien de savoir si ces Puissances doivent accepter la déclaration que, de son propre
fait et sans leur consentement, la Russie s'est déliée d'elle-
même d'un contrat solennel. » Et, sur ce point l'Angleterre
n'avait pas d'hésitation : « le Gouvernement britannique,
disait le comte Granville, n'admet pas la prétention de la
Russie, qu'une Puissance touche à un Traité européen, si
ce n'est de concert avec les Puissances qui ont pris part à
ce Traité (1). »

Le Cabinet anglais, en répondant d'une manière aussi
catégorique, entendait ne critiquer que la forme sous
laquelle la Russie présentait la question ; et il ajoutait
quelques jours après, qu'il aurait volontiers accueilli la
proposition d'une Conférence de tous les signataires du
traité de 1856, et qu'il se serait alors prêté volontiers à la
révision des articles incriminés (2).

---

(1) Dépêche du 10 novembre 1870, document n° 9.
(2) Document n° 15.

L'Italie témoigna des mêmes sentiments (1), et M. de Chaudordy (2) fit, au nom de la délégation de Tours, une réponse semblable. Le Cabinet de Vienne appela « la sérieuse attention » du gouvernement russe sur les conséquences de sa détermination, qui « se produisait au milieu de circonstances où plus que jamais l'Europe avait besoin des garanties qu'offre à son repos et à son avenir la foi des Traités. » (3) M. de Beust rappela ensuite que le procédé du Cabinet de Pétersbourg, contraire aux principes généraux du droit international, était aussi dans le cas particulier, d'une illégalité flagrante, puisque les plénipotentiaires réunis en 1856, avaient eu soin de spécifier que « la Convention ne pourra être ni annulée ni modifiée sans l'assentiment des Puissances signataires du traité. » Cette disposition, dit M. de Beust, « acquiert une valeur particulière en ajoutant expressément et exceptionnellement une stipulation qui, de tout temps, a été regardée comme sous-entendue dans chaque transaction internationale. »

Devant la réprobation unanime soulevée par la note, et devant l'émotion générale, dont M. Otto Russel se faisait l'interprète, quoique peut-être avec un peu d'exagération lorsqu'il prononçait le mot de guerre, le prince Gorchakoff comprit qu'il avait été trop loin.

Il eut le bon esprit de céder, et fit savoir, sans tarder, que son gouvernement serait disposé à accepter l'idée

(1) No 21.
(2) No 18, dépêche du 14 novembre 1870.
(3) No 22.

d'une Conférence (1). M. de Bismarck proposa aussitôt d'en prendre l'initiative (2).

Les Puissances y consentirent, et il fut décidé que la Prusse convoquerait les signataires des traités de 1856, sauf la France, à qui le gouvernement anglais se chargerait de transmettre l'invitation. Après de nouveaux pourparlers, il fut décidé que la conférence se réunirait à Londres.

La France avait été conviée, bien qu'elle fût envahie par les armées allemandes et dirigée par un gouvernement provisoire; elle avait pris une part trop importante

(1) Document nᵒ 33. — Voici en quels termes le prince Gorchakoff annonçait l'adhésion de son gouvernement à l'idée d'une Conférence, tout en défendant sa manière de voir primitive : « Nous ne saurions admettre, disait-il, que l'abrogation d'un principe théorique sans application immédiate, qui ne fait que restituer à la Russie un droit dont aucune Grande Puissance ne saurait être privée, puisse être considérée comme une menace pour la paix, ni qu'en annulant un point du traité de 1856, elle implique l'abrogation du tout.

Sa Majesté l'Empereur maintient entièrement son adhésion aux principes généraux du traité de 1856, et elle est prête à s'entendre avec les Puissances signataires de cette transaction, soit pour en confirmer les stipulations générales, soit pour y substituer tout autre arrangement équitable qui serait jugé propre à assurer le repos de l'Orient et l'équilibre européen. Rien ne semble dès lors s'opposer à ce que le Cabinet de Londres, si cela lui convient, entre en explication avec les signataires du traité de 1856. Pour notre part, nous sommes prêts à nous associer à toute délibération qui aurait pour objet des garanties générales destinées à consolider la paix de l'Orient. »

(2) Nᵒ 37 — Lettre de M. Otto Russel au comte Granville, de Versailles le 22 novembre 1870 : « Le Chancelier (M. de Bismark)...... m'autorisa à télégraphier à Londres, que si Votre Seigneurie y consentait, il prendrait l'initiative de proposer une Conférence dans le but de chercher à trouver une solution pacifique à une question que je lui avais franchement démontré être de nature dans l'état actuel, à nous forcer à faire la guerre à la Russie, avec ou sans alliés. »

dans les événements de 1854-1856, et elle avait encore en
dépit de M. de Bismarck, un rôle trop considérable en
Europe, pour que l'on pût se passer de son concours. Elle
avait été conviée ; mais pouvait-elle accepter l'invitation
qui lui était faite ? Pouvait-elle, alors que son existence
même était en jeu, prendre part tranquillement à une discussion sur la neutralité de la mer Noire, et sur le nombre
des bateaux à laisser pénétrer dans le Bosphore ?

Le parti le plus digne semblait être en effet de s'abstenir.
Mais, d'autre part, n'était-il pas de bonne politique d'envoyer à Londres un plénipotentiaire qui peut-être trouverait moyen de ramener la discussion de Constantinople
aux affaires de l'Europe et d'intéresser les Puissances au
sort de la France ?

Jules Favre, poussé par un patriotisme ardent, mais
peu expert dans les détours de la diplomatie, s'arrêta aux
considérations les plus naturelles, et répondit dès le
2 décembre : « la France est trop occupée de ses propres
affaires pour se mêler de celles de l'Europe... que les
Puissances proposent un protocole préliminaire dans
lequel on conviendra de prendre pour base l'intégrité du
territoire français, et nous donnerons notre adhésion à la
conférence. » Et il ajoutait, le 4 décembre : « Je ne con-
sens pas à ce que ma malheureuse patrie, trahie, abandonnée par ceux qui abusent de leur victoire, aille, en
compagnie des potentats qui la perdent, jouer le jeu déri-
soire qu'on voudrait lui imposer. » (1)

Les sentiments auxquels obéissait Jules Favre en faisant
cette réponse, sont trop nobles et trop élevés pour qu'on
puisse lui faire un grief de s'y être laissé entraîner ; mais

(1) Document n° 77.

il faut avouer que l'abstention prêtait à critique. M. de
Chaudordy ne s'y trompa pas. Sans doute, lui aussi aurait
voulu, avant de prendre une décision, obtenir le droit de
discuter les intérêts français ; et c'est à quoi il s'efforça
tout d'abord. (1) Mais, après avoir vu cet espoir lui échapper, M. de Chaudordy n'en persista pas moins à conseiller
au gouvernement de Paris l'adhésion pure et simple. Que
pouvait-on savoir ? La situation de la France n'était-elle
pas la même en 1815, sinon plus critique encore ? Et
cependant M. de Talleyrand avait su la retourner à notre
profit, et au fond M. de Chaudordy ne désespérait pas d'arriver à un résultat semblable. Il finit par obtenir l'adhésion
du gouvernement de Paris (2), et Jules Favre fut désigné
pour représenter la France : son talent d'orateur, à défaut
de traditions diplomatiques, faisait espérer beaucoup de
sa présence à la Conférence. Mais, de Versailles, M. de
Bismarck veillait à tout ; et peu disposé à laisser à la
France la moindre chance de salut, il résolut d'empêcher

---

(1) Voici comment M. de Chaudordy s'exprimait à cet égard, dans
une circulaire aux représentants de la France à l'étranger, du 15 décembre 1870 :

« Il est aisé de se rendre compte de la position délicate où se trouverait placé un plénipotentiaire français, entendant parler de la mer
Noire et du nombre de vaisseaux qui doivent y naviguer, tandis qu'on
brûle nos villes et qu'on massacre les habitants, s'il n'était pas admis
qu'on s'occuperait également de la guerre qui absorbe toutes nos
pensées.....

Il serait donc néccesssaire qu'avec l'appui des États neutres, nos
intérêts puissent être discutés dans la Conférence. Mais l'absence de
résolution sur ce point vous expliquera suffisamment notre incertitude, et dès lors, nous devons nous borner à attendre la décision du
Gouvernement de Paris. »

(2) No 89.

le départ du plénipotentiaire, ou du moins de le retarder
assez pour rendre sa présence inutile.

M. de Bismarck ne devait pas avoir de peine à y arriver,
car il n'était pas homme à avoir des scrupules sur les
moyens à employer.

Il fallait à Jules Favre, pour sortir de Paris investi, un
sauf-conduit qui lui permît de traverser les lignes enne-
mies. Sur les instances du Cabinet de Londres, le Chancelier prussien dut promettre d'en délivrer un au représentant de la France. Il ne s'agissait que de le faire attendre.

M. de Bismarck fit savoir à la délégation de Tours que
« le sauf-conduit sera accordé aussitôt que M. Jules Favre
le réclamera par un parlementaire au commandant en
chef de l'armée de siège. » Il ne pouvait pas, disait-il,
faire délivrer le sauf-conduit par la Chancellerie prus-
sienne, car ce serait donner une consécration officielle au
Gouvernement provisoire de Paris.

Il fallut donc s'adresser au général en chef des troupes
d'investissement; mais, cette condition qui paraissait
toute naturelle, équivalait, en réalité, à un refus. En effet,
en premier lieu, Jules Favre, qui devait en faire lui-
même la demande, n'était même pas informé du choix qui
avait été fait de sa personne, et la nouvelle ne pouvait lui
en arriver que par la délégation de Bordeaux, c'est-à-dire
qu'elle était livrée au hasard (1). Puis, pour plus de
sûreté, M. de Bismarck suspendit les relations entre les
deux armées, en soulevant un incident d'avant-postes, ce
qui était facile : de cette façon, Jules Favre ne devait
pas avoir son sauf-conduit.

---

(1) M. de Chandordy, 29 décembre 1870, n° 106. La délégation ne
communiquait plus avec Paris que par pigeons voyageurs.

Cependant, les Puissances neutres, désireuses de voir un plénipotentiaire français siéger à la Conférence de Londres, cherchaient un moyen de communiquer avec Paris. Ils profitèrent de ce que, par une tolérance spéciale, le représentant des Etats-Unis d'Amérique avait conservé le droit de recevoir sa correspondance, et transmirent l'invitation du gouvernement anglais par la valise diplomatique de M. Washburne. Mais il était difficile de prendre M. de Bismarck au dépourvu ; la valise fut arrêtée plusieurs jours aux avant-postes, et lorsqu'elle parvint enfin à destination, les travaux de la Conférence de Londres étaient déjà commencés. « Je reçois, écrivit Jules Favre, seulement aujourd'hui, 10 janvier, à 9 heures du soir, par l'intermédiaire de M. le Ministre des Etats-Unis, la lettre que Votre Excellence m'a fait l'honneur de m'écrire le 29 décembre dernier, et par laquelle elle veut bien m'annoncer qu'elle a prié M. le comte de Bernstorff de faire tenir à ma disposition le sauf-conduit qui m'est nécessaire pour franchir les lignes prussiennes et assister comme représentant de la France à la Conférence qui doit s'ouvrir à Londres ».

Malgré tout, Jules Favre allait partir, quand M. de Bismarck, jugeant à propos de le retenir encore, fit commencer le bombardement de Paris (1). Dans ces conditions, Jules Favre pensa que son départ serait d'un fâcheux effet et prendrait les apparences d'une fuite, et il répondit fièrement : « Je ne demanderai pas un sauf-conduit, je l'attendrai ; s'il m'est donné par l'intervention de l'Angle-

___

(1) Le bombardement fut commencé sans qu'un avis préalable en ait été donné, ce qui est contraire à la pratique du droit international.

terre, j'en userai, mais à la condition qu'on cesse cet abo-
minable bombardement sur ma pauvre ville de Paris... »
Jules Favre resta.

Plus que jamais, cependant, il paraissait désirable de
faire représenter la France. L'Europe commençait à
s'alarmer de la tournure que prenait la guerre, et l'Angleterre, effrayée de la responsabilité qu'elle avait assumée
dans ces événements, semblait disposée à faciliter la tâche
de notre représentant. Le 4 février, le comte Granville
écrivait à lord Lyons, représentant de Sa Majesté britannique auprès de la délégation de Bordeaux : « Si le plénipotentiaire français tenait à porter la question de la paix
devant la Conférence, je me trouverais obligé, en ma
qualité de Président, de m'opposer à ce qu'il s'adressât à
cet effet aux membres de la Conférence. Mais, si, à la fin
de la Conférence, ou même après une des séances, il désirait profiter de la présence des plénipotentiaires pour leur
soumettre quelque question, dans ce cas, je n'aurais pas à
intervenir. Chaque plénipotentiaire aurait à agir individuellement selon ce qu'il considérerait comme son devoir
ou d'après ses instructions, et pour moi-même, en ce qui
me concerne, je ne manquerais pas de prêter attention à
ce qui pourrait m'être dit par le plénipotentiaire français (1) ».

C'était, à ne pas s'y méprendre, une avance de la part
du Gouvernement anglais. La France se fit représenter à
la Conférence par le duc de Broglie ; mais lorsque celui-ci
arriva à Londres, les travaux étaient à peu près terminés,
et le plénipotentiaire français n'eût qu'à opposer sa signature à un acte qu'il n'avait pu discuter.

(1) Document n° 172.

Avant d'analyser le traité du 13 mars, il nous faut dire quelques mots des travaux de la Conférence réunie à Londres.

« La confection du protocole *ad hoc*, écrivait le comte Apponyi, représentant de l'Autriche, est un véritable travail de Pénélope ; on défait toujours ce qu'on avait fait la veille. » (1) Les plénipotentiaires, en effet, voulaient, avant même de discuter le fond de la déclaration russe, répondre à la question de principe, visée par la note du prince Gorchakoff et la réfuter dans une déclaration solennelle, mais ils ne s'entendaient pas sur les termes à employer.

« Nous devons attacher une importance capitale, avait dit M. de Beust, dans les instructions qu'il envoyait, dès le 22 décembre (2), à M. Apponyi, plénipotentiaire de l'Autriche à la conférence ; nous devons attacher une importance capitale à ce qu'il soit constaté, dès le début de la réunion, que la conférence entre en délibération, non pas sur le contenu de la circulaire russe du 19/31 octobre, mais bien sur certaines stipulations du traité de Paris, et notamment celles qui ont trait à la neutralisation de la mer Noire. »

Et il ajoutait, pour bien marquer l'opinion de son Gouvernement sur la foi due aux traités : « Dans ce cas (c'est-à-dire, dans le cas où les Puissances ne parviendraient pas à s'entendre sur la révision demandée), nous devons maintenir avec fermeté le principe que le traité du 30 mars 1856, reste valide dans toutes ses parties ».

_____

(1) Document n° 114. Dépêche du comte Apponyi à M. de Beust, 2 janvier 1871.

(2) Document n° 93.

Le comte Granville, dès l'ouverture de la Conférence, rappela que les Plénipotentiaires, avaient le devoir de « discuter avec une parfaite liberté » les propositions de la Russie. Et la déclaration suivante fut signée : « les plénipotentiaires, reconnaissent que c'est un principe essentiel du droit des gens, qu'aucune Puissance ne peut se délier des engagements d'un traité, ni en modifier les stipulations, qu'à la suite de l'assentiment des parties contractantes, au moyen d'une entente amicale » (1)

Les plénipotentiaires discutèrent ensuite le fond même de la demande du prince Gorchakoff ; le plénipotentiaire russe déclara que le traité de 1856 a eu essentiellement le tort de porter une grande atteinte à l'indépendance du droit de souveraineté des Puissances riveraines (2). Puis, après quelques concessions réciproques sur des questions de mots, un traité fut signé le 13 mars 1871 (3).

Il abroge les articles 11, 13 et 14 du traité de 1856 (4). c'est-à-dire que la mer Noire n'est plus neutralisée et que les Puissances riveraines peuvent relever leurs arsenaux ou en construire de nouveaux. Une convention annexée

---

(1) Annexe au Protocole no 1. (Voir ce Protocole dans le Recueil d'Angeberg, p. 337.

(2) Protocole 2.

(3) Le duc de Broglie, apposa sans difficulté sa signature au traité : « Le Gouvernement français, avait-il dit, (Protocole 5) saisit avec empressement l'occasion de maintenir la règle salutaire de la société européenne, à savoir n'apporter aucun changement essentiel aux relations des peuples entre eux, sans l'examen et le consentement de toutes les Grandes Puissances, pratique tutélaire, véritable garantie de paix et de civilisation, à laquelle trop de dérogations ont été apportées dans ces dernières années. »

(4) Art. 1er. Cf. le Traité de Londres, à l'appendice II.

abroge la convention spéciale du 30 mars 1856 sur la limitation des forces navales de la mer Noire.

Quant aux détroits du Bosphore et des Dardanelles, ils restent soumis aux règles de l'article 10 du traité de 1856 et de la convention dite des Détroits, avec une modification cependant. Ils restent, en principe, fermés à tous les navires de guerre, sauf, comme par le passé, à ceux qui sont déstinés à la police du Danube et au service des Légations de Constantinople, et pour lesquels le Sultan s'était réservé le droit de délivrer des firmans de passage. Mais une disposition importante de l'article 2 du nouveau traité donne encore au Sultan la faculté d'ouvrir lesdits Détroits, en temps de paix, dans le cas où la Sublime Porte le jugerait nécessaire pour sauvegarder l'exécution des stipulations du traité de Paris du 30 mars 1856. Cette disposition annule la convention des Détroits et l'article 10 du traité du 30 mars 1856.

L'article 4 du traité proroge pour douze années la durée de la commission européenne du Danube.

Les articles 5, 6 et 7 contiennent également des dispositions relatives au Danube et aux travaux à y exécuter. Nous nous bornons à y renvoyer, car nous avons écarté, à dessein, l'étude de la situation internationale de ce fleuve.

Enfin, il est déclaré (article 8) que les Hautes Puissances Contractantes renouvellent et confirment toutes les stipulations du traité du 30 mars 1856, ainsi que ses annexes qui ne sont pas annulées ou modifiées par le présent traité.

La Russie, malgré la leçon de modestie qui lui avait été donnée au début de la Conférence, avait donc obtenu ce qu'elle voulait. Elle avait rayé d'un trait de plume les stipulations onéreuses des traités de 1856 ; plus heureuse que la France en 1866, elle avait été payée de sa neutralité dans la guerre allemande (1).

« Sans verser une goutte de sang, dit M. Sorel, sans déplacer un soldat, sans dépenser un rouble, elle (la Russie) avait effacé du droit public de l'Europe la trace de ses défaites de Crimée. Elle avait pris sa revanche de Sébastopol et se replaçait, sans conteste, au premier rang des Puissances. Ses diplomates avaient déployé tant de bonnes grâces et la force des événements était telle que la France, loin de lui en vouloir, allait être naturellement portée à rechercher son amitié. » (2).

---

(1) On a appelé cela la politique « du pourboire. »
(2) Sorel. *Histoire diplomatique de la guerre franco-allemande*, t. II, p. 256.

N. B. — M. Bengesco vient de faire paraître une bibliographie de la Question d'Orient. On y trouvera des renseignements précieux.

CONCLUSION

La guerre de Crimée et le traité de Paris sont l'œuvre de la France. Dans les Conférences de 1858, comme dans les affaires de Syrie, c'est la diplomatie, ce sont les armées françaises qui assurent aux raïas d'abord la sécurité, puis l'indépendance et rendent un instant possible la régénération de l'Empire Ottoman.

Il semblait que cette double entreprise devait se poursuivre désormais d'un mouvement sûr et continu, sous l'impulsion collective des Grandes Puissances, dont les droits avaient reçu une consécration solennelle. Mais dès que la France affaiblie dut retirer sa main des affaires ottomanes, l'édifice tout entier s'écroula sans que l'Europe ait tenté aucun effort pour en arrêter la ruine, et l'on put croire perdu à tout jamais l'espoir de régénérer la Turquie. Le remède vint cependant de l'excès même du mal.

Trop fortement comprimés, les peuples se soulevèrent avec violence, et les Puissances, menacées dans leurs intérêts, se souvinrent enfin de leurs devoirs. L'action isolée de la Russie, mettait à nouveau en danger l'équilibre européen, un Congrès fut réuni ; et les Puissances qui ne voyaient pas dans la Turquie, comme en 1856, un allié à ménager, ont agi cette fois avec netteté et hardiesse vis-à-vis de cet État.

Édifiées sur la valeurs des promesses de la Porte, elles posèrent franchement et sans équivoque le principe de l'intervention, et elles consacrèrent l'autonomie et l'indépendance de plusieurs des nationalités chrétiennes de l'Empire.

Les événement dont nous avons essayé de retracer le cours ont donc été la préparation des événements plus récents, et par ce côté, notre étude a peut-être plus qu'un intérêt rétrospectif. L'histoire du traité de Paris permettra de comprendre le traité de Berlin dont les stipulations régissent actuellement encore les affaires d'Orient, en principe, du moins. C'est ainsi que l'on retrouve, dans l'histoire de la Bulgarie, avec les mêmes difficultés et sous la pression des mêmes influences, la répétition de l'histoire de la Roumanie. C'est ainsi encore que les mêmes hésitations se reproduiront dans les affaires de Crète et que l'Arménie sera le théâtre de massacres plus effroyables encore que ceux du Liban.

Mais, ni la Porte ni les Puissances n'ont été instruites par les événements. Les Cabinets européens, guidés par leurs intérêts égoïstes et par leurs rivalités mesquines, se sont trop souvent écartés du point de vue juridique établi par les traités et ont trop souvent oublié les devoirs qu'ils ont assumés vis à vis des chrétiens d'Orient. La Porte s'est égarée dans les mêmes errements qu'autrefois ; et ainsi, l'antagonisme existe, toujours le même, entre la Turquie et les nationalités, sans que les Puissances, malgré leurs droits indiscutable, aient su s'entendre pour imposer une solution.

Vu : le Doyen,   Vu : le Président,
    GARSONNET.   RENAULT.
Vu et permis d'imprimer :
Le Vice-Recteur de l'Académie de Paris :
GRÉARD.

APPENDICE I

Traité général de paix et d'amitié conclu à Paris, le 30 mars 1856, entre la France, l'Autriche, la Grande-Bretagne, la Prusse, la Russie, la Sardaigne et la Turquie. (Ech. des ratif. à Paris, le 27 avril 1856) (1).

AU NOM DE DIEU TOUT-PUISSANT,

Leurs Majestés, l'Empereur des Français, la Reine du Royaume-Uni de la Grande-Bretagne et d'Irlande, l'Empereur de toutes les Russies, le Roi de Sardaigne et l'Empereur des Ottomans, animés du désir de mettre un terme aux calamités de la guerre, et voulant prévenir le retour des calamités qui l'ont fait naître, ont résolu de s'entendre avec Sa Majesté l'Empereur d'Autriche sur les bases à donner au rétablissement et à la consolidation de la paix, en assumant par des garanties efficaces et réciproques, l'indépendance et l'intégrité de l'Empire Ottoman. A cet effet, Leurs dites Majestés ont nommé pour leurs Plénipotentiaires, savoir :

S. M. l'Empereur des Français : Le sieur Alexandre, comte Colonna Walewski, Sénateur de l'Empire, Grand Officier de l'Ordre impérial de la Légion d'Honneur, Chevalier Grand Croix de l'Ordre équestre des Séraphins, Grand Croix des l'Ordre des Saints Maurice et Lazare, décoré de l'Ordre Impérial du Medjidié de 1re classe, etc., etc., etc.. son Ministre et Secrétaire d'État au département des affaires étrangères, et le sieur François-Adolphe, baron de Bourqueney, Grand Croix de l'Ordre Impérial de la Légion d'Honneur et de l'Ordre de Léopold d'Autriche, décoré

(1) Ce texte est emprunté au recueil des traités de de Clercq.

du portrait du Sultan en diamants, etc., etc., etc., son envoyé extraordinaire et Ministre Plénipotentiaire près S. M. I. et R. ;

S. M. l'Empereur d'Autriche : le sieur Charles-Ferdinand, comte de Buol-Schauenstein, Grand Croix de l'Ordre Impérial de Léopold d'Autriche, et Chevalier de la Couronne de Fer de 1re classe, Grand Croix de l'Ordre Impérial de la Légion d'Honneur, Chevalier des Ordres de l'Aigle-Noir et de l'Aigle-Rouge de Prusse, Grand-Croix des Ordres Impériaux d'Alexandre Newski en brillants et de l'Aigle-Blanc de Russie, Grand Croix de l'Ordre de Saint-Jean de Jérusalem, décoré de l'Ordre Impérial du Medjidié de 1re classe, etc., etc., etc., son Chambellan et Conseiller intime actuel, son Ministre de la Maison et des Affaires Étrangères, Président de la Conférence des ministres, et le sieur Joseph-Alexandre, baron de Hübner, Grand Croix de l'Ordre Impérial de la Couronne de Fer, Grand Officier de l'Ordre Impérial de la Légion d'Honneur, son Conseiller intime actuel et son envoyé extraordinaire et Ministre Plénipotentiaire à la Cour de France.

S. M. la Reine du Royaume-Uni de la Grande-Bretagne et d'Irlande : Le très-honorable George Guillaume-Frédéric, comte de Clarendon, baron Hide de Hindon, Pair du Royaume-Uni, Conseiller de S. M. B. en son Conseil privé, chevalier du très-noble Ordre de la Jarretière, Chevalier Grand Croix du très-honorable Ordre du Bain, principal secrétaire d'État de S. M. pour les Affaires Étrangères, et le très-honorable Henri-Richard-Charles, baron Cowley, Pair du Royaume-Uni, Conseiller de S. M. en son Conseil privé, Chevalier Grand Croix du très-honorable Ordre du Bain et Ambassadeur extraordinaire et Plénipotentiaire de S. M. près S. M. l'Empereur des Français.

S. M. l'Empereur de toutes les Russies : Le sieur Alexis, comte Orloff son aide de camp général et général de cavalerie, Commandant du quartier général de S. M., membre du Conseil de l'Empire et du Comité des Ministres décoré des deux portraits en diamants de Leurs Majestés feu l'Empereur Nicolas et l'Empereur Alexandre II, Chevalier de l'Ordre de Saint-André en diamants et des Ordres de Russie, Grand Croix de l'Ordre de Saint-Etienne d'Autriche de 1re classe, de l'Aigle-Noir de Prusse en diamants, de l'Annonciade de Sardaigne et de plusieurs autres Ordres étrangers et le sieur Philippe, baron de Brunnow, son Conseiller privé, son envoyé extraordinaire et Ministre Plénipotentiaire près la Confédération Germanique et près S. A. R. le Grand Duc de Hesse, Chevalier de l'Ordre de Saint-Wladimir de 1re classe, de Saint-Alexandre Newski, enrichi de diamants, de l'Aigle-Blanc, de Sainte-Anne de 1re classe, de Saint-Stanislas de 1re classe, Grand Croix de l'Aigle-Rouge de Prusse de 1re classe, Commandeur de l'Ordre de Saint-Etienne d'Autriche et de plusieurs autres Ordres étrangers.

S. M. le Roi de Sardaigne : le sieur Camille Benso, comte de Cavour, Grand Croix de l'Ordre des Saints Maurice et Lazare, Chevalier de l'Ordre du Mérite civil de Savoie, Grand Croix de l'Ordre Impérial de la Légion d'Honneur, décoré de l'Ordre Impérial du Medjidié de 1re classe, Grand Croix de plusieurs autres Ordres étrangers, Président du Conseil des Ministres et son Ministre et Secrétaire d'État pour les finances et le sieur Salvator, Marquis de Villamarina, Grand Croix de l'Ordre des Saints Maurice et Lazare, Grand Officier de l'Ordre Impérial de la Légion d'Honneur etc., etc., etc. ; son envoyé extraordinaire et Ministre Plénipotentiaire à la Cour de France ;

Et S. M. l'Empereur des Ottomans, Mouhammed-Emin-Aali-Pacha, grand Vizir de l'Empire ottoman, décoré des Ordres Impériaux du Medjïdié et du mérite de première classe, Grand'Croix de la Légion d'honneur, de Saint-Étienne d'Autriche, de l'Aigle Rouge de Prusse, de Sainte-Anne de Russie, des Saints-Maurice et Lazare de Sardaigne, de l'Etoile polaire de Suède et de plusieurs autres Ordres étrangers ; et Mehemmed-Djemil-Bey, décoré de l'Ordre Impérial du Medjïdié de seconde classe et Grand'Croix de l'Ordre des Saints-Maurice et Lazare, son Ambassadeur extraordinaire et Plénipotentiaire près S. M. l'Empereur des Français, accrédité en la même qualité, près S. M. le roi de Sardaigne ;

Lesquels se sont réunis en congrès à Paris.

L'entente ayant été heureusement établie entre eux, Leurs Majestés l'Empereur des Français et l'Empereur d'Autriche, la Reine du Royaume-Uni de la Grande-Bretagne et d'Irlande, l'Empereur de toutes les Russies, le Roi de Sardaigne et l'Empereur des Ottomans, considérant que, dans un intérêt européen, S. M. le Roi de Prusse, signataire de la convention du treize juillet mil huit cent quarante et un, devait être appelée à participer aux nouveaux arrangements à prendre, et appréciant la valeur qui ajouterait à une œuvre de pacification générale, le concours de Ladite Majesté, l'ont invitée a envoyer des plénipotentiaires au Congrès.

En conséquence, S. M. le Roi de Prusse a nommé pour ses plénipotentiaires, savoir : Le sieur Othon Théodore, baron de Manteuffel, président de son Conseil et son ministre des Affaire-étrangères, Chevalier de l'Ordre de l'Aigle-Rouge de Prusse, première classe, avec feuilles de chêne, couronne et sceptre : Grand Commandeur de l'Ordre de Hohenzollern, Chevalier de l'Ordre de Saint-Jean de Prusse, Grand'croix de l'Ordre de Saint-Etienne de Hongrie, Chevalier de l'Ordre de Saint-Alexandre Newski, Grand'-Croix de l'Ordre des Saints-Maurice et Lazare, et de l'Ordre du Nichan-Iftihar de Turquie, etc., etc., etc. ; Et le sieur Maximilien-Frédéric-Charles-François, comte de Hatzfeldt-Wildenburg-Schœnstein, son Conseiller privé actuel, son Envoyé extraordinaire et Ministre plénipotentiaire à la cour de France, Chevalier de l'Ordre de l'Aigle rouge de Prusse, seconde classe, avec feuille de chêne et plaque ; Chevalier de la Croix d'honneur de Hohenzollern, première classe, etc., etc,, etc.

Les Plénipotentiaires, après avoir échangé leurs pleins pouvoirs, trouvés en bonne et due forme, sont convenus des articles suivants.

Article Premier. — Il y aura, à dater du jour de l'échange des ratifications du présent traité, paix et amitié entre S. M. l'Empereur des Français, S. M. la Reine du Royaume-Uni de la Grande-Bretagne et d'Irlande, S. M. le Roi de Sardaigne, S. M. I. le Sultan, d'une part, et S. M. l'Empereur de toutes les Russies de l'autre part, ainsi qu'entre leurs héritiers et successeurs, Leurs États et sujets respectifs, à perpétuité.

Art. 2. — La paix étant heureusement établie entre leurs dites Majestés, les territoires conquis ou occupés par leurs armées, pendant la guerre seront réciproquement évacués. Des arrangements spéciaux règleront le mode de l'évacuation qui devra être aussi prompte que faire se pourra.

Art. 3. — S. M. l'Empereur de toutes les Russies s'engage à restituer à S. M. le Sultan, la ville et citadelle de Kars aussi bien que les autres parties du territoire ottoman, dont les troupes russes se trouvent en possession.

Art. 4. — Leurs Majestés l'Empereur des Français, la Reine du Royaume-Uni de la Grande-Bretagne et d'Irlande, le Roi de Sardaigne et le Sultan s'engagent à restituer à S. M. l'Empereur de toutes les Russies, les villes et ports de Sébastopol, Balaklava, Kamiesch, Eupatoria, Kertch, Jeni-Kaleh, Kinburn, ainsi que tous autres territoires occupés par les troupes alliées.

Art. 5. — Leurs Majestés l'Empereur des Français, la Reine du Royaume-Uni de la Grande-Bretagne et d'Irlande, l'Empereur de toutes les Russies, le Roi de Sardaigne et le Sultan accordent une amnistie pleine et entière à ceux de leurs sujets qui auraient été compromis par une participation quelconque aux événements de la guerre en faveur de la cause ennemie. Il est expressément entendu que cette amnistie s'étendra aux sujets de chacune des parties belligérantes, qui auraient continué, pendant la guerre, à être employés dans le service de l'un des autres belligérants.

Art. 6. — Les prisonniers de guerre seront immédiatement rendus de part et d'autre.

Art. 7. — S. M. l'Empereur des Français, S. M. la Reine du Royaume-Uni de la Grande-Bretagne et d'Irlande, S. M. le Roi de Prusse, S. M. l'Empereur de toutes les Russies et S. M. le Roi de Sardaigne déclarent la Sublime Porte admise à participer aux avantages du droit public et du Concert européen. Leurs Majestés s'engagent, chacune de son côté, à respecter l'indépendance et l'intégrité territoriale de l'Empire Ottoman, garantissent en commun la stricte observation de cet engagement et considéreront en conséquence, tout acte de nature à y porter atteinte comme une question d'intérêt général.

Art. 8. — S'il survenait entre la Sublime Porte et l'une ou plusieurs des autres Puissances signataires, un dissentiment qui menaçât le maintien de leurs relations, la Sublime Porte et chacune de ces Puissances, avant de recourir à l'emploi de la force, mettront les autres parties contractantes en mesure de prévenir cette extrémité par leur action médiatrice.

Art. 9. — S. M. I. le Sultan, dans sa constante sollicitude pour le bien être de ses sujets, ayant octroyé un firman qui, en améliorant leur sort sans distinction de religion ni de race, consacre ses généreuses intentions envers les populations chrétiennes de son Empire, et voulant donner un nouveau témoignage de ses sentiments à cet égard, a résolu de communiquer aux Puissances contractantes ledit firman, spontanément émané de sa volonté souveraine. Les Puissances contractantes constatent la haute valeur de cette communication. Il est bien entendu qu'elle ne saurait en aucun cas, donner le droit aux dites Puissances de s'immiscer soit collectivement, soit séparément dans les rapports de S. M. le Sultan avec ses sujets, ni dans l'administration intérieure de son Empire.

Art. 10. — La Convention du 13 juillet 1841 qui maintient l'antique règle de l'Empire Ottoman relative à la clôture des détroits du Bosphore et des Dardanelles, a été révisée d'un commun accord.

L'acte conclu à cet effet et conformément à ce principe, entre les Hautes Parties Contractantes, est et demeure annexé au présent traité, et aura même force et valeur que s'il en faisait partie intégrante.

Art. 11. — La mer Noire est neutralisée : ouverts à la marine marchande de toutes les nations, ses eaux et ses ports sont formellement et à perpétuité, interdits au pavillon de guerre soit des Puissances riveraines, soit de toute autre Puissance, sauf les exceptions mentionnées aux articles 14 et 19 du présent traité.

Art. 12. — Libre de toute entrave, le commerce, dans les ports et dans les eaux de la mer Noire, ne sera assujetti qu'à des règlements de santé, de douane, de police, conçus dans un esprit favorable au développement des transactions commerciales. Pour donner aux intérêts commerciaux et maritimes de toutes les nations la sécurité désirable, la Russie et la Sublime Porte admettront des Consuls dans leurs ports situés sur le littoral de la mer Noire, conformément aux principes du droit international.

Art. 13. — La mer Noire étant neutralisée, aux termes de l'article 11, le maintien ou l'établissement sur son littoral d'arsenaux militaires maritimes devient sans nécessité, comme sans objet. En conséquence S. M. l'Empereur de toutes les Russies et S. M. I. le Sultan s'engagent à n'élever et à ne conserver sur ce littoral aucun arsenal militaire maritime.

Art. 14 — Leurs Majesté l'Empereur de toutes les Russies et le Sultan, ayant conclu une convention à l'effet de déterminer la force et le nombre des bâtiments légers, nécessaires aux services de leurs côtes, qu'elles se réservent d'entretenir dans la mer Noire, cette convention est annexée au présent traité.

Art. 15. — L'acte du Congrès de Vienne, ayant établi les principes destinés à régler la navigation des fleuves qui séparent ou traversent plusieurs États, les Puissances contractantes stipulent entre elles, qu'à l'avenir ces principes seront également appliqués au Danube et à ses embouchures. Elles déclarent que cette disposition fait, désormais, partie du droit public de l'Europe, et la prennent sous leur garantie.

La navigation du Danube ne pourra être assujettie à aucune entrave ni redevance qui ne serait pas expressément prévue par les stipulations contenues dans les articles suivants. En conséquence il ne sera perçu aucun péage basé uniquement sur le fait de la navigation du fleuve, ni aucun droit sur les marchandises qui se trouvent à bord du navire. Les règlements de police et de quarantaine à établir, pour la sûreté des États séparés ou traversés par ce fleuve, seront conçus de manière à favoriser, autant que faire se pourra, la circulation des navires. Sauf ces règlements, il ne sera apporté aucun obstacle, quelqu'il soit à la libre navigation.

Art. 16. — Dans le but de réaliser les dispositions de l'article précédent, une commission dans laquelle la France, l'Autriche, la Grande-Bretagne, la Prusse, la Russie, la Sardaigne et la Turquie seront chacune représentée par un délégué, sera chargée de désigner et de faire exécuter les travaux nécessaires depuis Isatcha, pour dégager les embouchures du Danube, ainsi que les parties de la mer y avoisinantes, des sables et autres obstacles qui les obstruent, afin de mettre cette partie du fleuve et les dites parties de la mer dans les meilleures conditions possibles de navigabilité. Pour couvrir les frais de ces travaux, ainsi que des établissements ayant pour objet d'assurer et de faciliter la navigation aux bouches du Danube, des droits fixes d'un taux convenable, arrêtés par la Commission, à la majorité des voix, pourront être prélevés, à la condition expresse que, sous ce rapport, comme sous tous les autres, les pavillons de toutes les nations seront traités sur le pied d'une parfaite égalité.

Art. 17. — Une Commission sera établie et se composera des délégués de l'Autriche, de la Bavière, de la Sublime-Porte et du Wurtemberg (un pour chacune de ces Puissances) auxquels se réuniront les Commissaires des trois Principautés danubiennes, dont la nomination aura été approuvée par la Porte. Cette Commission qui sera permanente, 1° élaborera les règlements de navigation et de police fluviale; 2° fera disparaître les entraves de quelque nature qu'elles puissent être, qui s'opposent encore à l'application au Danube des dispositions du traité de Vienne; 3° ordonnera et fera exécuter les travaux nécessaires sur tout le parcours du fleuve; et 4° veillera, après la dissolution de la Commission Européenne, au maintien de la navigabilité des embouchures du Danube et des parties de la mer y avoisinantes.

Art. 18. — Il est entendu que la Commission Européenne aura rempli sa tâche et que la Commission riveraine aura terminé les travaux désignés dans l'article précédent, sous les nᵒˢ 1 et 2 dans l'espace de deux ans. Les Puissances signataires, réunies en conférence, informées de ce fait, prononceront, après en avoir pris acte, la dissolution de la Commission Européenne, et, dès lors, la Commission riveraine permanente jouira des mêmes pouvoirs que ceux dont la Commission Européenne aura été investie jusqu'alors.

Art. 19. — Afin d'assurer l'exécution des règlements qui auront été arrêtés d'un commun accord, d'après les principes ci-dessus énoncés, chacune des Puissances contractantes aura le droit de faire stationner, en tout temps, deux bâtiments légers aux embouchures du Danube.

Art. 20. — En échange des villes, ports et territoires énumérés dans l'article 4 du présent Traité et pour mieux assurer la liberté de la navigation du Danube, S. M. l'Empereur de toutes les Russies consent à la rectification de sa frontière en Bessarabie. La nouvelle frontière partira de la mer Noire, à un kilomètre à l'est du lac Bourna-Sola, rejoindre perpendiculairement la route d'Akerman, suivra cette route jusqu'au val de Trajan, passera au sud de Bolgrad, remontera le long de la rivière de Yalpuck jusqu'à la hauteur de Saratsika et ira aboutir à Katamori, sur le Pruth. En amont de ce point, l'ancienne frontière entre les deux Empires ne subira aucune modification. Des délégués des Puissances contractantes, fixeront, dans ses détails, le tracé de la nouvelle frontière.

Art. 21. — Le territoire cédé par la Russie sera annexé à la principauté de Moldavie, sous la suzeraineté de la Sublime-Porte. Les habitants de ce territoire jouiront des droits et privilèges assurés aux Principautés, et, pendant l'espace de trois années, il leur sera permis de transporter ailleurs leur domicile, en disposant librement de leurs propriétés.

Art. 22. — Les Principautés de Valachie et de Moldavie continueront à jouir, sous la suzeraineté de la Porte et sous la garantie des Puissances contractantes, des privilèges et des immunités dont elles sont en possession. Aucune protection exclusive ne sera exercée sur elles par une des Puissances garantes. Il n'y aura aucun droit particulier d'ingérence dans leurs affaires intérieures.

Art. 23. — La Sublime-Porte s'engage à conserver auxdites Principautés, une administration indépendante et nationale, ainsi que la pleine liberté, de culte, de législation, de commerce et de navigation. Les lois et statuts aujourd'hui en vigueur seront revisés. Pour établir un complet accord sur cette révision, une Commission spéciale, sur la composition de laquelle les Hautes-Puissances contractantes s'entendront, se réunira sans délai, à

Bucharest, avec un commissaire de la Sublime-Porte. Cette commission aura pour tâche de s'enquérir de l'État actuel des Principautés et de proposer les bases de leur future organisation.

Art. 24. — S. M. le Sultan promet de convoquer immédiatement, dans chacune des deux provinces, un Divan *ad hoc*, composé de manière à constituer la représentation la plus exacte des intérêts de toutes les classes de la société. Ces Divans seront appelés à exprimer les vœux des populations relativement à l'organisation définitive des Principautés. Une instruction du Congrès règlera les rapports de la Commission avec ces Divans.

Art. 25. — Prenant en considération l'opinion émise par les deux Divans, la Commission transmettra. sans retard, au siège actuel des Conférences, les résultats de son travail. L'entente finale avec la Puissance suzeraine sera consacrée par une Convention conclue à Paris. entre les Hautes Parties contractantes ; et un hatti-schériff conforme aux stipulations de la Convention. constituera définitivement l'organisation de ces Provinces placées désormais sous la garantie collective de toutes les Puissances signataires.

Art. 26. — Il est convenu qu'il y aura, dans les Principautés, une force armée nationale, organisée dans le but de maintenir la sûreté de l'intérieur et d'assurer celle des frontières. Aucune entrave ne pourra être apportée aux mesures extraordinaires de défense que, d'accord avec la Sublime-Porte, elles seraient appelées à prendre pour repousser toute agression étrangère.

Art. 27. — Si le repos intérieur des Principautés se trouvait menacé ou compromis, la Sublime Porte s'entendra avec les autres Puissances Contractantes sur les mesures à prendre pour maintenir ou rétablir l'ordre légal. Une intervention armée ne pourra avoir lieu sans un accord préalable entre ces Puissances.

Art. 28. — La Principauté de Servie continuera à relever de la Sublime-Porte, conformément aux Hats impériaux qui fixent et déterminent ses droits et immunités, placés désormais sous la garantie collective des Puissances Contractantes. En conséquence, ladite Principauté conservera son administration indépendante et nationale, ainsi que la pleine liberté de culte, de législation, de commerce et de navigation.

Art. 29. — Le droit de garnison de la Sublime Porte, tel qu'il se trouve stipulé par les règlements antérieurs, est maintenu. Aucune intervention armée ne pourra avoir lieu en Servie sans un accord préalable entre les Hautes Puissances Contractantes.

Art. 30. — S. M. l'Empereur de toutes les Russies et S. M. le Sultan maintiennent, dans son intégrité, l'état de leurs possessions en Asie, tel qu'il existait légalement avant la rupture. Pour prévenir toute contestation locale, le tracé de la frontière sera vérifié et, s'il y a lieu, rectifié, sans qu'il puisse en résulter un préjudice territorial pour l'une ou l'autre des deux parties. A cet effet, une commission mixte, composée de deux commissaires russes, de deux Commissaires ottomans, d'un commissaire français et d'un commissaire anglais, sera envoyée sur les lieux, immédiatement après le rétablissement des relations diplomatiques entre la cour de Russie et la Sublime Porte. Son travail devra être terminé dans l'espace de huit mois, à dater de l'échange des ratifications du présent traité.

Art. 31. — Les territoires occupés pendant la guerre par les troupes de Leurs Majestés l'Empereur des Français, l'Empereur d'Autriche, la Reine du Royaume Uni de la Grande Bretagne et d'Irlande et le Roi de Sardaigne, aux termes des Conventions signées à Constantinople, le 12 mars 1854, entre la France, la Grande Bretagne et la Sublime Porte, et le 15 mars 1855, entre la Sardaigne et la Sublime Porte, seront évacués après l'échange des ratifications du présent traité, aussitôt que faire se pourra. Les délais et les moyens d'exécution feront l'objet d'un arrangement entre la Sublime Porte et les Puissances dont les troupes occupent son territoire.

Art. 32. — Jusqu'à ce que les Conventions ou Traités qui existaient avant la guerre entre les Puissances belligérantes, aient été ou renouvelés ou remplacés par des actes nouveaux, le commerce d'importation ou d'exportation aura lieu réciproquement sur le pied des règlements en vigueur avant la guerre ; et leurs sujets, en toute autre matière, seront respectivement traités sur le pied de la nation la plus favorisée.

Art. 33. — La Convention conclue en ce jour, entre Leurs Majestés, l'Empereur des Français, la Reine du Royaume Uni de la Grande Bretagne et d'Irlande, d'une part, et S. M. l'Empereur de toutes les Russies, de l'autre part, relativement aux îles d'Aland, est et demeure annexée au présent traité et aura même force et valeur que si elle en faisait partie.

Art. 34. — Le présent Traité sera ratifié et les ratifications seront échangées à Paris, dans l'espace de quatre semaines ou plus tôt, si faire se peut.

En foi de quoi, les Plénipotentiaires respectifs l'ont signé et y ont apposé le sceau de leurs armes.

Fait à Paris, le 30e jour du mois de mars 1856.

A. WALEWSKI.	BOURQUENEY.
BUOL SCHAUENSTEIN.	HUBNER.
CLARENDON.	COWLEY.
MANTEUFFEL.	HATZFELDT.
ORLOFF.	BRUNNOW.
CAVOUR.	DE VILLAMARINA.
AALI.	MEHEMMED-DJEMIL.

ARTICLE ADDITIONNEL ET TRANSITOIRE. — Les stipulations des Conventions des Détroits, signées, en ce jour ne seront pas applicables aux bâtiments de guerre employés par les Puissances belligérantes pour l'évacuation par mer des territoires occupés par leurs armées ; mais lesdites stipulations, reprendront leur entier effet, aussitôt que l'évacuation sera terminée.

Fait à Paris, le 30e jour du mois de mars 1856.

Suivent les mêmes signatures.

1ʳ Annexe au Traité général de Paix du 30 mars 1856.

Convention dite des Détroits, signée à Paris, le 30 mars 1856, entre la France, l'Autriche, la Grande Bretagne, la Prusse, la Russie, la Sardaigne et la Turquie. (Éch. des ratif., le 27 avril 1856.)

AU NOM DE DIEU TOUT-PUISSANT,

Leurs Majestés l'Empereur des Français, l'Empereur d'Autriche, la Reine du Royaume Uni de la Grande Bretagne et d'Irlande, le Roi de Prusse, l'Empereur de toutes les Russies, signataires de la Convention du 13 juillet 1841, et S. M. le Roi de Sardaigne, voulant constater en commun leur détermination unanime de se conformer à l'ancienne règle de l'Empire Ottoman, d'après laquelle les détroits des Dardanelles et du Bosphore sont fermés aux bâtiments de guerre étrangers tant que la Porte se trouve en paix.

Lesdites Majestés, d'une part, et S. M. le Sultan, de l'autre, ont résolu de renouveler la Convention conclue à Londres le 13 juillet 1841, sauf quelques modifications de détail qui ne portent aucune atteinte au principe sur lequel elle repose.

En conséquence, Leurs dites Majestés ont nommé à cet effet les mêmes Plénipotentiaires que pour le Traité principal.

Lesquels, après avoir échangé leurs pleins pouvoirs, trouvés en bonne et due forme, sont convenus des articles suivants.

ARTICLE PREMIER. — S. M. le Sultan, d'une part, déclare qu'il a la ferme résolution de maintenir, à l'avenir, le principe invariablement établi, comme ancienne règle de son Empire et en vertu duquel il a été de tout temps défendu aux bâtiments de guerre des Puissances étrangères d'entrer dans les détroits des Dardanelles et du Bosphore, et que tant que la Porte se trouve en paix, S. M. n'admettra aucun bâtiment de guerre dans lesdits détroits.

Et Leurs Majestés l'Empereur d'Autriche, la Reine du Royaume

Uni de la Grande Bretagne et d'Irlande, le Roi de Prusse,
l'Empereur de toutes les Russies et le Roi de Sardaigne, de
l'autre part, s'engagent à respecter cette détermination du Sultan
et à se conformer au principe ci-dessus énoncé.

ART. 2. — Le Sultan se réserve, comme par le passé, de délivrer des firmans de passage aux bâtiments légers sous pavillon
de guerre, lesquels sont employés comme il est d'usage au service des légations des Puissances amies.

ART. 3. — La même exception s'applique aux bâtiments légers
sous pavillon de guerre que chacune des Puissances Contractantes est autorisée à faire stationner aux embouchures du
Danube, pour assurer l'exécution des règlements relatifs à la
liberté du fleuve et dont le nombre ne devra pas excéder deux
pour chaque Puissance.

ART. 4. — La présente Convention, annexée au Traité général,
signé à Paris en ce jour, sera ratifiée, et les ratifications en
seront échangées dans l'espace de quatre semaines, ou plus tôt,
si faire se peut.

En foi de quoi les Plénipotentiaires respectifs l'ont signée et
y ont opposé le sceau de leurs armes.

Fait à Paris, le 30e jour du mois de mars 1856.

Suivent les mêmes signatures que celles placées au bas du
Traité général de paix dont cette Convention forme la première
annexe.

2ᵉ Annexe au Traité général de Paix du 30 mars 1856.

Convention relative au nombre et à la force des bâtiments de guerre que les Puissances riveraines entretiendront dans la mer Noire, signée à Paris, le 30 mars 1856, entre la Russie et la Turquie. (Ech. des ratif., le 27 avril 1856.)

AU NOM DE DIEU TOUT-PUISSANT,

S. M. l'Empereur de toutes les Russies et S. M. I. le Sultan, prenant en considération le principe de la neutralisation de la mer Noire, établi par les préliminaires consignés au protocole n° 1, signé à Paris, le 25 février de la présente année, et voulant, en conséquence, régler, d'un commun accord, le nombre et la force des bâtiments légers qu'Elles se sont réservé d'entretenir dans la mer Noire pour le service de leurs côtes, ont résolu de signer, dans ce but, une convention spéciale et ont nommé à cet effet :

S. M. l'Empereur de toutes les Russie : le sieur Alexis, comte Orloff, son aide de camp général, etc., et le sieur Philippe, baron de Brunnow, son conseiller privé, etc.

Et S. M. I. le Sultan, Mouhammed-Emin-Aali-Pacha, Grand Vezir de l'Empire Ottoman et Mehemmed-Djemil-Bey, etc.

Lesquels, après avoir échangé leurs pleins-pouvoirs trouvés en bonne et due forme, sont convenus des articles suivants :

ARTICLE PREMIER. — Les Hautes Parties Contractantes s'engagent mutuellement à n'avoir dans la mer Noire d'autres bâtiments de guerre que ceux dont le nombre, la force et les dimensions sont stipulés ci-après.

ART. 2. — Les Hautes Parties Contractantes se réservent d'entenir, chacune, dans cette mer, six bâtiments à vapeur de cinquantes mètres de longueur à la flottaison, d'un tonnage de huit cents tonneaux au maximum, et quatre bâtiments légers à vapeur ou à voile, d'un tonnage qui ne dépassera pas deux cents tonneaux chacun.

Art. 3. — La présente Convention, annexée au Traité général, signé à Paris, en ce jour, sera ratifiée, et les ratifications en seront échangées dans l'espace de quatre semaines, ou plus tôt si faire se peut.

En foi de quoi les Plénipotentiaires respectifs l'ont signée et y ont apposé le sceau de leurs armes.

Fait à Paris le 30e jour du mois de mars de l'an 1856.

ORLOFF, BRUNNOW, AALI, MEHMMED-DJEMIL.

3° Annexe au Traité général de paix du 30 mars 1856.

Convention relative aux Iles d'Aland, signée à Paris le 30 mars 1856 entre la France, la Grande-Bretagne et la Russie.

Au nom de Dieu Tout-Puissant,

S. M. l'Empereur des Français, S. M. la Reine du Royaume-Uni de la Grande-Bretagne et d'Irlande et S. M. l'Empereur de toutes les Russies, voulant étendre à la mer Baltique l'accord si heureusement établi entre Elles en Orient, et consolider par là les bienfaits de la paix générale ont résolu de conclure une convention et ont nommé à cet effet.

(Suivent les noms des Plénipotentiaires qui sont les mêmes que pour le Traité général.)

Lesquels, après avoir échangé leurs pleins pouvoirs, trouvés en bonne et due forme, sont convenus des articles suivants :

Article premier. — S. M. l'Empereur de toutes les Russies, pour répondre au désir qui lui a été exprimé par Leurs Majestés l'Empereur des Français et la Reine du Royaume-Uni de la Grande-Bretagne et d'Irlande, déclare que les Iles d'Aland ne seront pas fortifiées, et qu'il n'y sera maintenu ni créé aucun établissement militaire ou naval.

Art. 2. — La présente Convention, annexée au Traité général signé à Paris, en ce jour, sera ratifiée et les ratifications en seront échangées dans l'espace de quatre semaines ou plus tôt, si faire se peut.

En foi de quoi les Plénipotentiaires respectifs l'ont signée et y ont apposé le sceau de leurs armes.

Fait à Paris le 30ᵉ jour du mois de mars 1856.

A. Walewski, Bourqueney, Clarendon, Cowley, Orloff, Brunnow.

Convention signée à Paris le 15 avril 1856 entre la France, l'Autriche et la Grande-Bretagne, pour la garantie et l'intégrité de l'Empire Ottoman.

S. M. l'Empereur des Français, S. M. l'Epereur d'Autriche et S. M. la Reine du Royaume-Uni de la Grande-Bretagne et d'Irlande, voulant régler entre elles l'action combinée qu'entraînerait de leur part toute infraction aux stipulations de la Paix de Paris ont nommé à cet effet pour leurs Plénipotentiaires, savoir:

(Suivent les noms des Plénipotentiaires qui sont les mêmes que pour le Traité général),

Lesquels, après avoir échangé leurs pleins pouvoirs, trouvés en bonne et due forme, sont convenus des articles suivants :

ARTICLE PREMIER. — Les Hautes Parties contractantes garantissent solidairement entre elles l'indépendance et l'intégrité de l'Empire Ottoman, consacrées par le Traité conclu à Paris le 30 mars 1856.

ART. 2. — Toute infraction aux stipulations dudit Traité sera considérée par les Puissances signataires du présent Traité comme *casus belli*.

Elles s'entendront avec la Sublime-Porte sur les mesures devenues nécessaires et détermineront sans retard entre elles l'emploi de leurs forces militaires et navales

ART. 3, — Le présent Traité sera ratifié et les ratifications en seront échangées dans l'espace de quinze jours ou plus tôt, si faire se peut,

En foi de quoi, les Plénipotentiaires respectifs l'ont signé et y ont apposé le sceau de leurs armes.

Fait à Paris le 15e jour du mois d'avril 1856.

WALEWSKI, BUOL, SCHAUENSTEIN, CLARENDON, BOURQUENEY, HUBNER, COWLEY.

APPENDICE II

Traité signé à Londres le 13 mars 1871 entre la France, l'Allemagne, l'Autriche, la Grande-Bretagne, l'Italie, la Russie et la Turquie, pour reviser les stipulations du Traité de Paris du 30 mars 1856, sur la navigation de la mer Noire et du Danube. (Ech. des ratif. à Londres, le 15 mai 1871).

Au nom de Dieu Tout-Puissant,

Le chef du Pouvoir exécutif de la République française, S. M. l'Empereur d'Allemagne, Roi de Prusse, S. M. l'Empereur d'Autriche, Roi de Bohème, etc., et Roi apostolique de Hongrie, S. M. la Reine du Royaume-Uni de la Grande-Bretagne et d'Irlande, S. M. le Roi d'Italie, S. M. l'Empereur de toutes les Russies et S. M. l'Empereur des Ottomans, ont jugé nécessaire de réunir leurs représentants en conférence à Londres, afin de s'entendre dans un esprit de concorde sur la revision des stipulations du traité conclu à Paris le 30 mars 1856 (1), relatives à la navigation de la mer Noire, ainsi qu'à celle du Danube.

Désirant en même temps assurer dans ces contrées de nouvelles facilités au développement de l'activité commerciale de toutes les nations, les Hautes Parties Contractantes ont résolu de conclure un traité, et ont nommé à cet effet, pour leurs plénipotentiaires savoir :

Le Chef du Pouvoir exécutif de la République française, le sieur Jacques-Victor-Albert, duc de Broglie, chevalier de l'ordre

(1) Voir le texte de ce traité de Clerc. t. VII, p. 59.

de la Légion d'Honneur, ambassadeur extraordinaire et plénipotentiaire de la République Française près S. M. B., etc.

S. M. l'Empereur d'Allemagne, roi de Prusse, le sieur Albert, comte de Bernstorff-Stintenburg, son ministre d'État et Chambellan, grand commandeur de son ordre de la Maison Impériale et Royale de Hohenzollern en diamants et grand croix de son ordre de l'Aigle-Rouge avec des branches de chêne, grand croix de l'ordre ducal de la branche Ernestine de la Maison de Saxe, chevalier de l'ordre Impérial de Saint-Stanislas de Russie de première classe et de l'ordre Royal du Lion d'Or de la Maison de Massau, Grand croix de l'ordre Royal du Mérite civil de la couronne de Bavière, de l'ordre de la Légion d'honneur de France, de l'ordre Impérial du Lion et du Soleil de Perse ; de l'ordre royal et militaire du Christ de Portugal, etc., ambassadeur extraordinaire et plénipotentiaire de S. M. I. et R. près S. M. B., etc.

S. M. l'Empereur d'Autriche, Roi de Bohême, etc. et Roi apostolique de Hongrie, le sieur Rodolphe, comte Apponyi, chambellan, conseiller intime de S. M. I. et R. A., chevalier de l'ordre de la Toison d'or, grand croix de l'ordre Impérial de Léopold. son ambasssadeur extraordinaire près S. M. B. etc.

S. M. la Reine du Royaume-Uni de la Grande-Bretagne et d'Irlande le très-honorable Granville (Georges) comte Granville, lord Levesson, pair du Royaume-Uni, chevalier du très noble ordre de la Jarretière, conseiller de S. M. en son conseil privé, lord gardien des Cinq-Ports et connétable du château de Douvres, chancelier de l'Université de Londres, Principal secrétaire d'État de S. M. pour les affaires étrangères, etc.

S. M. le Roi d'Italie, le chevalier Charles Cadorna, ministre d'État, sénateur du Royaume, Chevalier Grand'croix, décoré du grand cordon de ses Ordres de Saint-Maurice et de Saint-Lazare et de la Couronne d'Italie, son Envoyé Extraordinaire et Ministre Plénipotentiaire près S. M. B., etc.

S. M. l'Empereur de toutes les Russies, le sieur Philippe, baron de Brunnow, son conseiller actuel, Chevalier des Ordres de Russie, de l'Aigle-Rouge de Prusse de la première classe, commandeur de Saint-Etienne de Hongrie, Grand'croix de l'Ordre de la Légion d'honneur de France, de l'Ordre du Mérite de Turquie, son Ambassadeur Extraordinaire et Plénipotentiaire près S. M. B. etc.

Et S. M. l'Empereur des Ottomans, Constantin Musurus-Pacha, Muchir et Vizir de l'Empire, décoré des Ordres Impériaux de l'Osmanié et du Medjïdié de première classe, Grand'Croix de l'Ordre des Saints-Maurice et Lazare et de plusieurs autres Ordres étrangers, son Ambassadeur Extraordinaire et Plénipotentiaire près S. M. B., etc.

Lesquels, après avoir échangé leurs pleins pouvoirs trouvés en bonne forme, sont convenus des articles suivants :

Article Premier. — Les articles 11, 13 et 14 du traité de Paris du 30 mars 1856, ainsi que la convention spéciale conclue entre la Sublime Porte et la Russie, et annexée audit article 14, sont abrogés et remplacés par l'article suivant :

Art. 2. — Le principe de la clôture des Détroits des Dardanelles et du Bosphore, tel qu'il a été établi par la Convention séparée du 30 mars 1856 (1) et maintenu, avec la faculté pour S. M. I. le Sultan d'ouvrir lesdits Détroits en temps de paix aux bâtiments de guerre des puissances unies et alliées, dans le cas où la Sublime Porte le jugerait nécessaire pour sauvegarder l'exécution des stipulations du traité de Paris du 30 mars 1856.

Art. 3. — La mer Noire reste ouverte, comme par le passé, à la marine marchande de toutes les nations.

Art. 4. — La Commission établie par l'article 16 du Traité de Paris, dans laquelle les Puissances cosignataires du Traité sont chacune représentées par un délégué, et qui a été chargée de désigner et de faire exécuter les travaux nécessaires depuis Isaktcha, pour dégager les embouchures du Danube, ainsi que les parties de la mer Noire y avoisinantes, des sables et autres obstacles qui les obstruent, afin de mettre cette partie du fleuve et les dites parties de la mer dans les meilleures conditions de navigabilité, est maintenue dans sa composition actuelle. La durée de cette Commission est fixée pour une période ultérieure de

(1) Voir le texte de cette Convention, de Clercq. t. VII, p. 71.

douze ans, à compter du 24 avril 1871, c'est-à-dire jusqu'au
21 avril 1883, terme de l'amortissement de l'emprunt contracté
par cette Commission sous la garantie de la Grande-Bretagne,
de l'Allemagne, de l'Autriche-Hongrie, de la France, de l'Italie
et de la Turquie,

ART. 5. — Les conditions de la réunion nouvelle de la Commission riveraine, établie par l'article 17 du Traité de Paris du
30 mars 1856, seront fixées par une entente préalable entre les
Puissances riveraines, sans préjudice de la clause relative aux
trois Principautés Danubiennes; et en tant qu'il s'agirait d'une
modification de l'article 17 dudit Traité, cette dernière fera
l'objet d'une convention spéciale entre les Puissances cosigna-
gnataires.

ART. 6. — Les Puissances riveraines de la partie du Danube
où les cataractes et les portes de fer mettent des obstacles à la
navigation, se réservant de s'entendre entre elles à l'effet de faire
disparaître ces obstacles, les Hautes Parties Contractantes leur
reconnaissent dès à présent le droit de percevoir une taxe provisoire sur les navires de commerce sous tout pavillon, qui en
profiteront désormais jusqu'à l'extinction de la dette contractée
pour l'exécution des travaux; et elles déclarent l'article 15 du
Traité de Paris de 1856 inapplicable à cette partie du fleuve pour
le laps de temps nécessaire au remboursement de la dette en
question.

ART. 7. — Tous les ouvrages et établissements de toute nature
créés par la Commission européenne, en exécution du Traité de
Paris de 1856, ou du présent Traité, continueront à jouir de la
même neutralité qui les a protégés jusqu'ici et qui sera également respectée à l'avenir dans toutes les circonstances par les
Hautes Parties Contractantes. Le bénéfice des immunités qui en
dérivent s'étendra à tout le personnel administratif et technique
de la Commission.

Il est bien entendu que les dispositions de cet article n'affec-
teront en rien le droit de la Sublime-Porte de faire entrer, comme
de tout temps, ses bâtiments de guerre dans le Danube en sa
qualité de Puissance territoriale.

ART. 8. — Les Hautes Parties Contractantes renouvellent et confirment toutes les stipulation du Traité du 30 mars 1856, ainsi que ses annexes, qui ne sont pas annulées ou modifiées par le présent Traité.

ART. 9. — Le présent Traité sera ratifié et les ratifications en seront échangées à Londres dans l'espace de six semaines ou plus tôt si faire se peut.

En foi de quoi, les Plénipotentiaires respectifs l'ont signé et y ont apposé le sceau de leurs armes.

Fait à Londres, le 13e jour de Mars 1871.

BROGLIE, GRANVILLE, BERNSTORFF, APPONYI,
CADORNA, BRUNNOW, MUSURUS.

Convention signée à Londres, le 13 mars 1871, entre la Russie et la Turquie, pour abroger la convention spéciale du 30 mars 1856, sur les forces navales à entretenir dans la mer Noire,

AU NOM DE DIEU TOUT-PUISSANT

S. M. l'Empereur de toutes les Russies et S. M. I. le Sultan, mutuellement animés du désir de consolider les relations de paix et de bonne intelligence, heureusement existant entre leurs Empires, ont résolu dans ce but de conclure une Convention et ont nommé à cet effet pour leurs Plénipotentiaires (1).

Lesquels, après avoir échangé leurs pleins pouvoir, trouvés en bonne et due forme, sont convenus des articles suivants.

ARTICLE PREMIER. — La Convention conclue à Paris, les 18-30 mars 1856 entre S. M. l'Empereur de toutes les Russies et S. M. I. le Sultan, relative au nombre et à la force des bâtiments de guerre des deux H. P. C, dans la mer Noire est et demeure abrogée.

ART. 2. — La présente convention sera ratifiée et les ratifications en seront échangées à Londres dans l'espace de six semaines, ou plus tôt si faire se peut.

En foi de quoi, les Plénipotentiaires respectifs l'ont signée, et y ont apposé le sceau de leurs armes.

Fait à Londres, le 1er/13 du mois de mars 1871.

BRUNNOW.   MUSURUS.

(1) Ce sont les mêmes que pour le traité de Londres du 13 mars 1871.

TABLE DES MATIÈRES

DEUXIÈME PARTIE

LE TRAITÉ DE PARIS

I

II

TROISIÈME PARTIE

EXÉCUTION DU TRAITÉ DE PARIS

CHAPITRE PREMIER

Intervention chez les différentes nationalités de l'Empire Ottoman.

I

Principautés de Moldavie et de Valachie.

1º *La question de l'Union.* — Aperçu historique sur les Principautés. — La Dacie. — Colonie romaine de Trajan. — La Moldavie et la Valachie. — Indépendance complète jusqu'au XIVe siècle. — Aux XIVe, XVe, XVIe siècles, capitulations avec la Porte. — Ingérence de la Russie. — La période pha-

II

Principauté de Serbie.

III

Monténégro. Bosnie et Herzégovine, Bulgarie, etc.

IV

Syrie.

V

Crète.

VI

La Grèce.

CHAPITRE II

Histoire de la Réforme générale de la Turquie.

I

II

III

QUATRIÈME PARTIE

RÉACTION CONTRE LE TRAITÉ DE PARIS

I

Conséquences de la guerre franco-allemande au point de vue de la réforme. — L'influence de la France, prépondérante jus-

www.ingramcontent.com/pod-product-compliance
Lightning Source LLC
Chambersburg PA
CBHW052105230326
41599CB00054B/3881